심리학개론

Introduction to Psychology

심리학개론

이억범 · 김미경 · 김순자 · 김옥희
김은혜 · 유 옥 · 정민선 공저

동 문 사

머리말

짙푸른 나무 그늘의 서늘함이 더없이 고마운 한여름, 그 누구도 거스를 수 없는 자연의 섭리 앞에서 다시금 옷깃을 여미어 봅니다. 그리고 세월의 흐름 속에서 이 세상을 창조하신 절대자의 공평하심에 다시금 감사함을 느끼며, 변화하는 세월 속에서 얻게 되는 참된 깨달음은 숙연한 마음으로 자신을 성찰할 수 있는 좋은 기회를 만들어 주는 것 같습니다.

따라서 지금까지 대학교의 교수로서 학생들과 오랜 세월을 보내면서 단순히 세상 지식만을 전달하지는 않았는지 되돌아 볼 수 있는 기회이기도 하다는 생각에 곰곰이 지난날들을 회상해 봅니다.

대학생이라면 거의 누구나 심리학개론 과목을 교양과목, 혹은 전공과목 입문서로 호기심 가득한 마음으로 수강하게 됩니다. 그런데 이제 막 대학생활의 문턱에서 심리학개론 과목을 수강하는 학생들에게는 용어 자체가 생소하고 이해하기 어려운 전문용어들이 많은 것이 사실입니다.

그래서인지 수강생들에게 가장 많이 들어왔던 얘기 중의 하나는 "심리학개론은 참 재미가 있는데 용어나 개념이 너무 어려워요."라는 말이었습니다.

그래서 금번에 본서의 필자들은 심리학개론 과목이 학생들이 이해하기 쉬운 강의가 되려면 무엇보다 교재 내용이 쉬어야 한다는 생각에 뜻을 같이 하여 심리학개론서를 집필하게 되었습니다. 같은 학교에서 동일한 학생들을 가르치는 동료로서 한 권의 교재를 함께 집필한다는 것이 결코 쉬운 일은 아니지만 학생들에게 유익을 주려는 마음이 합해졌기에 불가능한 일을 가능한 일로 이루어 냈습니다.

그리고 최근의 심리학 동향을 반영하기 위하여 그동안의 인간이해의 관점이었던 질병 모델의 한계적 설명에서 벗어나 새로이 부상하고 있는 긍정심리학의 관점을 추가하였습니다.

긍정심리학(행복심리학)에서 거론된 내용처럼 인간은 누구나 지나온 삶보다는 앞으로의 삶이 더 행복하기를 바라는 마음은 동일할 것입니다. 그리고 그 소망을 이루기 위해 무단히 노력하는 모습도 마찬가지일 것입니다.

이제 막 대학생활을 시작하는 학생들이 금번에 출간되는 심리학개론 교재를 통해 심리학의 기초에 대해 배우면서 학업에 대한 부담감 보다는 행복감을 맛보며 청춘의 싱그러움을 마음껏 누리기를 기대해 봅니다. 특히 상담을 전공하고 있는 학생들에게는 본서가 상담과 심리학의 기초를 이해하는 데 도움이 되었으면 합니다.

어렵게 뜻을 모아 정리한 원고들을 질서 있게 편집하여 한 권의 전문 교재를 출간할 수 있도록 출판을 맡아 주신 동문사 사장님과 편집국장님을 비롯한 모든 직원 분들에게 진심으로 감사의 마음을 전합니다.

2014년 여름 학산 동산에서

저자 일동

차례

CHAPTER 01 심리학의 본질과 이해

01 심리학의 학문적 성격

심리학(psychology)을 수강하게 된 대학생들에게 심리학을 신청한 이유를 물으면 "상대방의 속마음을 알 수 있을 것 같아서요." 또는 "이성 친구를 사귀는데 많은 도움이 될 것 같아서요." 등과 같은 대답들을 한다. 과연 심리학이라는 학문이 학생들의 이러한 기대를 얼마나 충족시켜 줄 수 있을까?

인간은 외모도 다르고 성격도 다르다. 심리학은 다양한 인간의 정신과정과 행동을 과학적으로 이해하려는 학문으로 사회과학(social science)의 한 분야이다. 심리학은 인간을 이해하고 개개인의 삶의 질을 향상시켜 주기 위한 학문이며, 이를 위해서 인간의 행동과 정신과정을 연구하는 분야이다.

그 어원을 보면 희랍어로 마음 또는 영혼을 의미하는 'psyche'라는 단어와 학문을 의미하는 'logos'의 합성어로서, 이는 '마음을 다루는 학문'이라는 뜻이다. 여기에서 '다룬다'는 의미는 '연구한다'라는 의미로 해석될 수 있다. 심리학자들은 인간의 행동을 기술하고, 설명하고, 예측하며, 나아가 통제하기를 원한다. 인간을 대상으로 연구하는 것이 많은 제약이 있으므로 때로는 동물을 대상으로 밝혀진 연구결과를 토대로 인간의 행동과 정신현상에 대한 법칙과 원리를 구성하고 이를 인간 행동을 이해하는 데 활용한다.

인간이해와 관련하여 그동안 우리가 알고 있는 상식들이 의외로 잘못 알고 있는 경우가 많다. 심리학적 지식은 상식에 기초한 것이 아니라 인간에 대한 엄밀한 과학적 연구방법론을 통해 도출된 것이기 때문에 경험적이다. 심리학적 지식은 생활 전반에 걸쳐 발생되는 문제들을 광범위하게 다룸으로써 문제를 해결하거나 실생활에서 유용하게 활용되고 있다.

02 현대 심리학의 역사

1) 분트와 구조주의

과학적 현대심리학은 철학적인 배경과 자연과학적인 배경에서 탄생했다. 즉, 의식에 관한 철학자들의 경험론과 인식론을 배경으로 신경 감각적 생리과정을 발전시킨 자연과학적 방법과 자극의 물리적·심리적 강도를 측정하는 정신물리학적 방법을 도입하여 의식을 과학적인 방법으로 연구하는 데서부터 시작되었다. 이런 연구를 최초로 정립한 사람이 빌헬름 분트(Wilhelm Wundt, 1832~1920)였는데, 그는 1879년 독일 라이프치히(Leipzig) 대학에서 의식 연구를 위한 심리실험실을 처음으로 창설하였다. 이로써 1879년을 현대심리학의 시발로 보고 있다. 분트는 인간을 이해하기 위해 과학적인 방법으로 심리학을 연구하고자 하였으므로 분트를 현대심리학의 아버지라고 한다.

빌헬름 분트
(Wilhelm Wundt)

분트는 인간을 이해하기 위해서는 그가 느끼고 있는 의식의 내용이 무엇인가를 밝혀야 한다고 생각하였다. 당시 분트의 이러한 입장은 물질을 분석하여 세포, 분자, 원자로 분류하는 화학자나 물리학자들의 연구방법에 영향을 받은 것이다. 그는 마음을 구성 요소로 분석함으로써 즉, 정신을 구성하는 요소와 내용을 밝히려고 하였다. 이후 구조주의(Structuralism)는 분트의 제자인 티취너(Tichener, 1867~1927)에 의해 명명되었다. 영국의 티취너는 코넬 대학교의 교수가 되면서 미국에 구조주의를 소개하여 20세기 초 미국 심리학계에서 주도적인 역할을 했다(Wortman et al., 1981). 그는 마음을 연구하기 위한 방법으로 '분석적 내성법(analytic introspection)'을 사용하였다. 티취너는 마음의 복잡한 정신 경험을 분석하기 위해 심상, 느낌, 감각으로 구분하였다. 예를 들어 티취너는 피험자에게 소리와 같은 자극을 제시한 후에 그 소리로 인해 생기는 심상, 느낌, 감각에 대해 보고하도록 하였다. 또한 분석적 내성법으로 미각을 분석할 때도 미각이 짠맛, 쓴맛, 단맛, 신맛으로 구성된다는 것을 발견하였다.

그러나 이러한 내성법은 자기를 관찰하여 보고한 자료들을 분석하는 방법이므로 반응의 신뢰성과 타당성의 문제로 객관적이며 과학적인 방법이 되지 못해 구조주의 학파는 가장 빨리 그 자취를 감추게 되었다. 내성법적 보고는 특정한 자극에 대한 자기관찰법이므로 동일한 자극에 대한 보고일지라도 피험자에 따라 일관성을 보이지 못하는 경우가 많았다.

비록 분석적 내성법의 단점으로 이해 구조주의가 소멸하기는 했지만, 많은 연구자들을 양성하여 세계 곳곳에 심리학 강좌와 심리실험실을 개설시켜 심리학의 발전에 기여하였다.

2) 제임스와 기능주의

미국의 기능주의 심리학파는 구조주의에 대한 반동으로 생겨났다. 하버드 대학의 윌리엄 제임스(William James, 1842~ 1910)는 의식의 구성요소를 분석하여 그 내용을 아는 것만으로는 제대로 인간을 이해할 수 없다고 보며 의식의 전체적 기능을 밝히는 것이 중요하다고 주장하였다. 즉, 인간이 어떻게 보고 느끼고 생각하는지의 심리적 기능을 연구 대상으로 삼아야 한다고 주장하였다. 기능주의(Functionalism) 심리학자들은 미국의 실용주의적 사상을 배경으로 학문의 목표는 '학문은 인간의 행복을 위해 실용적이어야 한다'고 보고, 심리학의 연구목적도 인간생활에서 의식이 무엇 때문에 어떻게 작용하는가 하는 정신역동적 기능을 규명하는 것이라고 보았다. 후에 기능주의는 행동주의라고 하는 새로운 사조에 흡수되었지만 발달심리학을 포함한 미국 교육학에 큰 영향을 끼쳤다.

윌리엄 제임스
(William James)

3) 프로이트와 정신분석

지그문트 프로이트(Sigmund Freud, 1856~1939)는 인간의 알 수 없는 정신세계를 무의식이라 하며 인간이해에 대한 새로운 관점을 제시하였다. 프로이트의 정신분석은 20세기 심리학, 정신의학뿐만 아니라 예술, 종교, 도덕, 문화 등에 적용되어 큰 영향을 끼쳤다. 정신분석(psychoanalysis)이란 인간의 정신을 탐구하는 하나의 방법이기도 하고, 인간의 정신을 치료하는 치료기법이기도 하면서, 프로이트학파가 이루어 놓은 경험적 지식체계를 일컫기도 한다.

프로이트
(Sigmund Freud)

그는 신경증적 정신질환을 앓고 있는 환자들과의 임상경험을 토대로 인간의 행동이나 사고는 의식보다 무의식의 지배를 받는다고 주장했다. 그러므로 인간이해를 위해서는 무의식의 영역을 연구해야 한다고 했는데, 이들의 심리학을 심층심리학(depth psychology)이라고 한다. 인간은 생득적 본능을 갖고 있는데, 이러한 본능적인 욕구의 표현이 금지당할 때 억압되어 무의식을 형성하게 되고 무의식적 행동은 꿈이나 신경증적 증상, 실수, 실언, 망각 등으로 나타난다고 보았다. 꿈은 인간의 무의식적 욕구나 소망, 갈등 등이 상징적으로 표현된 것이며, 특정한 공격적 욕구가 무의식으로 억압되어 있다가 실수의 형태를 빌어 나올 수도 있고, 망각은 자신이 원하지 않거나 고통과 관련된 기억을 떠올리고 싶지 않은 무의식적 동기가 행동으로 나타나게 된 것으로 보았다. 이처럼 프로이트는 인간의 모든 행동은 어떤 원인에 의해서 나타나는데, 합리적인 의식보다는 오히려 무의식적 동기에 그 원인이 있다고 보았다. 따라서 의식은 정신 현상의 일부에 불과하며 인간의 정신 현상을 설명하기에는 한계가 있음을 지적하면서 무의식(unconsciousness)이라는 개념을 인간의 행동을 설명하는 데 포함시켰다.

4) 왓슨과 행동주의

행동주의 심리학의 창시자로 볼 수 있는 왓슨(John B. Watson, 1878~1958)은 당시 미국 전역에서 주류를 이루고 있는 기능주의가 관찰 가능한 행동은 물론 의식의 흐름까지 연구대상으로 삼고 있는 것에 불만을 지녔다. 그는 심리학을 엄밀하게 과학화하기 위해서는 그 연구대상이 관찰 가능하고 측정 가능한 행동에 국한되어야 한다고 주장했다. 행동이란 그 원인이 되는 자극(stimulus : S)과 결과가 되는 반응(response : R) 사이의 관계로 설명될 수 있다는 점에서 행동주의 심리학은 'S-R 심리학'이라고 부른다. 왓슨의 '자극-반응' 심리학은 그의 아동발달에 대한 유명한 보고에서 다음과 같이 표현되었다.

존 왓슨
(John B. Watson)

> 나에게 건강한 유아와 그들을 잘 자라게 할 수 있는 환경만 제공해 준다면, 나는 무작위로 그들 중 한 명을 택하여 재능, 기호, 경향, 능력, 직업, 인종에 상관없이 그를 변호사, 예술가, 상인, 심지어 거지와 도둑까지 내가 원하는 어떤 방면의 전문가도 되게 할 수 있다(Watson, 1930).

이런 왓슨의 입장을 한층 발전시킨 인물은 하버드 대학의 스키너(B. F. Skinner, 1904~1990)이다. 행동주의 심리학자들은 모든 행동은 조건형성(conditioning)의 결과로써 강화가 반드시 필요하다고 보았다. 강화는 행동의 빈도를 증가시키는 절차로 어떤 행동 후에 유쾌한 자극이 주어지는 것을 말한다. 스키너의 행동주의의 영향은 심리학의 과학화에 기여를 했으나 1960년대에 들어와서는 인간은 단순히 자극에 의해 행동하는 수동적 존재가 아니라, 환경을 파악하고 이해하는 적극적인 존재라고 보는 경향으로 환경의 영향만을 강조하였던 행동주의의 극단적인 주장은 약화되기 시작하였다.

5) 베르트하이머와 형태주의 심리학

베르트하이머
(Max Wertheimer)

독일의 심리학자 베르트하이머(Max Wertheimer, 1880~1943)는 마음을 구성 요소로 분석해 내려는 구조주의 심리학자들의 시도와 인간을 단순히 환경에 대한 수동적인 반응자로 보았던 행동주의 심리학자들을 반박하였다. 형태주의는 독일어로 'Gestalt'라고 부르는데, 이는 영어로 형태(form) 또는 전체(whole)의 의미를 모두 포함하고 있으나 그 의미를 살릴 수 있는 적절한 단어가 없어서 독일어를 그대로 사용하고 있다. 형태주의는 주변에 존재하는 다양한 자극을 따로따로 분해해서 지각하기보다는 의미 있는 하나의 전체로 통합하고 분리된 자극들을 의미 있는 유형으로 통합하고자 하는 경향을 강조하는 학파이다.

게슈탈트를 창시한 베르트하이머, 코프카(Kurt Koffka, 1886~1941), 쾰러(Wolfgang Köhler, 1887~1967)는 1930년대에 나치의 위협을 피해 미국으로 이주하여 형태주의 심리학을 미국에 소개하였다. 형태주의자들은 구조주의자들과 달리 인간의 지각, 정서 또는 사고과정을 기본요소의 입장에서만 설명할 수 없다는 것이다. 즉 지각은 부분의 합보다 큰 전체라는 것이다. 형태주의자들은 어떤 내용을 구성 요소로 나누면 이미 원래의 내용은 존재하지 않으며, 이 요소를 다시 재결합하여도 원래대로 돌릴 수 없다고 주장하였다. 이 학파는 정보의 조각들이 그 맥락을 포함하여 어떻게 통합된 전체로 지각되는지를 보여주었다.

〈표 1-1〉 **초기 심리학파의 특성**

학파	연구대상(주제)	연구목적	연구방법
구조주의	의식적 경험	정신의 구조분석	분석적 내성법
기능주의	의식적 경험	정신의 기능연구	내성법, 행동을 측정
행동주의	관찰 가능한 행동	행동통제	관찰과 실험
형태주의	의식적 경험	정신의 전체적인 성질 증명	내성법, 증명
정신분석	무의식적 동기	성격이해	의료적인 사례연구

03 심리학의 인간이해 방법

사회과학으로서의 심리학은 인간을 이해하기 위해 연구 방법과 절차에 따라 다양한 관점을 지니고 있다. 현대심리학은 인간의 심리현상을 이해하고 설명하기 위해 다양한 접근방법들을 택하고 있다. 이러한 설명 방법들은 강조점만 다를 뿐 인간의 정신과정과 행동을 설명함에 있어서 모두 중요하다.

1) 생리심리학적 이해 방법

생리심리학적 관점은 인간을 생물학적 입장에서 이해하고 설명하려는 연구라고 할 수 있다. 인간의 뇌는 수많은 신경세포로 이루어져 있으며 아주 복잡한 신경 연결 구조를 갖고 있다. 이러한 이론에 기초한 생물학적 이해 방법은 모든 심리현상들을 뇌와 신경계통 및 감각기관의 생리적 작용으로 설명하려고 한다.

생물학적 입장에서 심리학을 연구하는 학자들은 새로운 자극이 주어졌을 때 뇌와 신경계통에서 일어나는 변화에 큰 관심을 갖는다. 정신분열증과 같은 이상행동 및 정신장애는 뇌의 신경전달물질인 도파민과 관련되어 있다고 설명한다. 또한 뇌의 일정 부위를 자극하면 기쁨과 슬픔을 느끼게 할 수 있다는 신경생리학적으로 설명하고 있다. 그러나 뇌의 구조는 매우 복잡해서 아직 밝혀내지 못한 부분들이 많다. 그러므로 모든 심리현상을 생물학적으로 이해하기 위해서는 앞으로 더 많은 연구들이 이루어져야 한다.

2) 행동적 이해 방법

스키너
(B. F. Skinner)

인간에 대한 행동주의적 이해방법은 인간의 심리상태는 관찰 가능한 행동을 통해 객관적으로 연구함으로써 인간을 설명하려고 한다. 미국의 행동주의 심리학자들은 왓슨과 스키너(Burrhus Frederic Skinner, 1904~1990)로 대표된다. 왓슨은 관찰 가능한 것을 심리학의 연구 대상으로 삼아야 한다고 주장하였다. 스키너는 동물과 사람은 긍정적 결과가 주어지는 행동을 계속 반복하려는 경향이 있다는 강화의 원리를 강조하였다. 초기에 행동주의자들은 심리학을 과학화하기 위해서는 겉으로 드러나는 외현적인 행동만을 인간이해의 연구대상으로 삼아야 한다고 주장하였다. 그러나 최근에는 기억과정 및 사고과정을 과학적으로 분석해야 할 뿐만 아니라 감정, 태도, 성격 등과 같은 직접 관찰을 할 수 없는 내현적인 현상까지도 행동으로 연구해야 한다는 입장을 취하고 있다.

3) 인지적 이해 방법

인지심리학자들은 인간은 인지기능을 지니고 있기 때문에 심리현상 및 행동을 이해하고 설명하기 위해서는 인지기능 및 인지과정을 분석해야 한다고 본다. 인간의 행동은 단순하기보다는 인지적인 복잡한 행동이다. 인지적 관점은 뇌를 정보 처리기로 시뮬레이션 한 컴퓨터의 발달에도 영향을 받았다. 환경을 통해 입력되는 수많은 정보들은 선택, 비교, 조합, 변형되어 반응출력으로 나타나는 것처럼 인간의 반응도 이러한 정보처리체계의 일환으로써 설명하고 있다. 따라서 인지심리학자들은 인간은 단순히 자극을 피동적으로 지각하지 않고 능동적으로 받아들여서 그것을 다시 새로운 형태나 유목으로 변경시킨다고 본다.

인간은 각기 사고의 틀이 다르므로 동일한 자극 대상에 대해서도 저마다 다른 해석을 하게 되고 지각한다는 것이다. 현재 인지적 관점은 소위 '인지혁명'이라 불릴 만큼 심리학에서 많은 영향을 끼치고 있다.

4) 정신분석적 이해 방법

프로이트로 대표되는 정신분석적 관점은 인간의 행동과 정신 과정을 본능과 무의식으로 설명한다. 인간의 정신과정과 행동을 이해하고 설명하기 위해서는 우리가 알 수 있는 의식보다는 깨닫지 못하는 무의식을 연구해야 한다고 주장한다. 즉, 무의식이 인간의 행동에 많은 영향을 미치게 되며 만족되지 않은 욕구들은 무의식 속에 잠재되어 있다가 행동에 영향을 주고 꿈, 실언, 신경증의 징후로 표현된다는 것이다.

정신분석적 이해 방법은 이상행동과 성격이상, 사회적 부적응 문제 등의 심리적으로 어려움을 겪고 있는 사람을 치료하고 연구하는 데 많이 활용되고 있다. 그러나 한때 심리학 전반을 주도했던 프로이트의 정신분석적 관점은 융과 아들러, 그리고 대상관계이론가들에 의해 새로운 각도에서 수정되어 발전되고 있다.

5) 현상학적 이해 방법

1950년대에 미국의 심리학자인 매슬로(A. H. Maslow, 1908~1970)와 로저스(C. R. Rogers, 1902~1987)는 인간이해에 대한 긍정적·낙관적 관점을 제시하였다. 즉 인간은 자유의지를 지니고 있으며 무의식적인 동기와 환경적 자극에 의해 반응하는 존재가 아니라는 생각을 발전시켰다. 매슬로는 인간의 자연적인 본성인 자아실현에 대한 욕구를 강조하였는데, 이는 모든 사람의 잠재력 실현에 대해 적용될 수 있는 개념이다.

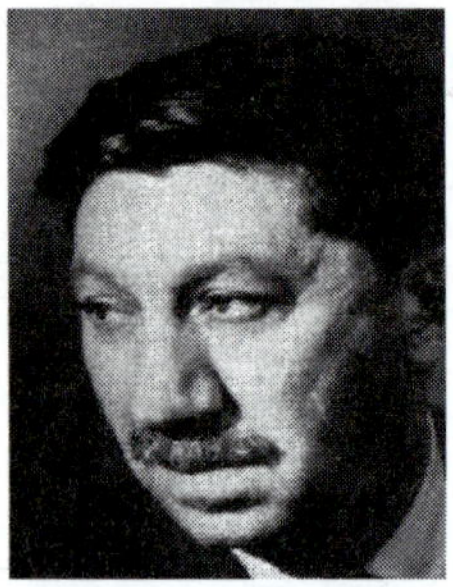

매슬로
(A. H. Maslow)

현상학적 이해 방법은 개인의 주관적 경험을 강조한다. 그것은 개인이 주어진 사건을 지각하고 해석할 때 각자의 개인적 견해를 중요시한다는 것이다. 이 접근법은 인간이 자기 자신과 세계를 어떻게 지각하는가를 연구함으로써 인간의 본질에 대해 많은 지식을 얻을 수 있고 인간의 심리현상에 대해 설명할 수 있다고 본다.

동물의 행동은 예측 가능하고 환경의 영향을 받지만, 인간의 행동은 기본적으로 자신이 세상을 어떻게 지각하며 특정 상황 또는 순간적 상황을 어떻게 해석하는가에 의존하므로 행동의 예언과 통제 같은 것은 그다지 중요하지 않다고 본다. 현상학적 이론은 인본주의적 이론이라고 부르기도 하는데, 그 이유는 현상학적인 접근이 인간이 다른 동물과 구별되는 질적인 문제, 즉 자유의지와 자아실현을 추구하려는 인간의 기본적인 욕구를 강조하기 때문이다. 현상학적 접근은 로저스에 의해 심리치료 분야의 변화에 주요한 원동력이 되었다.

칼 로저스
(C. R. Rogers)

04 심리학의 여러 분야

심리학은 비약적인 발전을 통해 현재 대부분의 대학에서 전공, 혹은 교양강좌로 개설되어 있다. 일반적으로 심리학의 연구 분야를 이론적인 순수심리학의 접근과 응용적인 접근으로 구분할 수 있다.

1) 이론(순수)심리학 분야

(1) 생리심리학

생리심리학 분야는 행동의 생물학적 기초를 연구하는 분야로 뇌의 특정 부위에서 생긴 문제가 정신분열증과 어떤 관련이 있는가, 또는 신체의 감각이 어떻게 정서를 일으키는지 등에 대해서 연구한다. 또는 사람이 스트레스 상황에 오래 노출되었을 때 어떤 화학물질이 분비되는가에 관심을 둔다. 이처럼 생리심리학은 유기체의 생물학적 과정과 행동의 관계(신경과학), 약물과 행동의 관계(약물심리학)에 대한 연구를 한다.

(2) 학습심리학

학습심리학자는 주로 인간의 기억과 학습문제를 다루며 이론이나 가설을 검증하기 위하여 동물을 이용한 실험적 접근법을 사용하기도 한다. 최근에는 파지나 망각과 같은 기억과정, 행동 유발인자로서 동기 등에 관해서 많은 연구를 하고 있다.

(3) 발달심리학

발달심리학은 태내에서 출생, 죽음에 이르기까지 인간의 전 생애 발달과정에 영향을 미치는 요인들을 연구한다. 과거에는 아동기에 관한 연구가 주류를 이루었으나 평균수명이 연장되면서 중년기 연구, 노년기의 적응문제에 관한 다양한 연구들이 이루어지고 있다.

(4) 사회심리학

인간은 관계적인 존재이므로 인간발달의 다양한 측면은 사회적인 영향을 받는다. 사회심리학자는 인간의 사회화 과정에서 나타나는 편견, 동조, 갈등, 집단압력, 이타행동 등에 기여하는 제반 요인들을 규명하는 데 관심을 둔다. 또한 이들은 집단행동에도 관심을 가져 여론조사나 시장조사를 수행하며 설득, 집단 간 갈등, 태도 형성에 관한 연구를 한다.

(5) 성격심리학

성격심리학은 사람들 간의 개인차와 성격 형성 과정에 관심을 갖는다. 성격 측정을 위해서 관찰과 검사가 이용되며, 이를 통해 얻은 자료는 임상심리학, 상담심리학, 학교심리학, 산업심리학 등 심리학의 제반 분야에 기초자료로 활용된다.

(6) 실험심리학

실험심리학은 독자적인 학문 분야라기보다는 실험 중심의 심리학 분야를 총칭하는 용어다. 좁은 의미의 실험심리학은 지각, 생리, 학습 심리학 분야를 가리키지만, 넓은 의미로는 성격, 사회 심리학 등의 실험적 방법을 사용하는 모든 이론심리학 분야까지 포함된다.

(7) 인지심리학

인지심리학은 사고, 기억, 추론, 문제해결 등의 고급정신과정을 연구하는 분야이다. 최근 컴퓨터의 발달로 인지과정을 인공지능(artificial intelligence)화하여 연구된 결과에 많은 관심을 갖게 되었으며 학제 간 연구를 통하여 인지과학이라는 새로운 학문이 발전하고 있다.

2) 응용심리학 분야

(1) 임상심리학

임상심리학은 심각한 부적응이나 심리장애의 원인과 진단 및 치료에 종사하는 분야이다. 임상장면에서 심리검사를 실시하여 행동장애의 진단에 도움을 주고 이상행동에 대한 연구 관심을 갖는다. 임상심리학자는 주로 대학, 연구소, 병원, 또는 전문기관에서 정신장애와 이상행동에 관한 진단과 치료, 연구를 수행한다. 최근에는 지역사회 정신건강센터를 중심으로 지역주민의 건강과 부적응 행동의 예방 또는 적응을 촉진하는 역할을 하고 있다.

(2) 상담심리학

상담심리학은 비교적 정상인을 대상으로 이들의 현실 적응과 그다지 심각하지 않은 행동이나 부적응 문제를 다룬다. 상담심리학자들은 주로 학교, 군대, 전문상담기관, 종교단체 등에서 개인적 또는 집단적 상담을 실시한다.

(3) 산업, 조직심리학

주로 산업체 등에서 작업능률과 직무만족을 향상시키고 인사 선발, 작업 환경의 개선, 생산성의 증대를 위해 심리학적 원리들을 적용하는 분야이다. 최근에는 직장생활을 통한 삶의 질을 향상시키기 위해 심리학적 지식을 응용하고 있으며, 인사관리와 조직의 진단과 개선, 조직 구성원의 갈등과 해소, 시장조사, 홍보, 그리고 광고에 이르기까지 다양한 분야에 관심을 두고 있다.

(4) 교육심리학

이 분야는 교육장면에서 학습동기에 관한 심리학적 지식을 활용하여 학습자들의 수행도를 높일 수 있는 교수방법을 개선하는 것에 관심을 둔다. 교육 및 학습의 적절한 평가방법을 개발함으로써 발달과정에 적절한 교육과정의 개발에 심리학적 원리들을 적용한다. 교육심리학자는 정신지체에서 영재 교육에 이르기까지 주제별 교육방법과 각각의 발달과정에 적합한 교육 프로그램을 개발하여 실제 교육장면에 적용한다.

(5) 학교심리학

학교심리학자는 초·중·고등학교에서 학령기 아동이나 청소년들의 학습문제, 정서문제, 그리고 행동문제를 다룬다. 이들은 아동발달심리학, 교육 및 상담심리학의 훈련에 기초하여 각 학생들에게 여러 가지 검사를 실시하고 평가한다. 또한 학령기 아동과 청소년들의 학습문제나 진로 상담을 하여 가정, 학교, 사회에서 적응할 수 있도록 돕는 활동을 주로 한다.

(6) 환경심리학

환경심리학은 인간과 환경 간의 상호작용을 주로 연구함으로써 인간이 보다 나은 최적의 환경에서 최고의 안락함을 누릴 수 있도록 물리적 환경뿐만 아니라 심리적 환경에 이르기까지 인간의 행동에 영향을 미치는 제반 요인들을 연구하여 적용하려는 분야이다.

이밖에도 인간의 제반 활동과 관여되는 모든 영역은 심리학자들의 연구 영역이 될 수 있다. 범법자들의 문제와 심리를 다루는 범죄심리학, 소비자의 행동 및 잠재적 행동을 과학적으로 연구하는 소비자심리학, 대중매체의 발달과 심리학적 지식을 광고에 활용하여 구매동기와 관련된 광고심리학 등의 심리학의 전문분야들이 점점 다양해지고 있는 추세이다.

응용문제

1 초기 심리학의 학파 중 구조주의, 기능주의 및 형태주의의 관점을 연구대상(주제)과 연구방법을 중심으로 서술하시오.

2 심리학의 다양한 분야들을 설명해 보고, 최근에 발달하고 있는 관심분야들에 대해서도 기술해보시오.

3 프로이트의 정신분석이 인간이해에 공헌한 바를 설명해 보시오.

CHAPTER 02

사고와 언어

사고와 언어는 우리의 정신과 사회생활의 매개체이므로 모든 인간 활동의 중심 영역이다. 사고는 기억에 표상된 언어와 지식을 사용하여 정보의 의미를 개념화하고, 결정하며 판단하는 일련의 문제해결 과정을 거치며, 언어는 다른 사람과 의사소통하고 우리의 내적 사고를 조절하는데 사용된다.

언어는 어떤 형태로든지 우리의 사회적 인지적 활동을 지배하고 있기에 그것이 없는 우리의 삶은 상상조차 하기 어렵다. 많은 사람이 언어와 사고를 합리적으로 사용하는 능력을 인간의 고유한 자질로 간주하며 이것이 인간을 다른 동물과 구분하는 능력이라고 믿는다. 그리하여 헤일리(Harley, 2001)도 "언어가 인간을 인간답게 하는 본질적인 것이며, 인간을 다른 동물과 구별되게 해주는 것이다."라고 하였다. 언어는 모든 인간 문화에 꼭 필요한 요소이며, 어린 시절부터 숙달된 강력한 사회적 도구이다.

수 세기 동안 철학자들은 이런 사고와 언어의 두 가지 능력이 연관이 되는지, 만약 그러하다면 사고와 언어의 관계성이 무엇인지에 관한 의문을 제기하여 왔다. 이 단원에서는 이런 의문에 대한 대표학자들의 이론과 연구결과를 다루어 보도록 하겠다.

01 사고의 개념

사고(思考)는 우리 삶의 거의 모든 측면에 영향을 미치는 복잡한 과정이다. 국어사전에서는 사고(思考)란 생각하고 궁리하는 것이라고 정의되어 있는데, 철학적 용어로는 개념, 구성, 판단, 추리 따위를 행하는 인간의 이성 작용이라고 한다. 또한 심리적 용어로는 심상이나 지식을 사용하는 마음의 작용이며, 이것으로 인해 여러 가지 문제를 해결한다.

이와 같이 사고(思考)라는 용어는 넓은 범위의 활동을 포함하고 있어서 정의하기가 쉽지 않지만, 솔소(Solso, 1998)는 사고를 "판단, 추상화, 추리, 심상, 문제해결 등의 심적 속성의 복잡한 상호작용에 의해 정보를 변환함으로써 새로운 심적 표상을 형성하는 과정"으로 정의하였다.

그에 의하면 사고는 기본적으로 다음과 같이 세 가지 속성이 있다고 한다.

첫째, 사고는 인지적이다.

둘째, 사고는 지식의 조작을 포함한다.

셋째, 사고는 해결책을 지향한다.

문제해결은 우리 삶의 거의 모든 국면에 공통적으로 개입되는 요소이고, 문제는 우리가 목표를 지니고 있지만 그것에 어떻게 도달해야 할지 모를 때 발생한다. 예를 들면 당신이 휴대폰을 잃어버린 친구에게 연락을 하고자 한다면 이 경우 분명한 목표는 있지만 그것에 도달하는 분명한 방법은 쉽게 알 수 없다는 것이다.

02 언어(言語)의 개념

인간의 언어는 쉽게 정의할 수 없을 만큼 복잡한 기술이다. 더구나 언어는 많은 형태를 취하고 있어 말, 혹은 수화로도 표현된다. 언어의 복잡성을 총체적으로 이해하는 방법 중의 하나는 기본적인 특징을 포함하는 일련의 특성을 확인하는 것이다. 예를 들어 하켓(Hockett, 1960)은 인간의 언어가 지니고 있는 것으로 간주되는 열여섯 가지 특성을 기술하였다. 그중 주요한 특성으로 치환성(displacement), 임의성(arbitrariness), 의미성(semanticity), 생산성(productivity)을 들 수 있다.

① 치환성은 시공간적으로 멀리 떨어져 있는 사물을 논의하기 위해 언어를 사용할 수 있는 능력을 말한다(예를 들어 당신은 이제 덴마크에서 일어난 사건에 대하여 말할 수 있다).

② 임의성은 언어의 상징적 성격을 지칭한다. 관념이나 사물을 표현하기 위해서 사용하는 소리, 상징, 혹은 기호는 모두 임의적이다(예를 들어 '개'라는 단어는 개의 소리처럼 발음되지 않고, 개처럼 보이도록 쓰이지도 않으며, 단지 어떤 개를 표상할 뿐이다).

③ 의미성은 이러한 임의적 상징에 의미를 부여한 것이다. 단어는 사람 간에 아이디어를 주고받게 해주는 공유된 의미를 지닌다.

④ 생산성은 언어의 창조성을 말한다. 우리는 수많은 새로운 문장을 만들어 내고 이해할 수 있다. 그 이유는 우리가 규칙을 사용하여 단어를 조합하고 재조합할 수 있기 때문이다. 더욱이 우리는 이전에 들어 보지 못한 이상한 순서의 단어열조차도 하나의 문장으로 표시된다면 이해하는 데 문제가 없다.

화용론(pragmatics)은 의사소통을 위한 언어사용의 연구이다. 화용론은 사회적 상호작용 아래에서 언어가 사용되는 것을 다룬다. 언어습득은 이론에 따라서 일부는 통사론에 일부는 화용론에 초점을 맞추기 때문에 언어의 각기 다른 구성요소를 강조하는 경향이 있다.

언어는 우리 삶의 많은 부분에 영향을 미치며, 말하기, 읽기, 쓰기 등과 같은 넓고 다양한 주제를 다루고 있다. 그러나 이 단원에서는 언어의 특정한 양상만을 집중적으로 다룰 것이며, 언어와 사고가 매우 밀접하기 때문에 이 둘 간의 관계에 초점을 둘 것이다.

03 사고와 언어의 관계

사고(思考)와 언어의 연구에서 중요한 요인은 문화의 역할이다. 우리가 다른 나라의 언어를 연구할 때 단어와 문법뿐 아니라 관습이나 전통 또한 다르다는 사실을 실감한다. 심지어 문화의 아이디어와 생활을 영위하는 방법도 다를 수 있다. 만약 사람들이 각기 다른 관습과 아이디어를 지닌 언어를 사용한다면 '서로 다른 언어가 서로 다른 방식의 사고를 이끌어 내는가?'라는 의문이 제기될 수 있다.

사고에서 언어가 갖는 역할의 정도에 대한 논란이 있지만, 성인의 경우 사고의 많은 부분이 단어나 언어에 관련되어 있다. 그런가 하면 우리는 우리가 말하려는 것을 생각하지 않고서는 단어를 사용할 수 없다. 그러므로 언어와 사고는 매우 밀접하게 관련되어 있다고 할 수 있다.

언어와 사고 간의 관계 특성에 대한 주된 접근은 두 가지로 나누어 볼 수 있다.

첫 번째 접근은 "사고가 언어를 조성한다."는 견해이다. 이 견해는 언어가 인지발달에 의존한다고 믿는 피아제(Piaget)가 주장하였다.

두 번째 접근은 그와 반대로 "언어가 사고를 형성한다."는 생각이다. 이 견해는 비고츠키(Vygotsky)가 주장하였다. 다음에는 사고와 언어에 대한 대표적 학자인 Piaget와 Vygotsky에 대하여 자세히 알아보도록 하겠다.

04 사고가 언어를 조성한다는 Piaget의 관점

1) Piaget는 누구인가?

피아제
(Jean Piaget)

피아제(Jean Piaget, 1896~1980)는 1896년 스위스의 대학촌에서 엄격한 가정의 장남으로 태어났다. 아버지는 주의 깊고 논리적인 사고를 하는 중세의 역사를 전공한 교수였고, 어머니는 감정적이며 정서적으로 불안정한 여인이었다. Piaget는 아버지에게서 성실성과 꾸준함을 배웠고, 연구에 몰두하면서 어머니가 야기하는 가족갈등과 긴장감을 해소하였다. 즉, Piaget의 가정환경이 지적인 탐구와 학문을 중시하는 분위기였지만 그의 어머니는 상당히 신경질적이며, 감정 폭발을 자주 하였다. 이러한 점이 Piaget로 하여금 후에 생물학에서 심리학 연구로 관심을 바꾼 하나의 계기가 되었다.

11세 때 공원에서 색소결핍증에 걸린 새에 대해 연구를 하여 『자연시설』이란 잡지에 발표할 정도로, 어려서부터 뛰어난 생물학자로서의 자질을 보였다. 청년기에는 생물학 연구에 전념하여 과학적인 연구 방법의 기초를 터득하였고, 지식이 어떻게 얻어지는가를 생물학적으로 규명하고자 노력했다. 1918년, 21세 때에는 스위스 뉴샤텔(Neuchatel)대학에서 연체동물에 관한 연구로 철학

박사 학위를 받았다.

그 후 심리학에 관심을 갖고 프랑스 파리의 소르본 대학으로 건너가 심리학, 논리학, 인식론, 과학, 철학 등을 깊이 연구하였다. 최초로 지능검사를 개발한 파리의 비네(Binet) 연구소에서 일하면서 아동용 지능검사 제작을 도왔는데, 여기서 그는 지능검사에서 획득한 점수 자체보다는 오히려 아동들이 검사문항에 대해 오답을 하는 이유를 알아보는 데 관심을 가지게 되었다.

그는 아동들의 오답과 실수는 일정한 유형을 지니고 있음을 발견하고, 아동들의 사고체계는 어른들과 전적으로 다르다는 사실을 확인하였다. 이러한 발견은 아동 정신세계의 독특성과 사고의 질적 변화를 전제로 하는 그의 인지발달단계 이론을 형성하는 계기가 되었다.

1921년에는 스위스의 제네바에 있는 루소 연구소의 책임자가 되었다. 아동의 사고를 추적하는 데 아주 좋은 기회가 되어 아동의 정신발달을 다루게 되었다.

23세 때 아동심리학 분야에서 처음으로 과학적 접근에 의해 '마음의 발달'을 연구하기 시작하였다. 그는 아동의 정신구조 발생과 변화과정의 연구에 전 생애를 걸었으며, 스스로 자신의 연구 분야를 '발생론적 인식론'이라 불렀다. 그는 『아동의 언어와 사고』, 『아동의 판단과 추론』, 『아동의 물리적 인과성 개념』, 『아동의 도덕판단』을 출간하였다. 이 책들은 많은 사람들 사이에 읽혀졌고 폭넓게 논의되었다. 심리학 분야의 학사학위 조차 가지고 있지 않았으면서도 아동심리학의 연구자로서 그의 명성은 유럽에서 매우 높았다.

1925년에 첫 번째 아이 자끄랭의 출생은 지능의 기원과 유아의 인지발달에 관한 중요한 연구를 시작하는 계기가 되었고, 아동의 독특한 언어와 행동에 관한 연구는 자신의 세 자녀 자끄랭, 루신, 로랑의 성장하는 과정을 주의 깊게 관찰함으로서 초기의 감각 운동적 동작과 후기의 인지능력발달의 관계를 알 수 있는 중요한 실마리를 발견했다. 그는 관찰결과를 1936년 『아동지능의 기원』과 『아동 심리의 구성』으로 출간하였다.

1929년부터 1939년까지 제네바 대학에서 과학철학 교수로서 활동하면서 스위스 정부의 국제교육국의 의장직까지 맡았다. 결국 1920년경부터 1950년까지는 인간지능의 발달을 이해하려는 시도로써, 아동의 사고과정을 규명하기 위한 실험적 연구에 종사하였다.

1956년에는 발생적 인식론 국제연구소를 제네바 대학에 설립하고 인지발달에 대한 연구에서 여러 관련 학문 분야의 연구자와 공동적 접근을 시도하였다. 이 연구소는 다양한 측면을 가진 인간의 사고 문제를 연구하려는 데 각 분야의 저명한 여러 학자가 공동 노력하여 종합적 사고를 하도록 하려는 데 그 설립목적이 있었다.

1960년대에 접어들어 Piaget의 연구들은 세계 도처 심리학자의 폭발적인 관심의 대상이 되었으나, 그 후 이해하기 힘든 연구방향과 수량적 증거를 무시하는 연구방법으로 인해 미국을 중심으로 하는 심리학자들 사이에서 비판의 대상이 되었다. 그러나 Piaget는 연구 방법상의 문제는, 아동의 풍부하고 자세한 사고의 실례들보다 중요하지 않다고 생각하며, 통계학적 처리에 바탕을 둔 수량적 접근을 거부하였다.

그가 주로 사용한 준임상적 면접법(semi-clinical interview)은 오늘날 아동연구의 주요 방법으로 새롭게 각광받고 있다.

Piaget는 '발생적 인식론'이란 대명제를 놓고 한평생 끈질기고도 지칠 줄 모르는 연구를 해오다가 83세 되는 1980년 9월 타계하였다.

2) Piaget 이론의 기본 가정

Piaget는 구성주의의 대표적인 핵심이론가로서 '지식이 어떻게 구성되어지는가?'와 '아동들이 어떻게 자신들의 세계를 알게 되는가?'에 초점을 맞춰 아동의 인지발달을 연구해 왔고, 이를 통해 아동의 사고를 이해함에 있어 새로운 지평을 마련하였다. 그는 아동의 사고는 성인의 사고와는 질적으로 다르다는 것을 보여줌으로써 아동을 성인의 축소판으로 인식하던 기존의 전통적인 아동관을 변화시켰을 뿐 아니라 아동의 사고체계를 새롭게 해석하기 위한 기본적인 개념들을 제시했다. 그의 기본 가정들은 다음과 같다(Ormrod, 2000).

(1) 아동은 능동적인, 동기화된 학습자이다.

아동들은 환경적 자극화의 수동적 수용자가 아니며, 천성적으로 세상에 관해 호기심을 갖고 있으며, 세상을 이해하는 데 도움을 줄 정보를 능동적으로 추구한다. 아동들은 접하는 대상물을 대상으로 계속 실험을 하며, 물건을 조작하고 자신의 행위에 대한 효과를 관찰한다.

(2) 아동은 자신의 경험으로부터 지식을 구성한다.

아동들은 경험으로부터 자신의 지식체를 구성한다. 아동들이 학습하고 행할 수 있는 것들은 비슷한 사고 또는 행위들의 무리인 도식으로 조직된다. 시간이 지남에 따라 아동들의 도식은 경험을 함으로써 수정되며 점차 서로 더 잘 통합하게 된다.

(3) 아동은 동화와 조절의 보완적 과정을 통해 발달한다.

아동의 도식은 시간이 지남에 따라 변할지라도, 아동의 도식이 발달하는 과정은 동일하게 남아 있다. 학습과 인지 발달은 동화와 조절이라는 두 보완적 과정의 결과로서 일어난다.

(4) 물리적·사회적 환경과의 상호작용이 인지발달에 필수적이다.

학습과 인지 발달이 일어나기 위해서는 새 경험이 필수적이다. 이런 이유로 그는 물리적 환경과의 상호작용의 중요성을 강조하였다. 모래 및 물놀이, 또는 과학실험 등 환경을 조작함으로써 아동들은 인간관계, 무게와 부피 등과 같은 물리적 특성의 성격에 대한 이해를 한다.

사회적 상호작용도 똑같이 인지발달에 중요하다. 다른 사람들과의 상호작용을 통해 사람들은 각자 사물을 다르게 보며 세상에 대한 자신의 견해는 반드시 전적으로 정확하거나 논리적인 것이 아님을 의식하기 시작한다.

예컨대, 초등학생은 자신이 말하고 행하는 것에 있어 논리적 불일치를 다른 어떤 사람이 지적한 후에만 인식할 수 있다.

3) Piaget 이론의 핵심기제

(1) 평형화

인간에게는 질서와 체계를 유지하려는 선천적인 욕구가 있다. Piaget는 이러한 욕구를 개인의 세상에 대한 이해와 경험 간의 인지적 균형 상태인 평형화(equilibrium)라 한다. 우리는 본능적으로 평형 상태를 유지하려는 경향성이 있는데 새로운 경험을 함에 있어 평형 상태가 깨지면, 불평형 상태가 되고 이러한 인지적 불평형은 새로운 인지적 평형을 회복하려고 한다. 인지적 불평형을 경험하는 것은 인지의 폭을 확장시켜 주므로 인지발달에 있어 매우 중요한 역할을 한다.

(2) 도식

정보를 조직하고 처리하는 기본적인 단위를 도식(schema)이라고 부른다. 즉, 개인은 평형 상태를 유지하기 위해 삶에서의 경험을 구조화시켜 조직하려는 경향이 있는데 이러한 조직화를 위한 사고의 기본 단위가 도식이다. 이렇듯 도식은 우리가 세상에서 사물과 사건에 대해 정신적으로 표상하거나 이해의 틀을 제공하기 위한 행동 및 심리적 사고의 체계이다. 도식은 발달이 진행됨에 따라 변화되는데, 생후 처음 나타나는 도식은 반사를 기초로 하여 형성되는 빨기와 파악 도식이다.

이렇듯 인간의 사고과정이 점점 조직화되고 새로운 도식이 발달될수록 도식은 더욱 분화되고 통합되며 이러한 과정을 통해 우리의 인지구조가 점차 질적, 양적으로 확장된다.

(3) 동화

도식은 동화(assimilation)와 조절(accommodation)이라는 적응과정을 통하여 변화하고, 확장되며 보다 정교해진다. Piaget에 의하면 동화란 경험으로부터 얻어진 모든 자료를 기존의 인지구조에 조직하는 것이다. 즉, 우리가 이미 알고 있는 구조에 끼워 맞춰서 새로운 것을 이해하려고 노력하는 것을 말한다. 예를 들어, 한 아기가 '아빠는 바지를 입고 있으며, 머리가 짧고 낮은 목소리를 내는 사람'이라는 도식을 가지고 있다고 하자. 그런데 어느 날 바지를 입고 짧은 머리의 낮은 목소리를 가진 이웃집 아저씨가 집에 왔다. 아동은 기존의 도식을 근거로 이웃집 아저씨를 '아빠'라고 부르게 되는데, 이렇듯 새로운 정보를 기존의 구조에 끼워 맞추려는 노력이 '동화'의 과정이라고 볼 수 있다(임규혁·임웅, 2007).

(4) 조절

위의 과정에서 아동은 그 사람이 아빠가 아니라 이웃집 아저씨라고 수정을 하면서 새로운 정보가 기존의 도식에 적절하지 않다는 것을 알게 되면서 '조절(accommodation)'이 발생한다.

아동은 이제 '아빠는 바지를 입고 있으며, 머리가 짧고, 낮은 목소리를 내면서 동시에 이 집에 살고 있는 사람'으로 자기의 도식을 수정하게 된다. 이렇듯, 조절이란 새로운 상황에 반응하기 위해 기존의 도식을 변화 시켜야 할 때 일어나는 것이다. 우리는 일상생활에서 끊임없이 조절의 과정을 겪게 된다.

예를 들어 핸드폰의 기종에 따라 문자를 보내는 방식이 다르다는 것을 알고

새로운 방식에 적응하는 것도 일종의 조절이라고 볼 수 있다

개인이 평형화를 유지하기 위해서는 동화와 조절이 모두 필요하다. 그러나 만약 새로운 경험이 기존의 도식에 동화되기만 한다면 도식은 크게 변하거나 발달하지 못한다. 성공적이지 못한 동화의 시도가 불평형 상태를 만들고 이는 조절을 초래하고 이를 통해 도식이 수정, 확대될 때 우리의 사고도 수정되고 확장되는 것이다.

이는 Piaget의 발달이론이 기여한 많은 것들 중 매우 중요한 의의를 차지하는데, 즉 교사가 학생의 현재 상태를 잘 파악하여 동기화시키고, 적절한 수준에서의 불평형 상태를 제시하여 학습자들로 하여금 인지적 갈등상태를 유도하고 이를 통해 향상적 발달을 이끌어야 함을 의미한다.

4) Piaget의 인지발달단계

Piaget의 이론 중 가장 널리 알려지고 가장 중요하게 언급되는 것이 바로 그의 인지발달 단계에 대한 설명이다.

그는 4단계의 연령별 인지발달 단계를 제시하였는데, 한 단계에서 다음 단계로의 이행은 아동 사고의 단순한 양적인 변화가 아니라 질적·유형적 변화를 의미한다고 하였다.

그가 제시하는 인지발달 4단계는 감각운동기, 전조작기, 구체적 조작기, 형식적 조작기로 불리며, 그에 의하면 모든 인간은 누구나 이러한 4단계를 일정한 순서로 거치게 된다고 한다. 4단계를 자세히 제시하면 다음과 같다.

(1) 감각운동기(0~2세)

감각운동기는 출생 후부터 약 2세까지의 시기이다. 이 시기는 영아가 자신의 감각과 운동을 조합함으로써 세상의 사물에 대한 지식을 얻게 된다. 이 단

계의 영아는 반사적으로 물체를 입에 대려 하고, 손으로 잡으려 하며, 울며 놀랐을 때 팔과 다리를 뻗는다. 이것이 반사 운동이다. 아동이 세상을 이해하기 위해 감각과 운동능력을 이용하는 시기이다. 이들은 신체와 환경과의 상호작용에 기초하여 도식을 발달시키는데, 물체를 잡기 위해 눈과 손을 함께 사용하고 그것을 입으로 가져가는 행위 등을 한다.

감각운동기의 특징으로는 감각운동적 행동, 모방, 대상영속성(object permanence) 등을 들 수 있다.

(2) 전조작기(2~7세)

전조작기는 정신적 표상에 의한 사고가 가능하기는 하나 아직 개념적 조작 능력이 충분히 발달하지 못한 시기이다. 이 시기에는 내적으로 사상을 표상하는 능력이 생기며 보이지 않는 사물이나 행동을 표상하기 시작한다. 유아의 내면화된 표상은 구체적인 사상과 연결되어 있고 아직 복잡한 체제로 조직화할 수 있는 능력은 없으며, 사물의 절대적 속성에 얽매여 관계성을 파악하지 못한다.

전조작기의 특징으로는 급속한 언어발달, 상징적 사고, 자기중심성, 중심화, 직관적 사고, 비가역성, 비보존 개념, 물활론적 사고, 꿈의 실재론, 도덕적 실재론, 자기중심적인 언어 등을 들 수 있다. 또한 이 시기는 지각이 아동의 사고를 지배하는 시기이다.

(3) 구체적 조작기(7~11세)

구체적 조작기(concrete operational stage)는 구제적인 대상에 대해 논리적으로 사고하는 능력으로 특징지어지는 시기이다. 아동은 구체적 조작기를 통해 전조작기의 결핍 요소들을 습득하며, 논리적이고 체계적으로 사고할 수 있게 된다. 그러나 여전히 직접적이고 실제적으로 경험할 수 있는 것에 한하여 논리적인 사고가 가능하다.

이 시기 아동들은 자기중심적 사고를 극복하고 자기의 관점과 타인의 관점을 구별할 줄 아는 능력을 갖게 되며, 보존개념을 획득하고, 가역적 사고를 할 수 있으며, 단일 차원이 아닌 다차원에서의 분류가 가능하고, 단순한 지각에 의해서가 아니라 추론을 토대로 결론에 도달하게 되는 능력이 발전된다.

(4) 형식적 조작기(11세~성인)

형식적 조작기(formal operational stage)는 추상적인 문제들을 체계적으로 고찰하고, 그 결과를 일반화할 수 있는 시기이다. 이전의 구체적 조작기의 아동들이 논리적으로 사고할 수 있다고 할지라도 이들의 사고는 실제의 것, 경험할 수 있는 것에만 한정되어 있다.

이와 달리 형식적 사고를 하는 아동은 가상의 것에 대해, 또는 불가능한 것에 대해서도 논리적으로 사고할 수 있다. 즉, 이 시기 아동은 '무엇은 무엇이다(what is)'뿐 아니라, '무엇은 아마도 무엇일 것이다(what might be)'를 이해한다. 그 상황을 직접 경험하지 않아도 상상하고 추론할 수 있는 것이다. 또한 이 시기의 아동은 존재하지 않는 세계에 관심을 갖게 되며 따라서 공상과학 등에 많은 흥미를 보인다. 청소년기는 자기중심성을 보이기도 하는데, 이는 모든 사람들이 나를 쳐다보고 있다고 인식하는 '상상적 청중감각'으로 대표된다.

이 시기에 사회인식 능력의 발달로 도덕적, 사회적, 정치적, 철학적인 생각이나 문제 등에 관심을 갖기 시작하면서 다른 사람들은 그런 문제를 어떻게 보고 어떻게 생각할까 등과 같은 타인의 사고 과정에도 관심을 갖는다.

Piaget가 제시하는 4단계의 인지발달단계를 간단히 요약하면 <표 2-1>과 같다.

〈표 2-1〉 Piaget의 인지발달 4단계

발달단계	연 령	특징
1. 감각운동기	출생~2세	• 감각과 운동을 통해 세상을 이해 • 대상영속성의 개념 형성 • 반사행동으로부터 목표지향적 사고로 이동 • 모방, 기억, 사고, 언어의 시작
2. 전조작기	2세~7세	• 직관적·비가역적·비논리적 사고 • 자기중심성(egocentrism), 중심화(concentrarion) • 물활론적 사고, 꿈의 실재론, 도덕적 실재론 • 언어의 급속한 발달 • 상징적 형태로의 사고능력, 개념획득능력 발달 • 행동의 내면화(행동을 정신적으로 수행)
3. 구체적 조작기	7세~11세	• 논리적으로 사고하는 능력이 생김 • 수의 개념 이해하기 시작 • 가역적인 조직이 가능(보존과제의 수행) • 중심화의 자아 중심성 극복, 순수한 추상적 사고 불가능 • 보존, 분류, 서열화 기능 수행
4. 형식적 조작기	11세~성인	• 가설 연역적인 사고, 논리적 방식으로 추상적인 문제 해결 가능 • 조합적인 사고를 함(예: 세 가지 종류의 치즈, 햄, 빵을 가지고 몇 가지 샌드위치가 만들어질 수 있는지 생각함) • 존재하지 않는 세계에 흥미(예: 공상과학) • 사회적 쟁점, 정체성에 대한 관심 증가 • 청소년기 자기중심성–상상적 청중감각& 개인적 우화

05 언어가 사고를 형성한다는 Vygotsky의 관점

1) Vygotsky는 누구인가?

비고츠키(Lev Semenovich Vygotsky, 1896~1934)는 Piaget와 같은 해인 1896년에 러시아 서쪽에 위치한 항구도시에서 은행원인 아버지, 교사인 어머니 사이에서 태어났다. 토론하기를 좋아하는 7명의 형제들 사이에서 성장한 Vygotsky는 모의재판이나 논쟁에서 항상 친구들을 주도했다.

비고츠키
(Lev Semenovich Vygotsky)

그는 역사, 문학, 시를 즐겼고, 17세 때 대학 입학 정원의 단지 3%만이 유태인에게 허용되는 모스크바 대학에 입학하여 문학을 전공하였다. 1917년 모스크바 대학에서 법학을 전공한 후 철학, 심리학, 문학과 같은 다양한 분야를 두루 섭렵했으며, 불과 28세의 나이에 심리학의 모차르트로 불리며, 자신만의 독창적인 이론을 구상했다.

1924년 레닌그라드에서 심리학에 대한 강의를 하였으며, 그의 명료한 강연은 청중들을 흥분시켰다. 루리아(A. R. Luria)의 추천에 이해 그는 모스크바 심리학연구소의 연구원이 되었으며, 1925년에 예술심리학에 관한 박사논문을 발표하였다.

1927년에는 고향에 내려와 고등학교에서 문학을, 사범대학에서는 심리학을 가르쳤으며, 지체부자유아에 대한 교육에도 관심을 가졌다. 특히 Vygotsky는 게젤, 베르나, Piaget의 초기 저서들을 읽고 그들이 강조한 내적 인지발달의 중요성을 인지하였을 뿐만 아니라 사회 역사적 맥락 내에서의 발달을 고려하였다.

Piaget의 이론이 논리적 사고능력의 발달을 강조한다면 Vygotsky는 인지발달에서의 사회문화적 영향을 강조한다.

Piaget는 아동 스스로 자신의 지식 세계를 능동적으로 구조화한다고 생각한 반면 Vygotsky는 아동이 그가 속한 사회와 문화 속에서 타인과 상호작용을 하면서 성장하는 사회적인 존재라는 점을 강조하였다.

Vygotsky는 문화와 함께 상호작용의 필수요인인 언어가 인지발달의 절대적인 변수임을 강조하였고 그 분야의 핵심 개념들을 정립하였다. 그러나 1934년에 폐결핵으로 38세의 젊은 나이에 세상을 떠났다.

2) Vygotsky 이론의 기본 가정

Vygotsky의 사회, 문화적 견해의 몇 가지 주요 가정은 다음과 같다(Sternberg & Williams, 2002).

(1) 복잡한 정신활동은 사회적 활동으로서 시작한다.

아동은 발달함에 따라 사회적 활동을 내면화하며, 이 과정을 독자적으로 사용하기 시작한다. Vygotsky는 많은 사고 과정이 사회적 상호작용에 그 뿌리가 있다고 믿었다. 아동들은 처음에는 성인들과 함께 대상물과 상황에 관해 이야기한다. 이 과정에서 아동들은 주변의 사람들이 그런 대상물과 상황에 관해 어떻게 사고하는지를 발견한다. 정신과정은 성인과의 상호작용뿐만 아니라 또래와의 상호작용을 통해서도 발달한다.

Vygotsky의 견해에 의하면, 다른 사람들과의 대화가 인지 발달의 촉진에 필수 조건이라고 한다. 점차 아동들은 성인과 다른 사람들이 세상에 관해 이야기하고 해석하는 방식을 아동자신의 사고방식에 합병한다. 사회적 활동이 내적 정신활동으로 진화하는 과정을 내면화라고 부른다.

(2) 사고와 언어는 처음에는 독립적으로 발달하나, 2세쯤 상호 의존한다.

Vygotsky는 언어와 사고의 발달 간의 관계, 특히 이 발달에 있어 자기중심적 말(egocentric speech)의 역할에 대해서 중대한 역할을 부여한다. 그는 자기중심적 말은 단지 사고의 부속물이 아니라 발달하는 정신에 대한 표현수단이라고 하였다. 즉, 자기중심적 말은 문제의 해결책을 추구하고, 계획함에 있어 사고의 도구가 된다(Goetz, 1992).

(3) 아동들은 유능한 사람의 도움을 받을 때 더욱 도전적인 과제를 수행한다.

Vygotsky는 아동들이 발달의 어떤 특정 시점에서 갖고 있을 두 종류의 능력을 구분하였다.

아동의 실제 발달수준은 어떤 다른 사람의 도움을 받지 않고서 독자적으로 수행할 수 있는 정도이다.

아동의 잠재적 발달수준은 더욱 유능한 사람의 도움을 받아서 수행할 수 있는 정도이다. 이 두 발달수준의 차이를 근접발달영역(zone of proximal development, ZPD)이라 부른다. 아동의 근접발달영역에는 그 아동 내에서 막 발달하기 시작하고 있는 학습 및 문제해결 능력이 내포되어 있다.

아동들은 이미 독자적으로 할 수 있는 과제를 수행하는 것으로부터는 거의 학습하지 않는다. 그 대신 더욱 유능한 사람과 협력해야만 성취할 수 있는 과제를 시도함으로써 발달한다.

이 때문에 교사는 학생들이 다른 사람들로부터 도움을 받아야만 성공적으로 수행할 수 있는 과제를 부과해야 한다. 그런 도움은 어떤 경우에는 성인이나 나이가 더 많은 학생들과 같은 더욱 능숙한 사람들로부터 받아야 한다. 다른 경우에는 능력이 동일한 학생들이 어느 누구도 혼자서는 성취할 수 없는 어려운 과제를 함께 공동으로 성취할 수 있다.

3) Vygotsky이론의 핵심기제

(1) 발달과 학습

발달이 학습을 선행한다는 Piaget의 이론과 달리 Vygotsky에 의하면 학습이 발달에 기여하며, 학습이 발달에 필요하고, 발달은 학습에 의해 촉진된다고 주장했다.

여기서 말하는 발달이란 주로 근접발달영역 내에서의 발달을 의미하는데, 학습자가 학습을 통해 발달을 주도하기 위해서는 교사나 유능한 또래의 도움이 매우 중요하다. 이 관점에 따르면 학습자가, 학습을 통해 발달을 주도할 수 있도록 적극적으로 교사와 학생, 학생과 학생 사이의 상호작용을 유도하는 것이다.

Vygotsky는 학습과 발달이 모두 언어를 매개로 하여 사회적·문화적·역사적 맥락에서 발생된다고 주장한다. 그가 의미하는 학습은 교사의 도움 없이도 스스로 사고하고 문제를 해결할 수 있게 되는 것을 말한다. 즉, 학습은 특정 지식을 얻거나 능력을 발달시킬 때 일어나며, 발달은 학습된 지식이나 기술이 더 크고 복잡한 상황에 통합될 때 증진되는 것이라고 해석할 수 있다(Bredo, 1997). 이러한 능력을 자기조절(self-regulation)이라고 한다(Salvin, 2004).

(2) 사적 언어와 언어

Vygotsky는 Piaget에 비해 인지발달에 있어 언어의 역할을 매우 중요시 한다. 특히 그는 사적 언어(private speech)의 중요성을 강조하는데, 사적 언어란 아동들의 사고와 행동을 유도하는 아동들의 자기 말로서 점차 내적 언어로 내면화되는 것을 말한다.

즉, 사적 언어란 어린 아동들에게서 종종 나타나는 혼잣말하기 현상인데, 특히 아이들이 어려운 과제에 직면하게 되면 이러한 현상이 더욱 자주 나타나게 된다. 바크와 스풀(Berk & Spuhl, 1995)를 비롯한 여러 학자들은 사적 언어를 광범위하게 사용하는 아동들이 그렇지 않은 아동들에 비하여 더 효과적으로 복잡한 과제를 배우고 해결한다고 보고한다.

이러한 사적 언어의 사용은 5세에서 7세 사이에 절정을 이루고 일반적으로 9세에 사라지며, 더 영리한 아동일수록 이러한 변화를 좀 더 일찍 겪는다고 비(Bee, 1992)는 지적하고 있지만, 아이들의 사적 언어는 사라지는 것이 아니라 점차적으로 들리지 않는 소리로 되어 내적 언어(inner speech)가 된다는 이론이 지배적이다.

Piaget는 아이들의 혼자 중얼거림이 타인의 관점을 받아들이거나 의사소통에 참여하는 능력의 부재, 인지적 미성숙의 발현으로 보았다. 즉, 그는 아동들의 사적 언어를 '자기중심적 언어(private speech)'라고 부르면서 사회적으로나 인지적으로 덜 성숙한 아동들이 자기중심적이고 자기 지향적으로 상호 교환의 맥락이 아닌 자기단절적인 언어를 사용하는 것으로 보았다. 주로 전조작기 아동들이 성숙해 가면서 점차 이러한 자기중심적인 언어에서 벗어나 사회화된 언어를 발달시키게 된다.

사적 언어에 대해 Vygotsky는 사적 언어가 미성숙의 발현이 아니라 자신과의 의사소통을 위한 외면화된 사고이며 문제해결을 위한 사고의 도구로 인지발달에 매우 중요한 역할을 한다고 주장했다.

사적 언어가 과제의 수행 시간이나 과제의 난이도와 정적 상관을 보인다는 결과들 역시 사적 언어와 문제해결이 높은 관련이 있음을 시사한다. Vygotsky는 사적 언어에서 내적 언어로의 변화는 인지발달을 위한 기본과정으로 규명하면서 아동이나 성인이 주로 사용하는 언어로서 소리를 내지 않고 혼자에게 말하는 내적 자기대화를 의미한다고 하였다(권태훈, 2006).

내적언어는 윌리엄 제임스(Williams James)가 말하는 의식의 흐름(stream of consciousness)과 유사한 개념으로 사고와 행동을 조정하며 고등정신 기능을 가능하게 하는 토대가 된다.

4) Vygotsky 이론의 적용

Vygotsky의 이론은 여러 가지 측면에서 중요한 시사점을 제공한다. 이를 간단히 정리하면 다음과 같다.

(1) 학습과 발달은 사회적이고 협동적인 활동이므로 가급적 다양한 능력 수준의 학생들과의 상호작용을 할 수 있도록 이들과의 다양한 협동학습 상황을 마련하는 것이 필요하다.

(2) 사고의 촉진을 돕는 사적 언어를 활용한다. 실례로 인지적 자기 교수(cognitive self-instruction)나 씽크 얼라우드(Think Aloud) 프로그램이라고 불리는 교수전략에서도 학습 도중 학생이 자신에게 혼잣말하기를 사용하도록 가르치는데, 이러한 사적 언어는 특히 학생들이 어려운 문제를 해결할 때 그들의 사고를 안내하고 조절하는 기능을 수행한다.

(3) 아동들의 실제적 발달수준뿐 아니라 잠재적 발달수준까지 측정하기 위해서 학습자에 대한 역동적인 진단과 평가가 필요하다. 학습활동을 펼 때는 아동의 현재 발달수준뿐만 아니라, 그들의 기대 발달수준 또한 고려해야만 한다.

(4) 근접발달영역(ZPD)

교육과정 및 학습 계획을 세우는 지침으로 사용되어야 한다. 학생은 반드시 스스로의 힘으로 해결할 수 있는 그 이상을 의미 있는 사회적 교류를 통하여 학습할 수 있도록 안내되어야 하며, 이를 위한 환경이 조성되어야 한다.

Vygotsky에 따르면 '근접발달영역에 대한 개념을 배제시키고 생각한다면 모든 아동의 발달수준은 똑같다'고 할 수 있으나 근접발달영역에 의해 아동 각자의 발달수준은 서로 다르다.

이 개념에 의하면 학습활동은 아동의 현 발달수준에 맞추는 것이 아니라 현 발달수준을 앞질러 앞으로 도달될 아동에 대한 '기대 발달수준'에 맞추어 실현되며, 학습활동이 아동의 수준을 더 높은 단계로 이끌어 주는 학습활동이어야 한다.

(5) 발판

Vygotsky는 교사나 더 많은 지식을 가진 동료로부터 주어지는 조력, 학습과 발달을 촉진 시키는데 필요한 교수적 지원을 발판 또는 비계(scaffolding)라 칭한다.

발판이란 본래 집이 다 지어질 때가지 집의 모양을 잡아 주고 지탱해주는 임시 구조물을 말한다. 우리가 자전거를 처음 배울 때의 경험을 돌이켜 보자.

서툴게 비틀비틀 거리는 자전거를 혹시 아이가 넘어지지 않을까 아빠가 뒤에서, 옆에서 붙잡아 준다.

아이가 핸들을 어떻게 틀어야 하는지 페달은 어떻게 밟아야 하는지를 설명해 주고 아이가 겁먹지 않고 자신감을 갖도록 옆에서 지속적인 도움을 제공한다. 시행착오를 거듭한 끝에 마침내 아이는 아빠가 뒤에서 붙잡아 주지 않아도 혼자서 자전거를 탈 수 있게 된다.

교육 장면에서 발판은 학생이 혼자서는 완수할 수 없는 과제를 성공적으로 해결하도록 도와주는 것을 말한다. 효과적인 발판은 학습자의 필요에 민감하게, 학습자의 능력과 수행 수준에 맞춰 교수 활동을 융통성 있게 조정하는 것이다(Eggan & Kauchak, 2006). 교실에서 활용 가능한 다양한 교수 발판 유형을 제시해 보면 다음의 <표 2-2>와 같다.

〈표2-2〉 수업발판의 모형

발판의 모형	예
모델링	미술 교사는 학생들에게 혼자서 새 스케치를 시도하도록 요구하기 전에 두 점 원근법의 스케치를 시범한다.
입으로 중얼거리면서 생각하기	물리 교사는 칠판에서 운동량 문제를 풀 때 생각을 말로 나타낸다.
질문	모델링하고 입으로 중얼거리면서 생가하기를 한 후, 물리 교사는 학생들을 몇 문제들을 쉽게 풀게 하고, 중요한 시점에서 질문한다.
수업자료 조절하기	초등학교 체육 교사는 슈팅 기법을 가르칠 적에는 바스켓의 높이를 낮추며, 그 다음에 학생들이 숙달하게 되면 높인다.
단서 제공	취학 전의 아동들에게 구두 끈 매기를 학습할 때 "토끼는 굴 주변을 돌아다니다가 굴속에 뛰어든다."고 이야기한다.
절차적 촉진자	묵시적 기능(implicit skill)의 학습을 도울 경우, 예컨대 교재를 읽은 후 누가, 무엇을, 어디에, 언제, 왜, 그리고 어떻게 질문을 하는가와 같은 '신호단어(signal Word)'를 사용하도록 학생들을 격려한다.
어려운 분야 예상	수업의 모델링과 설명 단계에서 교사는 잠정적인 학생의 오류를 예상하고 토의한다.
난이도를 조절하기	묵시적 기능이 내포된 과제를 도입할 경우, 간단한 문제들로 시작하고, 각 단계 후에 연습을 하게 하고, 점차 과제의 복잡성을 증가시킨다.
절반쯤 행해진 예 제공	학생들에게 절반쯤 행해진 문제 예들을 제공하고서 결론을 도출하게 하는 것이 궁극적으로 학생 스스로 문제를 해결하는 방법을 가르치는 효과적인 방법일 수 있다.
상호교수	교사와 학생들이 교사의 역할을 교대한다. 교사는 학생들이 토의를 이끌고 질문하는 것을 학습할 때 학생들에게 지원을 제공한다.
체크리스트 제공	학생들에게 자신의 반응의 질을 조절하는 것을 돕기 위해 자기점검절차(self-checking procedures)를 가르칠 수 있다.

출처 : 에겐과 카우착(Eggen & Kauchak), 2006.

06 사고와 언어발달의 쟁점 비교

Vygotsky는 서로 독립적으로 발생하기 시작한 사고(思考)와 언어(言語)는 2세경이 되면 서로 연합하게 되고 이러한 연합은 발달과정에서 변화하고 성장하며 언어와 사고가 일치된 언어적 사고를 형성하게 된다고 하였다. 유아는 일정한 양의 비언어적 사고와 비지시적 언어를 가지고 있으며 문제해결의 초기단계에는 비언어적 사고가 사용되지만 이 시기가 지나면 구체적인 단어로 형성된다고 하였다.

Vygotsky의 이론에서 언어는 사고와 인지발달을 촉진하는 매개적 기능을 한다고 하였다. Piaget는 아동이 외계의 물리적 대상과 상호작용하는 경험을 통해 자기주도적 과정으로 지식을 구성한다고 보는 반면, Vygotsky는 아동이 성인이나 자기보다 유능한 또래와의 상호작용을 통해 인지발달이 이루어진다고 보았다.

이때 언어는 지식의 내면화 과정에 필수적 도구이므로 인지발달을 촉진하기 위한 매개적 수단으로써 언어가 발달하게 된다.

Piaget의 인지발달단계의 전조작기에 나타나는 자기중심적 언어(egocentric speech)는 자기중심적 사고를 나타내는 것이며, 성장하면서 점차 감소되는 반면, Vygotsky는 자기중심적 언어의 사용이 단순하게 자기만의 생각을 표현하는 것이 아니라 문제해결을 위한 사고(思考)의 도구라고 생각한다.

사회적 언어는 타인들과의 사회적 상호작용을 통해 발달되며, 목적 달성에 필요한 수단을 얻기 위해 마음속에서 사용되는 내적 언어(inner speech)는 문제해결에 중요한 기능을 하며 과제의 난이도가 높을수록 내적 언어의 사용이 증가한다. 인지발달은 내적 언어와 사회적 언어 모두의 영향을 받는다.

Piaget와 Vygotsky의 언어와 사고의 쟁점을 비교하면 다음의 <표 2-3>과 같다.

〈표 2-3〉 Piaget와 Vygotsky의 쟁점 비교

구분	Piaget	Vygotsky
인지발달	• 아동이 스스로의 세계를 구조화하고 이해하는 독자적인 존재 • 발달이 학습에 선행 • 인지발달에 있어서 학습의 역할 과소평가	• 아동은 타인과의 관계에서 영향을 받으며 성장하는 사회적 존재 • 학습이 발달에 선행 • 인지발달에 있어서 사회적 학습의 영향 강조
발달단계	• 이전 단계의 포섭적 팽창	• 나선적 팽창
사고와 언어의 발달	• 사고가 언어에 반영(자기중심적 사고가 자기중심적 언어로 표현됨) • 인지발달에 의해 언어가 발달	• 사고와 언어가 독립적으로 발달하다가 2세경에 연합 • 비언어적 사고를 사용하다가구체적 단어로 형성 • 언어는 사고의 도구
자기중심적 언어	• 사회적, 인지적으로 덜 성숙한 유아가 사용 • 타인과의 의사소통 능력이 없음을 나타냄. • 논리적 사고의 발달을 통해 자기중심적 언어가 사라짐	• 문제해결을 위한 도구로서 외면화된 사고를 나타냄 • 자기 안내, 자기지시의 목적을 위해 자신과 의사소통을 하는 것 • 외적 언어인 자기중심적 언어가 내적 언어로 발달하면서 논리적 사고가 발달

출처 : 비요크런드(Bjorklund), 1989.

사고(思考)와 언어(言語)의 관계는 Piaget와 Vygotsky 외에도 다른 여러 학자들의 연구가 많이 있다.

루리아(Luria)와 유도비치(Yudovich, 1971)는 자극이 결여된 환경 때문에 언어와 인지 능력이 매우 떨어지는 5세 쌍둥이 남아의 사례를 보고하였다. 그들은 서로 다른 집에서 거주하면서 쌍둥이 중 한 남아만 언어에 관한 특별 훈련을 받았다. 쌍둥이 중 언어 훈련을 받은 남아는 여러 면에 걸쳐 더욱 급격한 발달을 보였다. 이 연구는 언어 습득이 단순히 인지 발달의 결과라기보다는 오히려 언어가 인지 발달도 촉진시킬 수 있다는 것을 증명한 것이다.

할리(Harley, 2001)는 인지발달과 언어 발달 중 하나의 기능이 손상된 아동의 두 발달 상황을 비교 분석하였다. 인지 발달이 손상된 경우에는 언어 발달도 손상되었다. 그러므로 Harley의 연구도 인지 능력과 언어 능력 간에는 밀접한 관계가 있음을 밝혀 주는 것이다.

사고(思考)와 언어(言語)의 관계는 오랫동안 철학자(哲學者)에 의하여 연구되어 왔으나, 근래에 와서는 심리학자(心理學者)들이 그 논의에 참여하게 되었다. 이와 같이 사고와 언어를 연관 지어 연구한 결과 언어발달의 중요성을 재조명하게 되었고, 언어를 사고의 수단, 인지를 발달시키는 촉진적 매개체로서 고려하게 하는 결정적 시사점을 제공하고 있다.

응용문제

1 Vygotsky의 근접발달영역(ZPD)에 대하여 기술하시오.

2 Piaget의 인지이론 중 자기중심적 언어에 대하여 설명하시오.

3 유치원생인 수진이는 퍼즐문제를 해결하면서 "아니야, 그것은 맞지 않아. 이렇게 하면 어떨까? 여기로? 아니다, 차라리 저기가 어떨까? 그 다음에는 어떻게 하지?"라고 혼잣말을 하였다. 수진이의 행동을 Vygotsky의 견해에 비추어 해석할 때 가장 적절한 것은? [2005학년도 중등교사 신규임용 후보자 선정 경쟁시험]

① 자기중심적 사고를 반영하고 있다.
② 언어가 사고로 내면화되는 과정이다.
③ 사고과정에 비계를 적극적으로 활용하고 있다.
④ 자기조절 및 인지적 통제가 불가능함을 반영하고 있다.

3번 문항 정답 : ②

CHAPTER 03

학습과 기억

인간은 학습하는 동물이다. 학습하면 대부분 학교공부를 연상한다. 그러나 학교공부는 학습의 일부이고, 학습을 대표한다. 인간은 출생해서부터 생존방법을 배운다. 처음엔 반사적 행동으로 살아가지만 일정시간이 지나면 자신만이 터득한 방법으로 세상을 살아간다. 특히 인간은 생애 초기부터 다양한 경험을 감각적으로 배우며 주변을 통해서 많은 경험을 한다. 이런 경험은 평생에 걸쳐 다양한 장소나 다양한 영역에서 일어나고, 이것이 학습으로 이어진다.

학습은 '직간접적인 경험의 결과나 연습을 통해서 나타나는 비교적 영속적인 행동의 변화'이다. Bower와 Hilgard(1980)는 학습을 일정한 장면에서 반복되는 경험에 의해 일어나는 유기체의 행동 또는 행동 잠재력에 있어 어떤 비교적인 영속적인 변화로 정의한다. 반사적 행동이나 나이에 따른 성숙의 결과로 보이는 행동 변화, 일시적 약물작용으로 인해 행동 변화는 모두 학습이 아니다. 학습은 자율적인 생리적 반응의 결과로 인한 반응에서부터 의도적인 노력과 연습에 의한 결과적 반응, 잠재적 반응 등이 있다. 즉, 학습은 유기체에게 현재에 행동하거나 미래에 행동하게 만드는 영향력을 가진 영속적인 변화로 외적인 변화뿐만 아니라 내적인 변화도 포함한다. 또 학습의 결과는 모두 행동으로 나타나지 않기 때문에 학습과 수행은 다르다. 학습은 일어났지만 수행이 되지 않는 경우도 있다. 이러한 잠재적 행동은 동기화가 되면 행동으로 나타나기도 한다. 학습을 하는 중요한 이유는 생존을 위해 환경에 적응하고 더 나은 사람을 위해 변화하고 성장하기 위해서이다. 학습을 대표하는 기초이론을 살펴보고자 한다.

01 학습이론

1) 고전적 조건 형성

Pavlov는 고전적 조건형성(classical conditioning)을 체계화한 소련의 생리학자이다. 그는 개의 소화액 분비량을 측정하는 조교로서 개의 먹이를 담당하였다. 어느 날 먹이를 주지도 않았는데 침을 흘리는 개를 발견하고 타액분비 실험을 통해 자극과 반응의 연합이 학습과정임을 밝혔다. 개의 타액분비 과정에는 법칙이 있다. 즉, 환경에 반응하는 유기체를 적절히 조작하면 학습은 가능한 것이다(Eggen & Kauchak, 1992).

(1) 고전적 조건형성의 과정

개는 먹이를 보면 무조건 타액을 분비한다. 타액을 분비하는 것은 자동적이기 때문에 무조건 반응(Unconditional Respond)이다. 무조건 반응은 이전의 경험 없이 일어나는 생리적인 반사적인 반응이다. 음식은 개에서 침을 흘리는 반응을 하게 하므로, 자동적으로 정서적 생리적 반응을 일으키기 때문에 이는 무조건 자극(Unconditional Stimulus)이다. 종소리는 자동적 생리적 반응을 일으키지 않기 때문에 중성자극(Neutral Stimulus)이다. 그러나 먹이를 종소리와 함께 준 결과 나중에 종소리만 듣고도 타액을 분비한다. 이는 원래 반응을 일으키지 않았던 중성자극에 대해 학습된 반응으로 타액을 분비한다. 중립자극인 종소리는 조건자극이 되어 타액을 분비하는 조건반응이 된 것이다. 즉, 조건자극은 무조건 자극과 중립자극이 결합되어 조건형성이 되어 정서적, 생리적 반응을 일으키는 자극이다. 조건반응이 학습되는 과정을 연합과정 또는 조건화 형성과정이라고 한다. 이를 설명하면 [그림 3-1]과 같다.

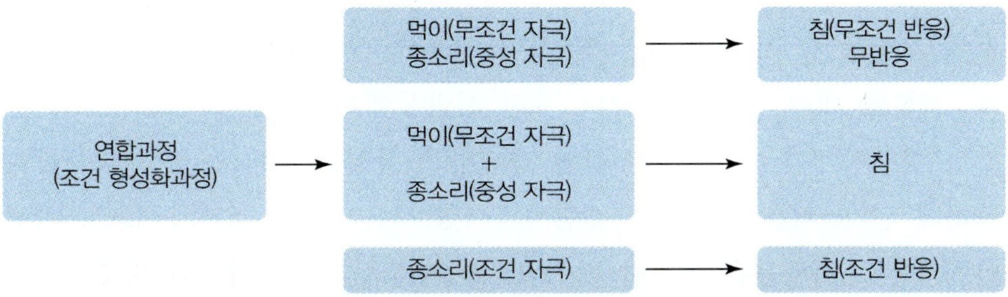

[그림 3-1] 고전적 조건형성의 과정

(2) 고전적 조건형성의 주요 개념

조건형성이 된 개에게 먹이는 주지 않고 종소리만 들려주면 나중에는 개는 침을 흘리지 않는다. 이는 학습한 행동을 하지 않는데 이를 소거(extinction)라고 한다. 즉, 소거는 학습이 일어난 후 무조건 자극을 주지 않고 조건자극만 제시하면 이전에 형성된 조건반응이 소멸되는 것이다.

며칠 후 다시 먹이와 함께 종소리를 들려주면 종소리만 들어도 침을 흘리게 된다. 이것을 자발적 회복(spontaneous recovery)이라고 한다. 즉, 자발적 회복은 소거 후 다시 조건자극을 제시하면 조건반응이 다시 일어나는 현상이다.

또한 종소리에 침을 흘리던 개는 다른 종소리에도 침을 흘리게 되는데, 이것을 일반화(generalization)라고 한다. 모든 종소리에 침을 흘리던 개가 나중에는 주인의 종소리에만 침을 흘리게 되는 것을 변별(discrimination)이라고 한다.

즉, 일반화는 조건자극과 유사한 자극에도 비슷한 반응을 보이는 현상이다. 변별은 일반화와 반대되는 개념이다. 조건자극과 유사자극을 구별하는 현상이다.

(3) 고전적 조건형성과 정서반응

고전적 조건형성은 어떤 조건의 형성을 통해 반응을 유도하는 것이다. 많은 정서반응은 고전적 조건형성의 결과이다. 대표적인 시험불안을 예로 들어보자. 평소에 시험을 잘 보던 학생이 몇 차례 시험에 실패하게 되는 경우를 생각해 보자. 시험에 대한 실패는 부모나 주변 사람들에게 실망감을 주고 자신은 좌절감을 경험하게 된다. 학생은 점점 자신감을 상실하게 되고 시험만 생각하면 불안하게 된다. 처음에 시험은 중립자극이었으나 시험이 조건자극으로 바뀌어 불안이라는 조건반응을 형성한 것이다. 불안을 유발하는 사건과 자주 짝 지어지는 자극은 고전적 조건형성이 되어 그 자체가 불안을 유발하게 되는 것이다. [그림 3-2]와 같이 교통사고를 직접 경험하게 되면 사고를 당한 당사자는 그 장소를 가거나 생각만 해도 다시 무서워진다.

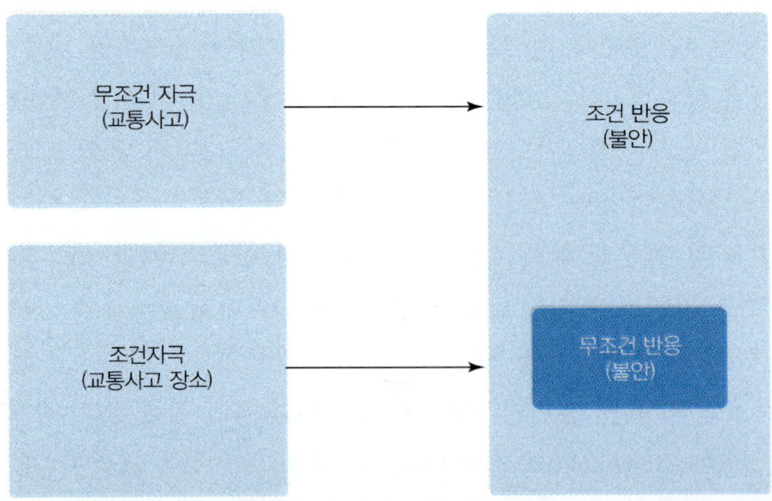

[그림 3-2] 고전적 조건형성과 정서반응

긍정적인 조건반응도 있다. 어느 영화를 보고 난 후부터 그 배우를 매우 좋아하게 되어 그 배우만 생각하면 가슴이 벅차고 흥분된다. 그리고 출연하는 영화마다 모두 보게 되는 경우이다. 배우는 처음에는 중립자극이었으나 조건자극이 되어 흥분감정이 생기고 출연하는 영화마다 관람하게 되는 것은 조건반응이 되는 것이다. 이처럼 조건반응은 선천적이지 않지만 자신의 생리적 반응을 수반하게 하고 그런 행동을 지속적으로 하게 한다. 다른 예로는 한류스타 싸이를 좋아하게 되면 싸이의 노래를 따라 부르거나 그가 입은 복장을 흉내내려고 한다. 이처럼 공포나 두려움, 흥분이나 행복감 같은 정서반응도 고전적 조건형성의 결과이다.

고전적 조건형성은 불수의적 정서나 생리적 반응에 의한 학습에 초점을 둔다. 어린 시절에 이웃집 아저씨에게 심하게 꾸중을 들었던 경험이 있다면 그 아저씨와 비슷한 사람을 보기만 해도 기분이 나쁠 것이다. 또 개에게 물렸거나 무서웠던 경험이 있다면 개만 봐도 도망을 갈 것이다. 이런 반응은 모두 고전적 조건형성에 의해 불안이나 공포를 학습한 것이다. 즉, '자라보고 놀란 가슴 솥뚜껑 보고 놀란다'는 속담과 같은 현상이다. 고전적 조건형성은 불안, 심장박동, 침 분비, 땀 분비, 혈압상승과 같은 불수의적인 생리적 반응과 관련이 많다.

2) 조작적 조건형성

인간은 자신이 원하는 것을 얻기 위해 행동하는데 이 행동은 의도적이다. 이런 의도적인 조작에 의해 학습되는 것은 조작적 조건형성(operant conditioning)이라고 한다. 조작적 조건형성의 기초는 Thorndike의 시행착오설이다.

(1) Thorndike의 시행착오설

Thorndike는 배고픈 고양이를 상자에 놓고 탈출하는 과정을 연구하였다. 고양이는 수많은 행동을 하다가 우연히 지렛대를 밟고 탈출에 성공하였고 시행이 거듭될수록 점점 탈출하는 시간이 단축되었다.

그는 고양이의 상자 탈출 연구를 통해 학습의 원리를 발견하였다. 첫째는 연습의 법칙(low of exercise)이다. 고양이가 탈출시도를 많이 할수록 탈출에 소용되는 시간은 단축되었다. 이는 연습의 효과이다. 둘째, 효과의 법칙(low of effect)이다. 고양이가 지렛대를 눌렀을 때 맛있는 보상이 주어질수록 지렛대를 누르는 행동이 증가한 것이다. 즉, 만족스런 행동이 나타날 결과가 많을수록 행동은 증가하는 것이다. 셋째, 준비성의 법칙(low of readiness)이다. 고양이는 배가 고프면 고플수록 상자를 빠져나갈 궁리를 하는 것이다. 즉, 준비가 될수록 학습의 효과가 있는 것이다.

(2) 조작적 조건형성의 과정

Skinner는 Thorndike의 시행착오설을 통해 조작적 조건형성을 체계화하였다. 그는 쥐를 통해 지렛대를 누르면 먹이가 나오도록 학습을 시켰다. 배고픈 쥐는 지렛대를 누르지 않았지만 지렛대에 가까이 가면 먹이를 주고, 나중에는 지렛대를 누르는 행동을 할 때 마다 먹이를 주었다. 이런 절차를 조형(shaping)이라고 한다. 지렛대에 가까이 가면 먹이를 준다. 가까이 오는 행동을 완전히 학습하면 먹이를 주지 않고 앞발을 드는 행동을 할 때마다 먹이를 준다. 앞발을 드는 행동이 완전히 학습하면 먹이를 주지 않고 지렛대를 누르는 행동을 할 때마다 먹이를 주었다. 지렛대를 누르는 행동은 쥐가 할 수 있는 행동으로 쥐는 배가 고플 때마다 지렛대를 누를 수 있게 되었다. 즉, 쥐가 의도적으로 지렛대를 누르는 조작을 하게 되었는데, 이는 강화와 소거를 통해서 학습이 되었다. 이를 나타내면 [그림 3-3]과 같다.

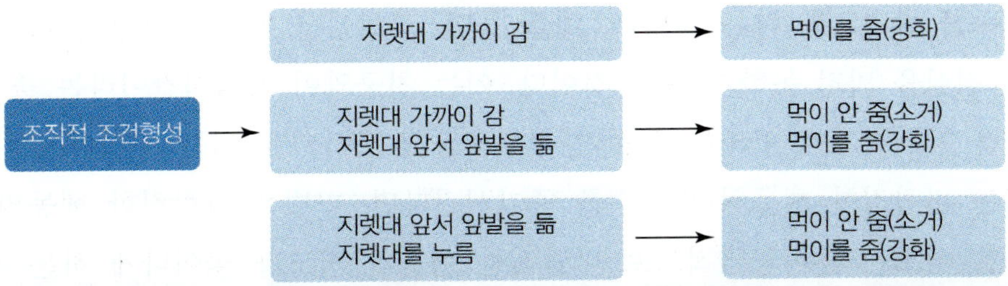

[그림 3-3] 조작적 조건형성의 과정

(3) 강화와 벌

Skinner는 지렛대를 누르는 조작적 행동의 발생과 빈도를 증가시키는 먹이와의 관계를 강화(reinforcement)로 정의하였다. 강화는 정적 강화와 부적 강화가 있다. 정적 강화는 어떤 행동 후에 즐거운 자극을 제공함으로써 바람직한 행동의 빈도수를 증가하도록 하는 것이다. 예를 들면 숙제를 잘 해오면 선생님께서 칭찬을 해서 더 숙제를 잘해 오게 되는 것이다. 부적 강화는 어떤 행동을 한 후 혐오자극을 제거함으로 바람직한 행동의 빈도수를 증가하게 만드는 것이다. 예를 들면 숙제를 하지 않는 행동을 하면 게임시간을 없애는 것이다. 그럼 아이는 먼저 숙제를 하고 게임을 할 것이다.

이와 반대로 바람직하지 않은 행동의 빈도수를 감소시키는 것을 벌(punishment)이 있다. 벌은 수여성 벌(presentation punishment)과 제거성 벌(removal punishment)이 있다. 수여성 벌은 혐오스런 자극을 제공함으로써 바람직한 행동의 빈도를 감소시키는 것이다. 예를 들어 숙제를 해오지 않은 학생에게 화장실 청소라는 벌을 주는 것이다. 화장실 청소는 즐거운 자극이 아니므로 학생들은 혐오스런 화장실 청소를 하지 않기 위해 숙제를 안 해 오는 행동을 줄일 것이다. 즉, 숙제를 해오는 바람직한 행동을 보이는 것이다. 제거성 벌은 어떤 행동을 하면 즐거운 자극을 제거함으로서 바람직하지 못한 행동의 빈도수를 줄이도록 하는 것이다. 예를 들면, 교실에서 떠드는 행동을 하면 친구와 점심을 먹지 못하게 하는 것이다. 이는 친구와이 점심시간이라는 즐거운 자극을 제거하기에 떠도는 행동의 빈도수를 감소시키게 되는 것이다. 이처럼 강화는 바람직한 행동의 빈도수를 증가시킨다면, 처벌은 바람직한 행동의 빈도수를 감소시켜서 궁극적으로 바람직한 행동의 빈도가 늘어나게 하는 것이다. 간단하게 요약을 하면 [그림 3-4]와 같다.

		자극의 유형	
		즐거운 자극	혐오 자극
반응 후에	제공	정적 강화 (칭찬, 과자)	수여성 벌 (벌점, 과제)
	제거	제거성 벌 (특권 박탈)	부적 강화 (안전벨트 소음제거)

[그림 3-4] 강화와 처벌의 차이와 예

강화는 보상이나 강화물이 주는 효과이다. 강화물은 정적 강화물(positive reinforcer)과 부적 강화물(negative reinforcer)이 있다. 사탕이나 음식 같은 강화물에서 칭찬과 미소 같은 정적 강화물도 있다. Skinner의 상자 실험에서 전기충격을 주는데 지렛대를 누르면 전기 충격이 중지된다. 이때 전기충격을 부적 강화물이다. 강화물은 1차 강화물(primary reinforcer)과 2차 강화물(secondary reinforcer)이 있다. 1차 강화물은 유기체의 생존과 관련되는 생리적 충족과 관련되는 강화물로 먹이나 음식이 대표적이다. 2차 강화물은 이전의 경험으로 얻어진 강화물로 칭찬, 승진, 돈 등이다. 강화는 돈과 같은 물질적 강화, 칭찬과 같은 사회적 강화, 좋아하는 활동을 하게 하는 활동적 강화 등으로 구분할 수 있고, 외부에서 보상이 주어지는 외적 강화와 반응으로 인해 내적인 느낌에서 오는 자신감, 성취감 같은 내적 강화도 있다.

강화에 있어 중요한 것은 적절한 강화물이다. 강화물이 모든 사람에게 똑같은 효과를 가지지 않는다. 생일날에 받는 초콜릿은 받은 사람으로 하여금 사랑이나 감사를 확인하는 좋은 강화물이다. 그러나 다이어트를 하고 있는 여대생에게는 생일날 받은 초콜릿은 좋은 강화물이 아니다.

(4) 강화계획

강화는 연속강화(continuous reinforcement)와 간헐강화(intermittent reinforcement)가 있다. 연속강화는 조작적인 반응이 계속적으로 일어날 때마다 100%로 강화를 하는 것이다. 실제 경우에는 흔하지 않다. 예를 들어 수업시간에 교사가 발표하려는 모든 학생에게 모두 100%로 발표할 수 있는 기회를 줄 수 없다. 따라서 연속 강화의 대안으로 간헐 강화를 한다.

간헐강화는 보상횟수나 비율을 적절하게 조절하여 강화하는 것으로 간격강화와 비율강화가 있다. 간격강화에는 고정간격 강화와 변동간격 강화가 있다. 고정간격 강화는 일정한 시간이나 간격을 제한하고 강화하는 것이다, 예를 들면 개에게 한 시간마다 먹이를 주는 것이다. 변동간격 강화는 시간 간격을 일정하지 않게 먹이를 주는 것이다. 비율강화에는 고정비율 강화와 변동비율 강화가 있다. 고정비율 강화는 반응 대 강화물의 비율에 맞춰 강화하는 것이다. 반응이 다섯 번 일어나면 한 번의 강화물을 주는 것이다. 변동비율 강화는 비율이 평균적이나 일정하기 않게 강화하는 것으로 슬롯머신 같은 도박기계의 경우이다. 고정강화는 예측이 가능하나 변동강화는 예측이 어렵기 때문에 동기부여가 잘되는 편이다. 학습을 위해서는 고정강화 후 변동강화를 적절하게 제공하는 것이 좋다. 강화계획과 예제는 [그림 3-5]와 같다.

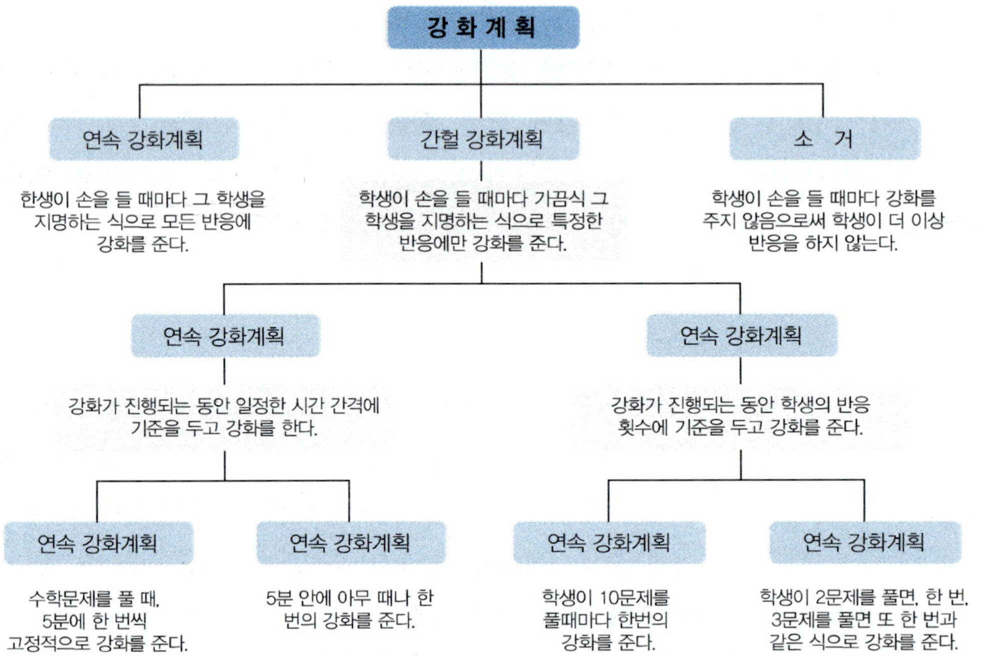

[그림 3-5] 강화계획과 예제

출처 : 임규혁, 임웅(2007). 교육심리학. p.187 재인용.

고전적 조건형성이 행동을 유발하는 자극에 관심을 둔다면 조작적 조건형성은 자극보다는 반응의 결과에 초점을 둔다. 이런 차이에서 보면 우리의 행동이나 습관은 조작적 조건형성에 의해 이루어진 것이 많다. 선생님에게 칭찬을 받은 아동은 숙제를 잘해 오게 된다. 칭찬을 받은 학생은 숙제를 잘해 오게 되어 또 칭찬을 받는다. 이런 일이 지속되면 그 학생은 숙제를 잘하게 되는 습관을 형성하게 되는 것이다. 즉, 좋은 습관을 가지게 되는 것이다. 좋은 습관은 강화의 결과로 나타난다. 이처럼 바람직한 성격도 강화에 의해 형성이 가능해진다.

Premack(1965)은 강화의 원리를 이용해 바람직한 행동의 빈도수를 증가시키는 원리를 제안했다. 즉, 자주 일어나는 특정행동을 이용해 자주 일어나지 않는 바람직한 행동을 증가시키는 강화물로 이용하였다. 예를 들면, 게임은 빈번하게 일어나는 행동이고, 독서는 하기 싫지만 꼭 해야 하는 행동으로 적게 일어나는 행동이다. 따라서 독서를 하고 나서 게임을 하도록 하는 것이다. Skinner는 많은 행동은 그 결과를 검토하면 설명할 수 있어서 바람직한 행동을 개인이나 사회에게 학습할 수 있다고 주장하나 유기체인 인간에게는 꼭 그렇게 실험처럼 나타나지는 않기에 비판도 받았다.

3) 사회학습

Bandura는 인간의 행동은 자극과 반응에 의해서 학습하는 수동적 형태가 아니라 유기체의 신념이나 기대와 같은 인지적 역할에 따라 일어난다고 보았다. 인간은 환경에 영향을 미치는 존재이면서 환경에 영향을 받는 존재이다. 행동을 결정짓는 방식에는 기대, 신념, 태도, 지식과 같은 개인요인, 물리적이거나 사회적인 환경요인, 행동이나 언어, 선택 등과 같은 행동요인의 3요인이 있다. 3요인은 서로 상호작용하기 때문에 3요인 상호결정론을 강조하는데 [그림 3-6]과 같다.

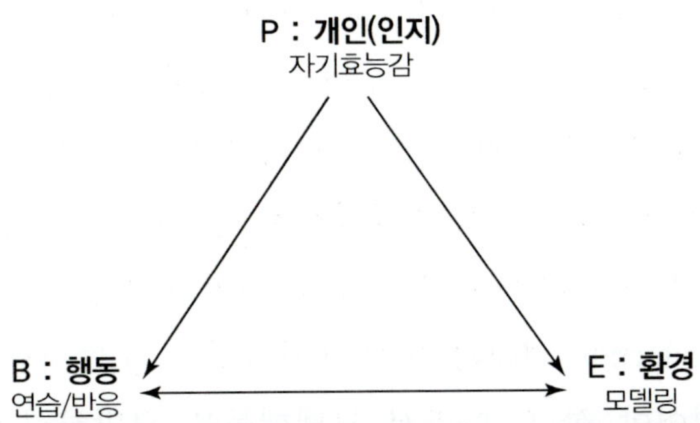

[그림 3-6] 3요인 상호결정론

Bandura는 한 모델이 Bobo 인형에게 폭력을 가하는 영화를 제작하여 세 그룹에 보여주고 공격성 실험을 하였다. 첫째 그룹에게는 폭력적 행동을 한 모델에게 상을 제공하는 영화를 보여주었고, 두 번째 그룹에게는 공격적 행동을 한 모델에게 벌을 주는 영화를 보여주었다. 세 번째 그룹에게는 상도 벌도 받지 않는 영화를 보여주었다. 그 결과 모델의 공격적 행동을 본 아동들은 그런 행동을 보지 못한 그룹보다 더 공격적이 되었고, 모델의 공격적 행동을 모방하였다. 또한 공격적 행동을 칭찬하는 것을 관찰한 아동은 더 공격적이 되었다. 이처럼 타인의 행동의 결과를 관찰하여 자신의 결과를 학습하는 것을 대리강화(vicarious reinforcement) 또는 대리처벌(vicarious punishment)이라고 한다.

(1) 모델링의 과정

사회학습(Social learning)은 관찰학습이다. 관찰학습은 타인의 행동을 관찰하거나 모방함으로 학습이 된다고 강조하기에 모델링을 중요하게 생각한다. Bandura(1977)는 모델링의 과정을 주의집중단계, 파지단계, 재생단계, 동기화단계의 4단계로 설명한다. 첫째, 주의집중단계(attention phase)과정이다. 주의집중은 학습자가 모델의 중요한 행동에 주의나 관심을 기울이는 것에서 시작한다. 모델에 관심이 많고 주의를 기울일수록 모방할 가능성은 커진다. 둘째, 파지단계(retention phase)이다. 파지단계는 주의를 기울였던 모델의 행동을 기억하거나 유지하는 과정이다. 이 과정에서는 시·청각과 같은 감각으로 들어 온 정보를 기억으로 전이하는 과정이다. 파지과정은 심상이나 인지적 시연과 같은 내적 시연이 있고, 실제로 행동해 보는 운동 시연과 같은 외적 시연이 있다. 셋째, 재생단계(reproduction phase)이다. 재생과정은 모델처럼 잘하기 위해서는 능력과 기술이 있어야 한다. 따라서 모델행동을 모방하기 위해 연습을 많이 해야 한다. 또 시행착오를 거쳐 정확한 모방을 하기 위해서는 피드백이나 지도가 필요하다. 넷째, 동기화단계(motivation phase)이다. 아무리 학습이 일어났어도 수행으로 이어지려면 동기화가 되어야 한다. 적절한 동기가 유발되면 학습을 수행으로 이어지고, 이때 강화는 결과기대를 가져오므로 행동을 촉진시킨다. 즉, 관찰학습이나 사회학습은 강화기대나 결과기대가 있을 때 모델행동이 더 잘 일어난다.

(2) 사회학습에서의 강화

사회학습을 유도하는 강화에는 세 가지가 있다. 첫째는 직접강화(direct reinforcement)로 외부에서 오는 강화이다. 부모나 교사로부터 칭찬이 여기에 속한다. 둘째, 대리강화(vicarious reinforcement)이다. 타인이 강화 받는 행동을 관찰하면 자신도 그 행동을 반복할 가능이 높다. 다이어트에 성공한 여학생이 멋진 남학생과 데이트를 하는 것을 보고 자신도 멋진 남학생과 데이트를 하려고 다이어트를 할 가능성이 높다. 셋째, 자기강화(self reinforcement)이다. 외적 보상이 아닌 자기만족이나 성장으로 인해 관찰행동을 지속하는 것이다. 자기효능감이 높은 개인은 목표를 달성하고자 노력을 하고 이 노력은 좋은 결과를 가져온다. 좋은 결과로 인해 교사의 칭찬을 받게 된다. 개인은 자신감을 가지고 더욱 노력을 하여 성취감을 경험하고 더 도전하게 되는 것이다. 처음에 주어지는 교사의 칭찬은 외적강화이지만 성취감은 자기강화이다.

(3) 관찰학습의 영향 요인

관찰학습에 영향을 주는 요인은 모델의 특성, 관찰자의 특성, 보상결과가 있다. 첫째, 모델의 특성은 학습자가 관찰대상과 비슷하고 또래일수록, 지위가 있을수록, 유능하다고 지각할수록 관찰학습의 효과는 증가한다. 청소년의 희망직업이 가수나 연예인이 많은 것도 아이돌 스타를 모방하기 때문이다. 연령대가 비슷하고 돈을 많이 벌고 인기가 있다고 지각하기에 연예인이 되고 싶은 것이다. 둘째, 관찰자의 특성이다. 관찰자의 자존감이나 발달단계에 따라 다르다. 자존감이 낮은 아동은 부모의 행동을 모방할 확률이 높다. 폭력가정의 자녀들은 낮은 자존감으로 인해 부모의 폭력을 모방할 확률이 높아 폭력이 대물림되는 것이다. 셋째, 행동과 관련된 보상이다. 모델의 행동이 정적 강화로서의 유인가가 있으면 행동을 모방할 가능성이 높다. 사화학습의 관점에서 보면 부모나 교사, 그리고 어른들의 행동은 자녀나 학생에게는 중요한 모델링의 대상이 된다. 이를 요약하면 [그림 3-7]과 같다.

	주의집중과정		파지과정		재생과정		동기과정	
	모델링 자극 특유성 정의가 복합성 우세한 정도 기능적 가치	→	상징적 부호화 인지적 조직화 인지적 시연 행위적 시연	→	인지적 표상 행동의 관찰 피드백 정보 개념 배합	→	외적 강화 감각적·현실적·사회적 통제 대리 강화 자기 강화	
→	관찰자 속성	→	관찰자 속성	→	관찰자 속성	→	관찰자 속성	→
모델링한 사건	감각 능력 각성 수준 지각형태 인지적 능력 선호도		인지 기능 인지 구조		신체적 능력 요소 하위기능		선호 강화 사회비교적 편견 내적 기준	형태 배합

[그림 3-7] 모델링의 과정

출처 : 김영채 역(2006). 학습심리학. p.504.

Bandura는 모델링을 통해서 뱀에 대한 공포를 감소시키는 과정을 연구하였다. 관찰자는 뱀과 친하게 지내는 모델을 관찰하고 모방하면서 자신이 뱀에 대한 공포를 줄일 수 있다는 신념을 통해 뱀에 대한 공포를 줄이게 되었다. 이처럼 자신이 과제를 수행할 때 어떤 행동을 할 수 있다는 능력에 대한 믿음을 자기효능감(self-efficacy)이라고 한다. 이 자기효능감은 과거의 성공경험, 모델 관찰, 언어적 설득 등으로 형성되는데, 관찰학습에서 중요한 개념이다.

높은 자기효능감을 가진 학습자들은 도전적인 과제를 선택하고 과제를 수행할 때 더욱 노력한다. 목표에 도달하지 못했을 때도 포기하지 않는 인내심을 가지고 있다. 특히 자신에 대한 믿음이 확고하여 성공할 것이라고 믿고 불안감을 스스로 통제하거나 조절하는 편이다. 비생산적인 전략을 자주 사용하지 않는다. 특히 같은 능력에 있어서 자기효능감이 낮은 학생보다 높은 수행을 보이는 특징을 가지고 있다(Eggen & Kauchak, 2004). 모델링을 통해 자기효능감을 높여 자기조절력을 향상하는 것은 바람직한 행동을 증가시키거나 바람직하지 못한 행동을 감소시키는 것이다.

02 기억

학습은 기억의 과정으로 보고 정보처리 과정을 중시하고 설명하는 이론이 인지정보처리 이론이다. 기억은 기억의 요소, 기억의 단계, 기억의 처리과정의 세 가지 접근이 있다. 기억의 요소는 대표적으로 장기기억과 단기기억이다. 기억의 단계는 부호화, 저장, 인출로 이루어진다. 기억의 처리과정은 얕은 암송인지 깊은 암송인지를 구별하는 처리깊이와 전이의 절적한 처리와 관련된다.

1) 정보처리모델

인간의 기억과정을 컴퓨터의 정보처리과정에 비유하여 인지과정을 밝혔다. Atkinson과 Shiffirin(1968)은 컴퓨터가 정보입력에서 저장을 거쳐 정보를 인출하듯이 인간도 정보를 입력, 저장, 인출한다고 주장하는 이중기억이론을 주장하였다. 즉, 학습이 학습자의 외부에서 발생하는 것이 아니라 학습자 내부에서 발생하는 기제를 설명하는 것이다. 이는 다른 이론의 원형이 되어 '유행하는 모델(modal model)'로 부르기도 한다(Terry, 2009).

(1) 정보처리 모델의 물리적 요소와 과정

컴퓨터의 정보처리과정은 컴퓨터에 정보를 입력할 수 있는 램이나 하드디스크 같은 물리적 요소가 있어 정보가 처리되어 인출된다. 이처럼 정보처리이론에서는 정보를 저장하는 저장소와 정보를 처리하는 인지과정으로 구분한다. 정보처리 모델은 정보저장고, 인지과정, 메타인지의 세 가지 구성요소를 가진다. 일반적인 정보처리 모델은 [그림 3-8]과 같다.

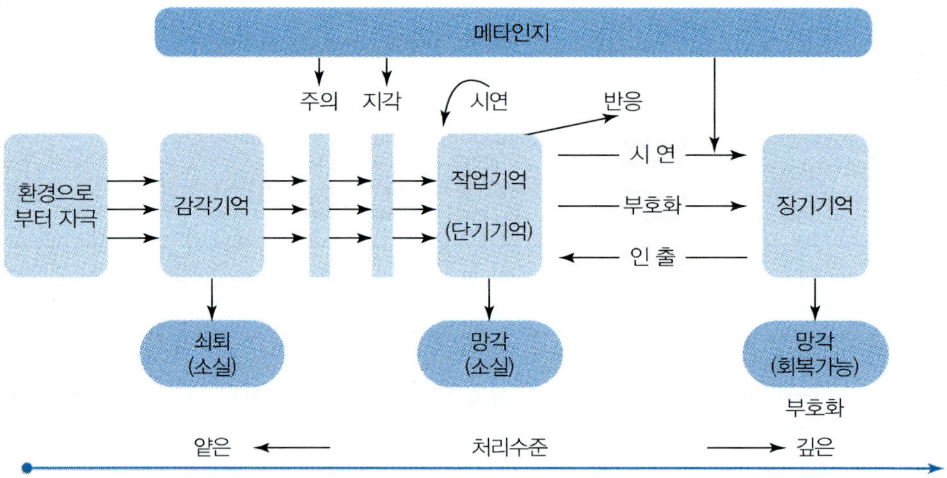

[그림 3-8] 정보처리모델

출처 : 신종호 외 6인 역(2006). 교육심리학. p.322. 처리수준을 표시함.

정보는 정보저장고에 입력이 된다. 정보저장고는 감각등록기, 단기기억, 장기기억이다. 인지과정은 받아들인 정보를 변화시키고 저장고에서 저장고로 옮기는 지적활동이다. 메타인지는 자신이 정보를 처리하는 인지과정에 대해 자각하고 그 과정을 조절하는 능력이다. 정보를 감각등록기에 들어온 정보는 잠간 기억되다가 주의집중한 정보를 단기기억에 보낸다. 단기기억에서는 적절한 전략을 거쳐 장기기억으로 보내진다. 저장되지 못한 정보는 상실되거나 망각으로 처리된다. 물리적 구성요소들의 특징은 다음과 같다.

❶ 감각등록기

감각등록기(sensory register)는 학습자가 환경으로부터 자신의 감각수용기관을 동해서 들어온 정보를 수용하는 최초의 장소이다. 수없이 많은 정보 중에서 주의집중의 여과를 거쳐 들어온 감각적 자극이 잠시 머무는 곳이다. 주의집중이 되지 않은 정보는 바로 사라진다. 감각기억의 용량은 무제한적이나 기계적인 저장이다. 보통 시각적 정보는 약 1초 정도, 청각적 정보는 4초 정도 정보를 저장한다.

정보를 저장하기 위해서는 주의(attention)와 지각(perception)이 중요하다. 주의는 중요하다고 생각되는 정보에 집중하는 것이다. 주의는 뇌로 하여금 더 중요한 것에 초점을 맞추도록 하고 중요하지 않은 정보를 차단하게 하는 역할을 한다. 주의는 블라인드 역할을 하기 때문에 주의를 기울인 정보는 받아들이고 그렇지 않은 정보는 차단하기 때문이다(신명희 외 8인, 2010). 지각은 받아들인 정보를 해석하고 의미를 부여하는 것이다, 사람마다 자신들이 경험의 유형과 수준이 다르고, 동기나 의도가 다르기 때문에 해석도 다르다. 사람들은 자기가 구성한대로 지각하고, 지각한대로 장기기억으로 보낸다. 따라서 똑같은 정보지만 다르게 저장되어 다르게 인출될 수 있다.

❷ 작업기억

작업기억(working memory)은 감각등록기에서 온 정보를 장기기억으로 보내기 위한 일차적인 인지처리 과정이 일어나는 곳이다. 과거에는 장기기억으로 가기위해 잠시 머무르기에 단기기억(short-term memory)으로 많이 불렸다. 단기기억은 용량이 제한적이고 작으며, 시간이 짧은 기억이다. 작업기억은 마치 정보를 처리하는 작업대와 같다. 작업기억은 작업의 처리용량이 제한적이고 시간도 15초에서 30초 이내이다. 따라서 정보를 적극적으로 암송하거나 조직화하지 않으면 이내 사라진다.

조지 밀러에 의하면 단기기억의 용량은 7±2의 정보나 묶음으로 제한적이어서 성인의 경우 보통 5~9개의 정보를 약 20초 정도 저장할 수 있다. 정보는 크기보다 정보의 수가 더 중요해서 정보단위를 묶으면 효율적으로 저장이 가능하다. 분리되어 있는 정보들을 큰 묶음이나 의미 있는 단위로 조합하는 것을 청킹(chunking)이라고 한다. 예를 들어 20674690을 암기하면 정보의 수는 여덟 개인데 2047-4690으로 암기하면 정보의 수는 두 개여서 암기가 수월하다. 작업기억에 들어온 정보는 시연이나 부호화 과정을 거친다.

시연(rehearsal)은 작업기억에 들어온 정보를 지속적으로 반복하는 처리과정이다. 시연은 우리가 전화번호를 기억할 때 2067에 4690, 2067에 4690하고 반복하는 것처럼 이 짧은 정보를 단순하게 짧게 반복한다. 한편, 긴 정보는 짧은 정보를 시연한 후 누적하여 반복처리 하는 경우도 있다.

부호화(encoding)는 새로운 정보를 표상화하여 장기기억에 저장하는 과정이다. 부호화는 정교화, 조직화, 심상이 있다. 정교화(elaboration)는 이미 장기기억에 있는 정보와 새로 입력되는 정도와 연결하는 전략이다. 조직화(organization)는 유목화나 범주화를 기준으로 새 정보를 장기기억의 정보와 연결하는 전략이다. 심상(imagery)은 정보를 시각화하여 저장하는 것이다. 자신의 학습내용을 마인드맵으로 정리하는 것은 일종의 심상을 이용하는 방법이다.

❸ 장기기억

장기기억(long-term memory)은 부호화하여 입력되는 정보는 무한히 저장할 수 있다. 장기기억에 저장하려면 정교화 작업이 필요하다. 장기기억에 저장된 기억을 회상할 때는 새로운 기억을 창조하기도 한다. 단기기억은 작업 중이므로 기억을 빨리 불러올 수 있지만 장기기억은 그렇지 않을 수 있다. 장기기억에 잘 저장하려면 의미 있게 잘 정교화 시켜야 한다. 잘 정리되었을 때 우리는 물건을 잘 찾을 수 있는 것처럼 장기기억도 정교화나 조직화를 이용해 저장하는 것이 중요하다. 정교화란 새로운 정보를 기존에 저장되어 있는 정보와 잘 관련지어 의미를 부여하는 것이다. 컴퓨터에 유사한 주제를 묶어 폴더화하면 쉽게 자료를 꺼낼 수 있는 것과 같다. 조직화란 기존의 정보들을 구조화시키는 것이다. 설명된 자료를 그림이나 도표화하는 것이 일종의 조직화이다. 장기기억은 언어와 심상으로 기억하는데, 언어보다는 심상이 더 잘 기억된다. 단기기억과 장기기억을 간단히 비교하면 <표 3-1>과 같다.

〈표 3-1〉 **단기기억과 장기기억의 비교.**

구분	단기기억	장기기억
용량	제한적(7±2)	무제한적
저장형태	언어적 정보만 파지	조직적·의미적 정보의 요지 기억
지속시간	일시적, 시연 없이 18초	영구적
통제과정	시연, 부호화	조직화
상실	간섭, 시연실패	인출 실패, 간섭

❹ 메타인지

메타인지(meta cognition)는 자신의 인지과정을 알고 조절하는 능력이다. 내가 어떤 때 기억이 잘되는지, 주의집중이 높은지를 알고 조절하는 것이다. 예를 들면 나는 학습을 할 때 정리된 환경이 중요하다. 책상이 어질러져 있으면 집중이 잘 안 된다. 또 뒷자리에 앉으면 집중이 잘 안 된다. 이런 자신을 알고 학습하기 전에 책상을 정리하거나 수업에 집중하기 위해서 교실의 앞자리에 않는 것은 바로 메타인지를 사용한 것이다. 메타인지의 사용은 정보처리과정을 더 원활하게 하여 장기기억에 저장을 많이 하게 한다. 그 이유는 첫째, 주의를 중요하게 생각하는 것이 효과적 학습환경을 창조하고, 둘째, 정확한 지각을 증가시킨다. 셋째, 작업기억을 통해 정보의 흐름을 조절하고, 넷째, 유의미한 부호화를 하게 하기 때문이다(신종호 외 6인 역, 2006).

(2) 장기기억의 유형

기억은 크게 명시적 기억과 암시적 기억이 있다. 명시적 기억은 서술적 기억, 선언적 기억, 외현적 기억으로 의식적인 기억이다. 암묵적 기억은 비서술적 기억으로 무의식적 기억이다. 장기기억은 서술적 기억과 비서술적인 절차기억이 있다.

❶ 서술적 기억

장기기억 중 서술적 기억은 일화기억과 의미기억으로 구성되는데, 흔히 '기억'과 '지식'이라는 것과 상응한다(Tulving, 1985). 일화기억(episodic memory)은 주로 개인의 경험으로 구성된 기억으로 자서전적인 기억이다. 대부분 이미지로 부호화되어 정보가 입력된 장소나 시간과 관련이 깊고, 연대순으로 저장되기도 한다. 이런 기억은 시각적이거나 심상의 형태로 저장된다. 예를 들면 첫 프러포즈를 받았던 날과 장소 등 그때 상황을 자세히 기억하고 있고 그 기억은 행복감을 불러온다. 그리고 그런 기억은 실제상황과는 다르게 기억되거나 새로운 기억을 만들기도 한다. 인간은 일상의 사건을 말할 수 있을 정도의 연령이 될 때 자전적 기억이 생기기 때문에 일화기억은 자전적 기억과 구분되기도 한다(김유진, 2002).

일화기억 속에 나오는 기억에는 정서가 동반된다. 2014년 소치 동계올림픽 여자 3000m 계주에서 금메달을 차지하는 장면을 거실에서 식구들과 보면서 가슴 졸였던 기억을 떠올려 보자. 이는 조마조마했고 불안했던 정서와 함께 결승선을 통과하는 순간의 안도감과 기쁨도 같이 느껴지는 것이다. 이런 정서 반응이 있는 기억을 더 오래 기억되거나 생생하게 기억되기도 한다. 이런 기억을 섬광기억(flashbulb memory)이라고도 한다. 또한 중요하거나 의미가 퇴색하게 되면 종종 기억을 불러오는데 실패하기도 한다.

의미기억(semantic memory)은 일반 지식의 저장고이다. 각종 사물에 대한 지식이나 기술로 명제, 심상, 개념, 규칙, 원리, 일반화 등의 도식의 형태로 저장되고 추상적이고 연합적이다. 어떠한 기술이나 초인지 기술의 지식으로 저장되기도 한다. 부호화를 위해서는 언어가 요구되지만 정보가 언제, 어떻게, 왜 습득되었는지 기억하기 어렵다. 의미적 기억은 학습심리학자들에게는 주요 관심사이다. 학교에서 배우는 수업내용은 대부분 의미기억에 저장되는 것으로 수업내용간의 연결이 체계적일 때 학습의 효과는 더 잘 이루어질 수 있기 때문일 것이다. 또한 의미기억에는 중요한 사실에서 사소한 정보들까지 가득하지만 일상적 경험과 상관이 거의 없다.

❷ 비서술적 기억

장기기억의 한 유형으로 절차기억(procedural memory)이 있다. 이는 우리의 일상 속에서 학습된 반응들이나 반응들의 연쇄로 일어난 내용들을 저장한 기억이다. 이런 기억들은 생활 속에 필요한 기억이고 습관화된 기억이며 저장된 정보는 쉽게 이용되거나 편안한 일상을 유도하기도 한다. 예를 들면 자전거를 타는 방법이나 피아노를 치는 방법이 여기에 해당된다. 자전거를 타는 방법을 보면 처음에는 누군가 잡아 주어야 올라탈 수 있다. 그것이 익숙하면 혼자 올라 탈 수 있다. 그 다음에는 페달을 밟으면 앞으로 갈 수 있다. 그리고 커브길도 갈 수 있게 되어 자전거를 잘 타게 된다. 다음에 한 동안 자전거를 타지 않게 되다가 다시 타게 되면 잠시 비틀대지만 이내 예전처럼 잘 탈 수 있게 된다. 이런 기억이 바로 절차기억이다.

Squire는 장기기억을 선언적 기억과 비선언적 기억으로 구분한다. 선언적 기억은 의식적으로 회상할 수 있고 언어적으로 보고할 수 있는 기억으로 기억을 떠올려 볼 수 있는 것으로 일화기억과 의미기억을 포함한다. 선언적 기억을 제외한 것은 비선언적 기억으로 암묵적이 방법에 의해 평가가 가능하다. 여기에는 절차적 기억, 최근 자극에 노출된 것으로 인한 점화효과, 습관학습, 고전적 조건형성이 있다. 장기기억을 간단히 표현하면 [그림 3-9]와 같다.

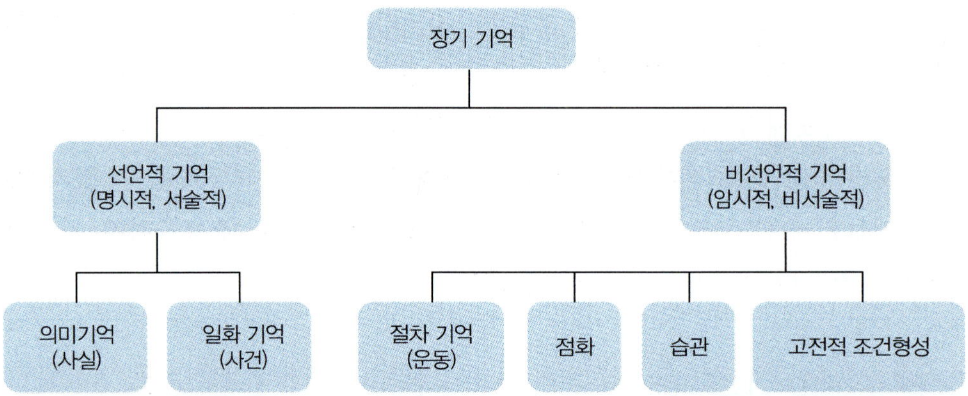

[그림 3-9] 장기기억의 유형

출처 : 김기중 외 역(2011). 학습과 기억. p.250.

기억에 따라 관여하는 뇌의 부위도 밝혀지고 있다. 일부 대뇌손상을 당한 환자는 지적 지체를 보이지 않아 대화나 읽기는 가능하나 일상적 경험을 기억하지 못한다. 이는 의미기억에는 이상이 없으나 일화기억과 관련된 뇌 부분이 손상된 것이다. 신경심리학적 연구에 따르면 일화기억의 부호화와 인출은 대뇌피질의 전두엽에서 일어난다고 한다. Tulving과 그의 동료들은 전두엽의 좌반구에서는 의미기억의 인출과 부호화를 관여하고 우반구는 일화기억의 부호화와 인출에 관여한다고 밝혔다. 또 서술기억과 절차기억은 기억장애 환자에

계서 잘 구분된다. 기억장애 환자들은 새로운 기술의 학습은 잘하나 새롭게 학습한 서술기억은 빨리 망각한다(이정모 외 17인, 1999).

(3) 망각

망각은 기억에 저장되어 있는 정보를 회상하지 못하거나 재인하지 못하는 현상이다. 망각을 최초로 연구한 사람은 Ebbinghaus이다. 무의미 철자를 학습 재료로 하여 부호화와 인출을 실험하였다. 학습한 내용을 얼마동안 기억할 수 있고, 얼마가 지나면 망각이 일어나는지를 실험하였다. 그 결과 학습이 일어난 후 처음에는 급격하게 망각이 일어나지만 어느 정도 시간이 지나면 망각은 서서히 진행된다. Ebbinghaus의 망각곡선은 [그림 3-10]이다.

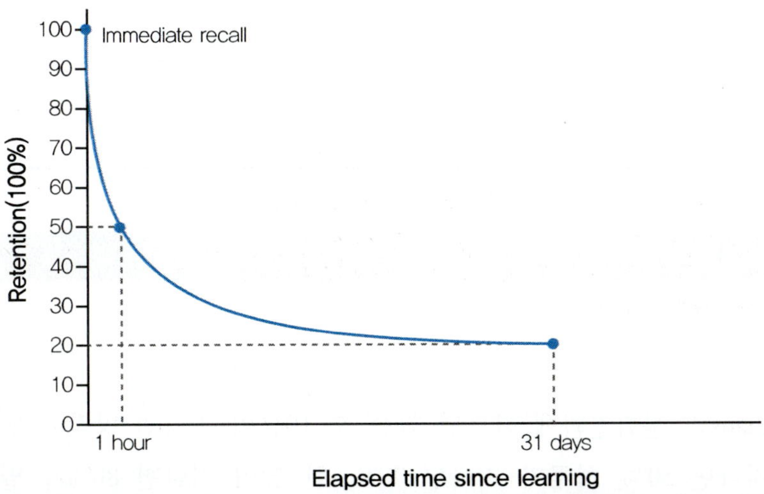

[그림 3-10] Ebbinghaus의 망각곡선

출처 : http://about.superflashcard.com

그러나 학습한 것을 반복할 때와 그렇지 않을 때는 차이가 있다. 반복을 하지 않을 때 20% 정도를 기억한다면 반복을 하게 되면 50%를 기억할 수 있다. 그리고 학습한 것을 많이 반복할수록 기억을 오래 할 수 있다. 반복횟수와 기억량은 [그림 3-11]과 같다.

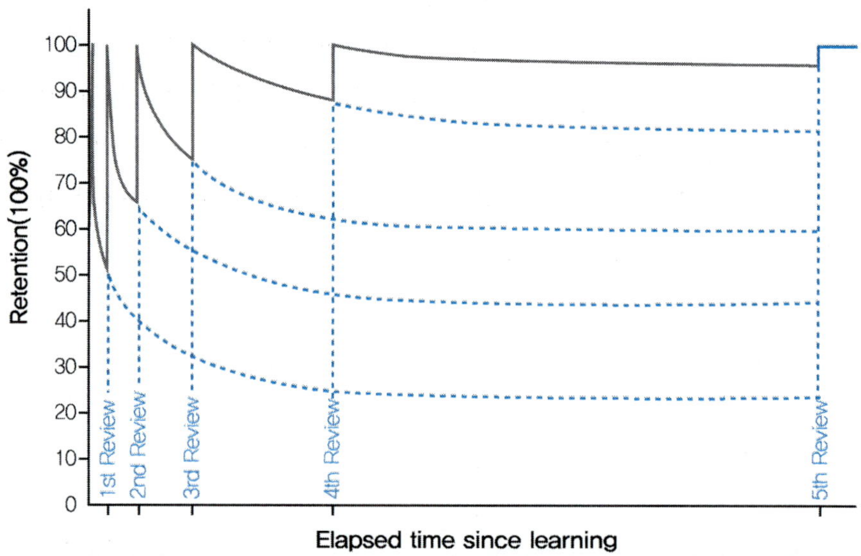

[그림 3-11] 반복횟수에 따른 기억 양과 지연시간

출처 : http://about.superflashcard.com

Ebbinghaus의 실험결과에 따르면 학습 후 10분이 지나면 망각이 일어나고 1시간이 지나면 50%, 하루가 지나면 70%, 한 달이 지나면 80%가 일어난다고 한다. 이런 망각곡선의 주기를 이용해서 학습한 내용을 복습을 하는 것은 학습내용을 오래 기억하게 한다.

망각은 정보를 부호화하는 과정이나 저장단계 또는 저장된 정보를 인출하는 단계에서 일어난다. 장기기억에서 망각이 일어나는 이유는 여러 가지가 있다.

첫째, 흔적쇠퇴이론이다. 기억은 중추신경계의 변화를 일으켜 기억흔적을 만든다. 기억흔적은 사용하지 않으면 흔적이 희미해져 소멸되는 것이다. 여기서 망각은 부호화나 인출단계가 아닌 저장단계에서 일어난다.

둘째, 간섭이론이다. 간섭은 전후의 학습을 기억하고자 할 때 정보의 인출을 방해하는 것이다. 이 이론에 의하면 망각은 시간의 흐름보다는 간섭 때문에 일어난다. 망각곡선에 의하면 망각은 파지기간 동안 이루어진 반복 경험의 양과 관련이 있다. 반복의 횟수가 많을수록 기억이 오래가고 망각은 적다. 그러나 McGeoch는 학습은 자극과 반응과의 연합으로 이루어지는데, 회상 시에 연합을 간섭하기 때문에 망각이 일어난다고 주장하였다. 간섭(interference)은 다른 기억 때문에 어떤 기억이 희미해지는 것이다. 간섭은 순행간섭과 역행간섭이 있다. 순행간섭(proactive interference)은 먼저 학습한 것이 최근에 학습한 것의 회상을 방해하는 것이다. 즉, 기존 지식이 새로운 지식의 기억을 방해하는 것이다. 반면에 역행간섭(retroactive interference)은 최근에 학습한 정보가 먼저 학습한 정보의 기억을 간섭하는 것이다. 이런 간섭으로 일어나는 망각을 방지하려면 간섭의 원천을 제거하는 것이 중요하다.

셋째, 인출실패 이론이다. 망각은 장기기억에 저장되어 있는 내용을 인출하지 못하는 현상이다. 인출은 장기기억에 있는 정보를 탐색하여 정보에 접근하는 과정이다. 인출실패는 회상과 재인을 통해 확인할 수 있다. 회상(recall)이나 재생은 저장된 내용은 단서나 도움 없이 상기하는 과정이고 재인(recognition)은 여러 항목 중에서 기억하는 것을 선택하는 과정이다. 회상을 통한 인출의 예는 주관식 시험이라면 재인을 통한 인출의 예는 객관식 시험이다. 인출에 실패하는 이유는 찾아야 할 정보가 혀끝에서 맴돌고 바로 회상되지 않는 설단현상이나 인출단서의 상실에 의한 단서 의존적 망각 때문이다.

이 외에도 고통스러운 경험을 기억하고 싶지 않아 억압하거나 기억이 왜곡된 저장을 하기 때문에 망각이 일어난다. 이런 망각은 동기적 망각이다. 이는 Freud에 의해 연구되었다. 이런 동기적 망각에 의해 억압된 기억은 무의식으로 밀려나도 인간의 사고나 행동에 영향을 주기도 한다. 대부분의 기억이론에서는 망각은 인출실패에 기인하지만 학습된 정보는 기억에 영구히 저장되어 있다고 한다.

3) 두뇌에서의 학습처리과정

뇌과학의 발달로 인해 인간의 인지나 정서에 대한 많은 부분들이 밝혀지고 있다. 뇌과학자들은 사랑을 두뇌의 화학적 작용이라고 설명한다. 옥시토신이나 바소프레신이 분비되어 상대의 좋은 점만 보이며 더욱 밀착하게 만들지만 이런 호르몬은 18개월에서 30개월 되면 더 생성되지 않아 상대의 나쁜 점도 보이게 된다고 한다. 이처럼 학습이나 기억도 뇌에서 정보를 처리하는 과정으로 설명하는 추세이다.

(1) 신경학적 정보처리과정

학습이나 기억의 과정도 뇌와 관련이 있다. 인지정보처리이론을 뇌와 관련해서 신경학적 정보처리과정으로 학습의 과정을 [그림 3-12]로 설명한다.

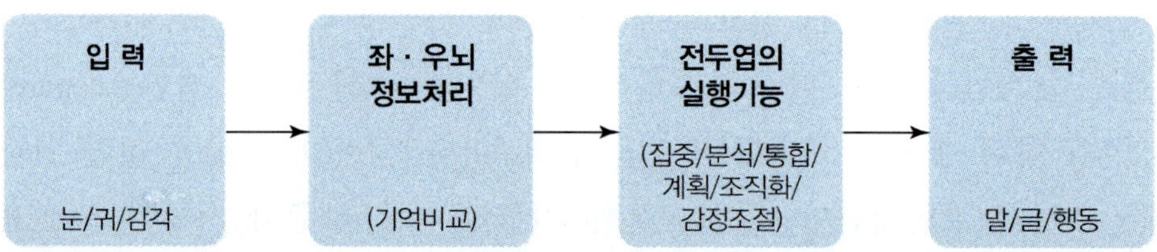

[그림 3-12] 신경학적 정보처리 과정

출처 : 중앙일보 2012.8.28. L06면

학습은 뇌에서 정보를 처리하는 과정이다. 학습은 입력에서 출력까지의 전 과정을 의미한다. 감각기관에서의 입력과 두뇌 안에서 정보처리와 전두엽의 실행에 따라 인간의 사고나 언어, 행동 등은 다르게 표현된다. 즉, 감각등록기에서 들어온 정보를 좌뇌와 우뇌가 적절하게 처리를 할 수 있을 때 효율적이다. 예를 들어 공부할 때 집중력은 좌뇌와 우뇌의 역할이 다르다.

우뇌는 입력되는 정보 중 필요한 정보에 집중하는 '선택적 집중력'에 관여하며, 좌 뇌에서는 '집중유지, 실행기능'에 관여한다. 따라서 좌·우뇌의 균형적인 발달이 중요하다. 만약 좌 뇌의 실행 기능에 비해 우뇌의 선택적 집중력이 부족하면 주의산만과 충동성이 나타나기 쉽다(중앙일보, 2013.5.14일자).

두뇌는 눈과 귀와 같은 감각기관에 들어온 외부의 정보를 입력하여 기억을 만들어 저장하며 필요할 때 인출해 내는 종합기관이다. 인간의 두뇌는 뇌간의 생존뇌, 변연계의 감정뇌, 대뇌의 생각뇌로 3차원으로 구성되어 있다. 이 기관들은 서로 유기적인 시스템이다.

기억은 신경세포인 뉴런사이의 시냅스 연결에 의해 저장된다. 즉, 기억의 실체는 시냅스이다. 이런 뉴런은 뇌 속의 분리되어 있다가 서로 상호연결이 일어날 때 기억이 형성된다. 즉, 시냅스는 신호전달과 기억정보를 저장하는 과제를 수행하기 때문에 기억을 불러내려면 뉴런들의 시냅스가 연결되어야 한다.

기억은 자주 재생되지 않으면 사라지기도 한다. 기억은 특히 정보가 반복될 때 저장이 잘되기 때문에 학습을 위해서는 반복이 중요하다. 특히 시신경을 통해 들어오는 정보는 뇌의 뒤쪽 시각영역에서 1차 정보처리가 된다. 그 후에 해마로 전달되어 단기기억으로 바뀐다. 해마는 잠자는 동안 피질에 정보를 전달하고 잠잘 때 새로운 정보를 추가로 저장하는 일을 한다. 공포는 편도체를 자극하여 기억을 활성화시켜 과거의 기억과 연결되어 외상 후 장애를 형성하기도 한다.

(2) 전두엽의 기능과 기억력

인간의 감각기관은 눈과 귀, 손과 발 등인데, 두 개로 되어 있다. 이 기관은 뇌와 연결되어 있는데, 뇌도 좌반구와 우반구로 나눌 수 있다. 이처럼 두 개의 기관 중 한 쪽을 더 선호하는 경향은 선천적이다. 이러한 선천적 경향성을 측면적 지배성(lateral dominance)이라고 한다. 이 측면적 지배성은 인간이 정보를 처리하는 과정에 평생 동안 영향을 준다. 특히 스트레스 상황이나 새로운 학습을 할 때에는 더 영향을 많이 주기 때문에 생각을 표현하거나 행동에 있어 평상시와는 다르게 나타난다(Hannaford, 1997). 예를 들어 우뇌를 더 많이 사용하고, 오른 손과 오른 발 그리고 오른쪽 눈을 더 사용하면 왼쪽 귀를 사용하는 사람이 있다고 가정하자. 이 사람은 모두 오른 쪽이 우세하고 귀만 왼쪽이 우세하다. 이런 사람은 귀가 잘 들리게 하기 위해서 오른 쪽 가장자리에 앉는 것이 필요하다. 또 스트레스 상황에서 모두 같은 방향에 있는 감각기관은 제 기능을 하지 못해서 정보를 처리함에 있어 어려움을 경험한다. 따라서 자신의 신체와 뇌를 균형 있게 사용하는 것은 건강한 성장과 발달을 주도하여 학습의 효과를 높인다.

뇌는 신체의 움직임과 밀접한 관계가 있다. 오른쪽의 신체움직임은 좌뇌를 자극하고, 왼쪽의 신체 움직임은 오른쪽 뇌를 자극한다. 양쪽의 신체 활동은 좌·우뇌를 자극하는 좋은 학습의 기초가 된다. 독서나 운동을 많이 하는 것은 건강하게 뇌를 자극하여 기억력을 높이게 하고 전두엽도 활성화시켜 건전한 인성발달도 가져온다. 독서는 학습내용을 생각하게 함으로써 전두엽을 활성화시키지만 게임은 일종의 자동반사적 움직임이기에 두뇌를 활성화시키지 않는다. TV를 오래 시청하는 것도 일방적으로 정보를 많이 받아들이게 되어 기억을 저장하는데 방해를 한다. 따라서 지나친 정보에 노출된 뇌는 명상이나 휴식을 통해서 뇌를 쉬게 해야 한다.

학습이나 기억에 있어 가장 중요한 것은 전두엽의 기능이다. 전두엽은 뇌의 앞부분으로 [그림 3-13]과 같다. 전두엽은 두뇌의 실행기관으로서 CEO역할을 한다. 감각기관에서 들어온 정보가 좌·우뇌를 거쳐 전두엽에서 잘 처리되어야 한다. 전두엽은 어떤 일을 계획하고 실행하는 능력, 합리적이고 이성적으로 판

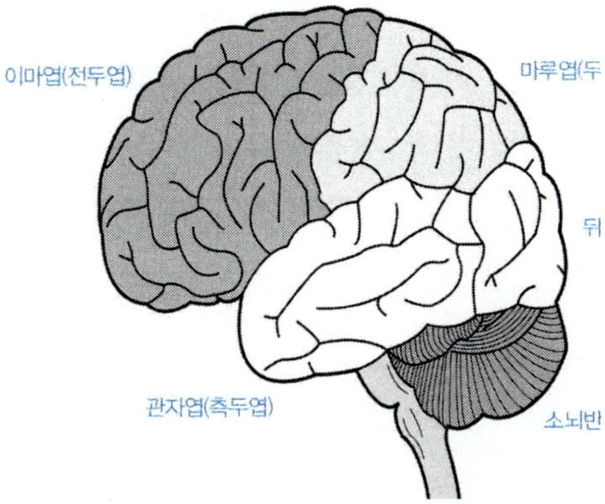

[그림 3-13] 두뇌 구조

단하는 능력, 상황에 맞게 본능을 조절하고 감정을 절제하는 능력을 담당하는 기관이다.

학습에 있어 두뇌에서 일어나는 절차적 기억이 매우 중요하다. 여기서 절차적 기억이라는 것은 두뇌에 어떤 정보가 입력되었을 때, 무엇을 어떤 순서로 처리했는지에 대한 기억이다. 전두엽은 절차 기억을 만들지만 불안정하여 소뇌에 저장된다. 복잡한 정보나 동작을 처리할 때는 소뇌에 저장된 기억으로 빠르게 처리할 수 있다(중앙일보, 2013. 5. 7).

소뇌는 감각 인지의 통합과 운동근육의 조정과 제어에서 중요한 역할을 담당하는 뇌로서, 골격근의 활동 조절을 하는 것이다. 어떤 운동을 할지, 그러기 위해서는 몇 가지 근육을 어떻게 사용해야 하는지에 대한 계획은 대뇌 피질의 전두엽에서 세워지는데, 실제로 운동이 시작되고 나서 그 계획대로 여러 활동이 실현되도록 피드백 기구로 관여하는 것은 소뇌이다(위키백과, www.ko.wikipedia.org/wiki/, 2014/2/5). 소뇌의 기능이 좋으면 두뇌의 협응 능력이 좋아져서 집중력이 향상된다.

하버드 대학의 Wagner 교수팀은 전두엽과 해마피질이 활성화되면 기억을 잘한다는 것을 밝혀냈다. 전두엽을 활성화시키면 기억력이 좋아진다. 기억력을 좋게 하려면 전두엽을 자극하는 것이다. 전두엽을 자극하는 방법 중의 하나는 눈 운동이다. 2013년 10월 공중파 채널 MBC TV '우리 아이 뇌를 깨우는 101가지 비밀'이라는 프로그램에서 실험을 했다. 실험결과 안구운동을 한 집단이 그렇지 않은 집단에 비해 기억력이 20%이상 향상되는 것으로 밝혀졌다. 이런 눈 운동으로 좋은 동작은 브레인짐 26동작 중의 하나인 Lazy8이 있다(Dennison & Dennison, 2007). Lazy8은 게을러서 누워 있는 8자 모양이다. 즉, 무한대 표시처럼 되어 있다. 이 모양을 따라 눈을 좌우상하로 움직여 주는 동작이다. 다시 말해 안구운동은 시신경을 자극하게 되어 그 자극이 전두엽을 자극하고, 소뇌까지 영향을 주기 때문에 기억을 잘하게 돕는다, 기억력의 강화를 통해 학습한 것을 오래 기억하려면 적절한 안구운동을 하는 것이 중요하다.

응용문제

1 고전적 조건형성과 조작적 조건형성에 의해 형성된 자신의 습관을 각각 한 개씩 찾아 설명하시오.

2 자신의 성장을 위해 꼭 해야 하는 주요과제를 선정하고 구체적인 강화계획을 세워 보시오.

3 학습에 있어서 정보처리모델의 과정을 설명하시오

CHAPTER 04

동기와 정서

01 동기

심리학은 인간의 마음과 행동을 과학적으로 연구하는 학문이라고 정의할 수 있다. 그리고 학자들은 인간의 행동에 대하여 '무엇이 인간으로 하여금 행동하게 만드는가?'에 대한 원인과 동기에 관하여 관심을 가지고 연구해 왔다. 동기에 관한 연구에서는 '우리가 무엇을 원하는가?' 또는 어느 정도 원하는가에 대한 것이 행동의 방향과 강도를 이해할 수 있는 계기가 된다. 본 장에서는 인간의 동기의 탐색을 통하여 인간의 행동을 이해하기 위한 학습이 될 것이다.

동기(motive)의 단어 어원은 라틴어의 movere(움직인다)로 유래 되었다. 동기는 행동하게 하는 힘의 근원(energizer)으로 기능한다. 동기에 대한 일반적인 정의는 행동과 방향을 결정하며, 끈기와 강도를 결정하는 힘이라고 할 수 있다.

또한 동기는 대상을 향하여 가깝게 다가가거나 멀리하게 만드는 행동의 추동이다. 동기와 관련된 것으로는 욕구, 추동, 동기유발이 있는데, 이것은 서로 연관된 개념이다. 그러므로 동기는 인간의 행동에 관련된 심리적 요인이며, 인간이 어떤 행동을 하도록 이끄는 힘의 근원이라고 할 수 있다.

1) 동기이론

인간이 행동하게 되는 원인에 대한 내, 외적인 이해를 위한 이론들을 분류하면 다음과 같다.

(1) 정신분석적 관점

동기를 설명하는 이론에는 추동이론과 추동감소이론으로 분류해서 설명할 수 있다. 프로이트는 이러한 무의식적 추동의 대부분은 성적인 충동이나 욕구 때문에 생겨나는 것이며, 이 힘을 '리비도(libido)'라고 불렀다. 인간은 이러한 리비도를 해소하기 위해 행동하고, 그 행동에 의해 불유쾌한 추동은 감소되고 유쾌한 상태는 회복된다고 보았다. 프로이트는 행동의 원인을 무의식적 추동(unconscious drive)이라는 개념으로 인간의 많은 행동은 충족되지 못한 강한 충동이나 소망에 대한 상징적 표현이라고 보고, 이러한 충동은 두려움이나 죄의식을 수반하는 무의식적 추동으로 작용하여 긴장을 발생시킨다는 것이다. 프로이트의 행동의 에너지 원천인 리비도 개념은 본능, 욕구, 추동 등의 이론으로 설명되고 있다.

(2) 행동주의적 관점

행동을 유발하기 위한 환경이나 조건을 조성하는 것과 관련되어 조건화이론으로 인간행동의 동기와 관련된 학습과 내용을 이해할 수 있다. 또한 행동주의 이론에서는 높은 빈도의 반응을 일으키는 강화인자로서 동기를 이해하고, 외적인 보상이나 유인과 같은 개념을 통하여 동기와 동기화 과정을 설명하고 있다. 어떤 행동이 지속적인 강화를 받으면 그 행동의 강도나 빈도는 증가한다. 학습의 결과에 따라 상이나 벌을 주는 것은 외적인 수단을 사용하여 동기화 시키는 방법이다.

인간의 생리적인 기본욕구의 기본 동기를 설명하는 대표적 이론은 헐(Hull, 1943)의 추동감소이론(drive-reduction theory)이다. 인간의 배고픔과 목마름 같은 생리적 욕구가 각성을 일으키고 음식을 먹거나 물을 먹어 각성된 욕구를 감소시킬 수 있다는 것이다. 이것은 프로이트의 욕구와 추동개념이 기초가 되었다.

헐은 프로이트가 인간행동의 근원을 지나치게 성적 욕구나 추동에서만 찾는 것이 문제가 있다고 보고, 추동의 개념을 보다 일반적인 맥락으로 확대하였다. 추동 감소는 생리적인 평형유지를 목표로 하며, 인간의 행동은 유기체 내부에서 특정한 결핍에 의해 발생되는 욕구를 해소하기 위한 추동을 감소시키기 위한 목적에서 유발된다는 것이다.

(3) 인본주의적 관점

매슬로우(A. Maslow)및 로저스(C. Rogers)와 같은 학자들은 전체로서의 인간 혹은 자아를 중요하게 생각하기 때문에 인본주의 동기이론의 중심은 자아개념(self-concept)으로 볼 수 있다. 동기에 대한 인본주의적 해석은 동기의 내적인 근원을 자아실현 또는 실현경향성, 자기결단을 위한 개인의 욕구로 이해한다. 인본주의자들의 공통적인 주장은 인간은 자신의 잠재력을 실현하기 위한 생득적인 욕구에 의해 지속적으로 동기화 된다는 것이다. 그리고 동기화 된다는 것은 내적인 자원, 유능감. 자율성, 자존감, 자아실현들에 대해 긍정적인 지지가 연결됨을 의미한다.

Maslow는 동기의 인본주의적 관점을 발전시켜서 욕구의 단계, 즉 욕구위계(hierarchy of needs) 이론을 정립하였다.

욕구위계이론에 다르면 인간의 욕구는 생리적 욕구, 안전 욕구, 애정과 소속감의 욕구, 자존의 욕구 그리고 자아실현의 욕구가 위계를 이루고 있으며, 각 욕구는 하위 단계인 욕구들이 어느 정도 충족되었을 때, 비로소 상위 욕구가 생성된다고 본다.

예를 들면, 생리적 욕구가 충족되어야 안전 및 소속의 욕구가 발생하게 되며, 욕구위계의 가장 높은 단계인 자아실현의 욕구는 그 아래 단계의 욕구들이 충족되어야 기대할 수 있다는 것이다. 또한 자아 존중의 욕구는 다른 사람이 자기를 존중해 주기 때문에 갖게 되는 자아 존중감과 스스로 자기를 높게 생각하는 자아 존중감이 있다. 다른 사람이 존중하기 때문에 갖는 자아 존중감은 지위, 명성, 평판, 위신, 사회적 성과 등에 기초를 두는데, 이것은 쉽게 사라질 수 있다. 반면, 스스로 자기를 높게 생각하는 자아 존중감을 지닌 사람은 내적으로 자신이 가치 있는 사람이라고 생각하므로 자신에 대해 안정감과 자신감이 생긴다. 자아 존중감의 욕구를 충족시키지 못하게 되면 열등감, 좌절감, 무력감, 자기비하 등의 부정적인 자기지각을 초래하게 된다고 본다. 인본주의에서는 동기를 모든 인간 존재의 성장과 발달의 원인이 되는 내부적이고 활동적인 힘으로, 각 개인에게는 동기에 대한 발달적 원리가 내재되어 있다고 보는 것이다.

(4) 인지주의적 관점

동기에 대한 인지주의적 관점은 행동주의적 관점에 대한 비판으로부터 시작되었다. 인지주의적 동기이론은 인간을 능동적이고 적극적으로 사고하는 이성적인 존재로 본다. 행동주의적 관점은 인간의 동기를 외적인 힘에 의한 수동적인 것으로 인식하는데 반하여 인지주의적 관점은 내제적인 동기를 강조하고 있으며, 대표적으로 귀인이론, 자아효능감, 자기가치 이론 등이다.

동기에 대한 귀인이론은 자신의 성공과 실패에 대한 스스로의 해석과 원인과 결과를 무엇으로 보느냐에 따라 그 후의 행동이 달라진다고 하는 귀인여부에 대한 내용을 설명하고 있다. 연구에 의하면 대부분의 사람들이 많이 귀인하는 것은 능력, 노력, 운이다. 와이너(Weiner, 1972)는 성공이나 실패에 대한 귀인을 통제가능성(controllability) 차원, 인과소재(locus of casuality) 차원, 안정성(stability) 차원으로 구분하였다. 통제가능성 차원은 행동의 통제가 가능한가의 여부를 설명하고, 인과소재 차원은 행동의 원인을 개인의 내부에서 찾는가 아니면 외부에서 찾는가에 관한 내용을 설명한다. 그리고 안정성 차원은 원인이 변하는가, 또는 변하지 않는가에 대하여 설명하는 이론이다. 와이너는 이것을 자기 자신의 행동결과와 실패에 대한 원인을 어디에 돌리느냐의 여부에 따라 후속행동에 영향을 미치게 되는 중요한 이론이라고 보았다. 예를 들어 자신의 성공을 문제가 쉬웠다거나 운이 좋았다 등의 외부적인 요인으로 귀인하고, 자신의 실패를 능력의 부족 같은 내부적인 요인으로 주로 귀인 하는 경우가 반복되다 보면, 과제를 해결하려는 노력이 점점 없어지고 자신의 능력이나 노력에 대한 자부심을 가질 기회를 얻지 못하여 학습된 무기력으로 과제를 수행하려는 시도도 하지 않게 될 수도 있다. 학습된 무기력(learned helplessness)은 매우 부정적 자아개념으로 실패를 내적, 안정적, 통제 불가능한 능력으로 귀인 하는 것과 관련되어 있다.

자아효능감은 반두라(Bandura)에 의해 발전된 사회인지적(social cognitive) 동기이론이다. 자기효능감이란 개인의 인지구조 속에 있는 자기체계(self-system)로 외부의 자극에 대해 학습과 행동전략을 계획하고, 자신이 행동을 조절하며 자기반성적으로 사고하는 능력이다. 특정과제에서의 성공이나 실패에 대한 기대는 그 영역에서 자아효능감의 영향을 받는다.

자아효능감은 성취하려고 하는 목표와 지속성, 목표수립을 통해서도 동기에 영향을 미친다. 즉, 높은 수준의 자아효능감을 가진 사람은 높은 목표를 세우고 어려움이 있을지라도 끈기 있게 대처해 나가며 자아효능감이 낮은 사람은 문제 상황에서 쉽게 과제를 포기하거나 회피할 것이다(Bandura, 1993).

반두라는 개인이 자기 자신의 자아효능감에 대한 정보를 얻을 수 있는 방법으로 첫째, 스스로 수행관찰 함으로, 둘째, 모델을 통해, 셋째, 타인의 설득을 통해, 그리고 넷째, 생리적 지표를 통해서 라고 하였다. 이것은 자신이 성공적인 경험과 다른 사람의 성취에 대한 관찰, 부모를 비롯한 중요한 사람들의 언어적 설득과 지지가 자아효능감을 증진시킬 수 있다는 것을 말하고 있다.

코빙톤(Covingtin)과 동료들은 동기에 관련하여 자기가치 이론을 연구하여, 완숙 지향형, 실패-회피형, 실패-수용형으로 구분하여 설명하였다.

첫째, 완숙지향형은 성취에 가치를 부여하고 능력을 개선하며 발전시킬 수 있는 사람들로 보았다. 이 사람들은 자신의 기술과 능력을 증진하기 위해 학습 목표를 중시하며, 실패를 두려워하지 않는다. 그들은 실패 상황에 건설적으로 적응하며 성공을 자신의 노력으로 귀인한다. 경쟁적인 상황에서 높은 수준의 수행이 가능하고, 빠르게 학습하며, 긍정적인 자기 확신과 구체적인 피드백을 수용하여 성공적인 학습을 가능하게 한다.

둘째, 실패-회피형은 능력에 대한 고정적인 인식을 지니고 있다. 이 사람들은 수행 목표를 세우고, 수행과 관련하여 자신에 대한 유능감과 가치수준을 형성하지만, 자신의 현재 능력보다는 과거의 기준으로 자신의 능력을 평가하기 때문에 자기 가치감을 발전시킬 수 없다. 즉, 과거에 자신이 성공한 것에 의존하여 실패를 회피하려고 한다. 늦장 주리기, 노력하기 않기, 낮거나 너무 높은 수중의 목표세우기, 혹은 결과에 관심이 없는 척하는 하는 태도로 실패를 회피하는 행동을 한다.

셋째, 실패-수용형은 실패를 피하려는 그 자체가 실패를 겪게 되는 것으로 상황을 파괴적으로 이끄는 자기 파괴적인 특징이 있다. 이 사람들은 자신의 실패가 자신의 낮은 능력 때문이라고 인식하고 자기가치감이 극도로 감소하여 자신을 무능한 존재로 인식하는 사람들이다. 더 이상의 노력도 동기도 없는 상태로 자신을 몰고 가서 안주하는 유형이라고 볼 수 있다.

2) 동기유형

동기의 유형을 크게 나눈다면 생리적 동기와 심리적 동기로 나눌 수 있다. 생리적인 동기는 학습되지 않는 기본 동기에 속하는데 예를 들면, 배고픔과 갈증 그리고 성에 관련된 것들이다. 또한 심리적인 동기에는 자존심, 내재적 동기와 외재적 동기로 자아실현에 관련된 것으로 나눌 수 있다.

(1) 생물학적 동기

이 동기는 생리적 동기라고도 할 수 있는데, 음식, 물, 공기 등 유기체의 생리적 욕구에 의해서 발생되며, 뇌와 관련이 되어 있다.

Cannon(1932)은 자신의 저서 『신체의 지혜(The wisdom of the body)』를 통해서 유기체는 생명을 보존하기 위해 대처할 수 있는 지혜를 선천적으로 갖고 있다고 하였다. 그는 동질정체(homeostasis)를 강조하였는데, 동질정체란 유기체가 생존에 적합한 체온, 신체 내 염분과 수분의 균형과 산성도, 혈액 내 포도당 및 각종 영양분의 농도 등을 일정하게 유지하려는, 즉 그 일정수준에서 벗어나면 다시 그 수준으로 되돌아오게 만드는 경향을 의미한다. 동질정체는 자율신경계와 내분비계가 담당한다. 특히 시상하부는 뇌의 기저부에 있는 세포핵들의 한 작은 부분으로, 뇌의 다른 부분들 및 뇌하수체와 연결되어 있어서 뇌하수체의 호르몬 분비를 조절할 뿐만 아니라, 자율신경계의 두뇌 신경절 역할을 한다. 시상하부는 뇌의 어떤 영역보다도 많은 혈관과 연결되어 있어서 혈액의 화학적 작용에 대한 정보에 민감하다.

❶ 갈증과 배고픔

캐논(Cannon)은 그의 저서를 통하여 유기체가 생존에 가능하도록 일정하게 균형을 유지하도록 하는 작용을 동질정체(homeostasis)라는 것으로 설명하고 있다. 유기체는 일정한 균형 상태를 벗어나게 되면 상태를 일정하게 유지하려는 경향을 가지고 있다. 신체세포들은 활동을 위해 포도당이나 지방, 단백질등과 같은 영양소를 요구하는데 이러한 과정은 생물학적인 동기과정으로 볼 수 있다. 배고픔이나 갈증 같은 동기과정은 복잡한 요인에 의해 작용하기도 하는

데 예를 들어 배가 부른 상태에서도 무엇인가 더 먹는 현상을 말한다. 뇌의 시상 하부에 있는 뉴런의 일부는 동물이 먹이를 먹으려는 추동을 높이거나 낮추는 뉴런으로 음식에 대한 섭취 부족과 과잉에 대한 부분을 자동 조절한다. 특히 식욕-뉴런은 뇌의 다양한 영역과 연결되어 있어서 음식에 대한 갈망과 음식 단서에 대한 집중, 탐색의 증가와 음식의 맛 등, 배고픔에 증가와 관련된 효과를 촉진한다. 반면에 다른 유형의 뉴런은 식욕을 억제하는 기능을 하는 것으로 유기체에 영향을 미친다.

갈증은 구강과 인후가 건조하여 갈증 시에 우리가 느끼는 신체적 상태이므로, Cannon도 입속의 수분수용기에 의해 물 마시는 행동이 결정되는 것으로 믿었다. 그러나 구강과 인후에 연결된 신경을 절단해도 개는 자신의 수분부족에 맞게 적당량의 물을 마시는 것이 밝혀짐으로써 보다 복잡한 기제가 있음을 알게 되었다.

관련 학자들은 갈증을 두 가지로 분류한다. 그 첫째가 세포탈수로 인한 갈증인데, 이는 수분섭취를 오래 안했을 때 체액의 농도가 너무 높아 세포속의 수분이 삼투작용으로 세포 밖의 체액에 흘러 들어가게 됨을 말한다. 시상하부 및 시상 전 영역에 있는 삼투압 수용기는 체액의 농도에 특히 민감하여 탈수로 쭈그러들게 되는데, 이 변화는 뇌하수체로 하여금 ADH(항이뇨 호르몬)를 방출토록 자극하는 신경활동을 일으킨다. ADH는 신장에 작용하여 뇨 속의 수분을 재흡수해서 혈액 속에 포함시키도록 하는 기능을 한다. 수분섭취량이 적을 때나 새벽의 소변이 짙은 이유는 이 때문이다.

출혈, 설사, 구토, 심한 발한으로 체액의 양 자체가 감소되어 나타나는 체액감소 갈증이 또 한 가지의 갈증이다. 이때에는 혈압이 낮아지고 이것이 신장세포를 자극하여 시상 전 영역에 있는 체액량 측정수용기를 자극하게 되면 갈증을 느끼게 된다.

위의 음식물 소화시의 연동운동 이외에도 위가 비어 있을 때에는 심한 수축작용을 한다. 이 위수축이 중추신경계에 전달되어 먹는 행동이 일어나는 것으로 Cannon(1934)은 보고하였다. 그러나 동물의 위 근육에서 중추신경계로 감각을 전달하는 경로를 절단하거나, 중추신경계에서 위 근육으로 향하는 운동경로를 절단하여도 음식 섭취에 큰 이상이 발생하지 않는다. 그런데 뇌의 어느 부위를 손상시키면 쥐가 체중의 3~4배가 되도록 먹고, 다른 어떤 부위를 손상시키면 먹지 않아 죽고 만다는 것이 밝혀졌다. 복(腹) 내측 시상하부를 약한 전류로 자극하면, 배불리 먹은 동물도 다시 먹기 시작하고 이 부위를 손상시키면 강제로 먹이지 않는 한 먹으려 하지도 않고 마시려 하지도 않는 것이 보고되었다. 연구자들은 복 내측 시상하부를 포만중추(satiety center), 외측 시상하부(LH)를 기아중추(hunger center)라고 명명했었다. 내측 시상하부는 혈당수준이 높은 것, 위의 팽창, 뇌 온도의 상승 등에 반응하여 먹기를 멈추고, 외측 시상하부는 혈당수준이 낮은 것, 위벽의 수축운동, 뇌 온도의 저하 등에 반응하여, 각기 포만중추와 기아중추 기능을 한다고 연구보고 하였다.

❷ 비만

비만중인 사람들은 배고픔 같은 내부 욕구보다 음식이 모양, 먹음직스러움 등과 같은 외부단서에 더 예민하게 반응하는 것으로 연구되었다. 또한 비만인 사람은 정상인의 세 배 이상 되는 지방세포를 갖고 있다고 한다. 그런데 이 지방세포의 수는 2세경에 결정되며, 유전적 요인과 수유과정의 양육적 요인도 중요하게 영향을 미치는 것으로 나타났다.

비만에 대한 연구에서 조명이 식욕에 관련되어 있음을 보고하는 예도 있는데, 예를 들면, 비만인 사람은 밝은 조명 밑에 있을 때의 음식량이 침침한 조명아래 있을 보다 많다고 한다. 비만인 사람이 식이요법을 하면 지방 세포 수는 감소하지 않고 세포크기만 줄어드는데 줄어든 세포가 다시 채워질 때가지 계속 허기를 느끼는 것으로 보고되고 있다.

시상하부가 손상된 쥐들은 맛있는 음식은 과식하나 음식에 키니네를 섞으면 접근하지 않는다. 정상적인 쥐들은 하루나 이틀을 굶으면 키니네가 섞인 음식이라도 먹지만, 시상하부가 손상된 쥐들은 그렇지 않다. 일반적으로 시상하부의 손상 쥐들은 먹은 량에 둔감하고 음식의 맛 등에 민감하다.

이것은 비만인 사람들에서도 마찬가지로 입에 군침이 도는 이야기를 들은 후에 음식을 주면 먹는 양이 정상인의 증가량보다 큰 차이를 보이며 증가한다는 보고가 있으나 비만인 사람에게 시상하부의 이상이 있다는 직접적인 증거는 아직 없다.

❸ 성

생리적 측면에서 성에 관련된 호르몬은 여성의 경우 난소의 에스트로겐과 프로게스테론이며, 남성은 테스토스테론이다. 수정 후 6주가 되면 X, Y염색체의 태아는 고환이 발달하고 고환에서 남성호르몬을 생산하여 혈액으로 보낸다. 이런 영향으로 남성 성기가 발달하게 된다. 반면에 여아의 성기의 발달에는 호르몬의 변화가 없다. 성욕구와 관련된 호르몬은 모두 뇌의 시상하부의 생리적 작용에 의해 영향을 받는다. 뇌에서 생성되는 호르몬의 영향으로 인간은 모두 성적 각성에서 유사한 생리적 변화와 패턴을 보이지만 이러한 상태를 개인에 따라 주관적으로 보고한다.

성 동기는 생리적 동기이지만 다른 생리적 동기와는 달리 사회적 측면이 매우 강한 심리적 동기라고 할 수 있다.

성 호르몬의 영향은 하등동물에서 특히 강하다. 척추동물 중 하등동물인 설치류는 거세되어 남성호르몬의 분비가 없게 되면 급속히 성행동이 감퇴하나, 인간을 포함한 영장류가 거세된 경우, 성정 동기는 거의 영향을 안 받거나 서서히 감퇴된다. 암컷의 경우 에스트로겐의 영향은 보다 강력하다. 인간을 제외한 모든 동물은 난소를 제거하면 성행위를 하지 않는다. 그러나 인간은 어려서 난소절제수술을 받은 경우에도 성적 동기에 차이를 보이지 않는다.

난소와 고환의 성 호르몬들도 시상하부의 영향을 받는다. 뇌하수체에서는 성 호르몬과 기능상의 상호작용을 갖는 두 가지 호르몬을 분비하는데, 이 두 가지 호르몬의 분비는 시상하부에 의해 촉진되기 때문이다. 그러나 성적 정체감이나 성적 지향은 성호르몬과는 관련이 없는 것으로 생각하는 학자들이 많다. 성적 정체감과 성적 지향의 결정은 성장과정 중 경험의 영향으로 보고되고 있다.

(2) 심리적 동기

❶ 자아 존중감

자아 존중감은 우리가 다른 사람들에게 인정받고 사랑받는 정도에 대한 내부적 측정이며 주관성이 강하다. 자아개념의 중요한 부분인 자아 존중감에 대해 학지들은 대부분의 사람들이 자아 존중감을 유지시키려고 강하게 동기화되어 있다고 보고한다. 자아 존중감은 우리가 타인에게 인정받고 사랑받는 정도에 대한 일종의 내부적 평가이다. 자아 존중의 동기는 스스로를 타인과 비교하도록 하기도 하는데, 자신보다 못한 사람들과 비교하여 자신을 높이려고 하는 것이다.

자아 존중감(self-esteem)은 다양한 사회 작용의 경험을 통해 형성되며 인간의 전 생애에 걸쳐 변화하는 것으로 여러 사람이 연구한 정의를 살펴보면 다음과 같다. Coopersmith(1967)는 자아 존중감을 개인이 자기 자신에 대해 내리는 평가이며, 이것은 자신에 대한 칭찬 또는 비난의 정도를 나타내며, 자신이 유능하고 가치 있는가에 대한 평가로 자신의 가치에 대한 개인적인 판단이라고 하였다.

Rosenberg(1979)는 자기 자신을 존경하고 바람직하게 여기며, 가치 있는 존재라고 생각하는 것이라고 말했다. 그러므로 자아 존중감이 높다고 평가하는 사람은 자기 자신의 모든 생활을 가치 있고 보람 있다고 생각하면서 자신 있게 행동하기 때문에 원만한 사회생활을 영위함과 아울러 진취적이고 활력 있는 삶을 전개하게 된다. 반면 자아 존중감을 스스로 낮게 평가하는 사람은 자기 자신을 쓸모없고 무가치하다고 생각하여 스스로를 학대하고 열등감을 가지게 된다고 하였다.

Ellis & Harper(1975)는 자아 존중감이란 자아에 대한 긍정적 가치로서 인식하는 개념으로 다른 사람들의 수용과 인정으로부터 형성된다. 이러한 자아 존중감은 인간에게 있어서 힘의 원천이며 삶의 성공적인 적용에 대한 잠재력을 강화시킨다고 하였다. 자기 자신을 존중하고 사랑하는 것이 다른 사람이 자기를 존중하는 것보다 더 중요하다. 개인의 자아 존중감은 행동을 결정할 때에 중요한 영향을 주며, 긍정적인 자아개념을 가진 사람일수록 모든 일에 적극적이며 성취할 가능성이 높다(전병재, 1973).

〈표 4-1〉 **자아 존중감 척도**

문항	내용	전혀 그렇지 않다	그렇지 않다	그렇다	매우 그렇다
1	나는 내 사진이 적어도 다른 사람과 마찬가지로 가치 있는 사람이라고 느낀다.	①	②	③	④
2	나는 좋은 성품을 가졌다고 생각한다.	①	②	③	④
3	나는 대체적으로 성공한 사람이라는 느낌이 든다.	①	②	③	④
4	나는 대부분의 다른 사람들만큼 일을 잘 할 수 있다.	①	②	③	④
5	나는 자랑할 것이 있다.	①	②	③	④
6	나는 내 자신에 대하여 긍정적인 태도를 가지고 있다.	①	②	③	④
7	대체로 나는 내 자신에 대하여 만족한다.	①	②	③	④
8	나 자신이 존중받고 있다고 생각된다.	①	②	③	④
9	나는 가끔 내 자신이 가치 있는 사람이라는 느낌이 든다.	①	②	③	④
10	나는 때때로 내가 좋은 사람이라고 생각한다.	①	②	③	④
나의 점수는?(모든 점수를 합계하세요. 10~40점까지)		점			

❷ 내재적 동기와 외재적 동기

인간의 행동은 내재적 동기와 외재적 동기의 영향을 모두 받는다고 한다(Deci, 1975). 내재적 동기는 주어진 과제 자체에 대한 흥미로 인해 발생하고, 도전과 숙련된 기술을 달성하려는 경향으로 선천적인 성향의 동기로 볼 수 있다. 내재적 동기는 사람들이 자율, 유능, 관계에 대한 심리적인 동기로 자발적인 행동을 하도록 이끈다. 내재적 동기에 의해서 과제를 수행하는 사람은 과제의 지속성, 창의성, 개념적 이해를 높이며, 높은 주관적 안녕감을 느낄 수 있다. 예를 들어, 어떤 일을 할 때 스스로 원해서 그 일의 성취나 완성 자체에 의미를 두고 즐겁기 때문에 한다면 그것은 내재적 동기에 의한 행동평가을 할 수 있다. 즉, 학생이 자신의 지적인 욕구와 호기심에 의해 열심히 공부한다면 내재적 동기로 인한 행동으로 본다.

그러나 높은 성적을 받으면 부모님께서 용돈을 주겠다는 약속을 하셨기 때문에 공부를 한다면 외재적 동기에 의한 행동으로 볼 수 있다. 어떤 행동이나 일을 할 때 일 자체에 대한 의미보다는 다른 보상이나 처벌 등(돈, 칭찬, 인정, 비난)상황 및 환경에 의한 것이라면 그러한 동기는 외재적 동기이다. 외재적 동기는 조작적 학습의 개념으로 행동을 설명할 수 있다. 외재적 동기에서 결과는 강화물과 처벌을 포함하고 있는데, 이것은 바람직한 행동이 일어날 가능성을 증가시키거나 반대로 바람직하지 않은 행동이 일어날 가능성을 감소시키기도 한다. 외적동기에 의한 행동 수행도 내재적 동기에 의한 행동처럼 생산적일 수 있고 행동을 유발시키는 강력한 동기로서의 의미가 있으나 외재적 동기에 의한 행동은 보상과 처벌이 유효한 기간에만 지속되므로 내면화되기 어려운 측면이 있다. 그러므로 내재적 동기를 활성화 시키는 것은 개인과 사회 및 조직의 발전을 위해 중요하다. 반면에 개인이 관심과 흥미가 있어서 하는 일에 지속적으로 외적 보상을 주게 되면 그 일에 대한 흥미(내재적 동기)를 상실하게 될 수 있다는 연구결과도 있다. 보상의 재미를 일로 만들기 때문이다.

또한 행동 유발을 위해 주어지는 보상이 내재적 동기를 손상시키는 과잉정당화 효과를 나타낼 수 있기 때문에 사람들이 내재적 동기로 하는 행동에 보상을 주는 것은 역효과를 낼 수도 있다. 외재적 동기는 자기결정 수준에 따라 네 가지 유형으로 분류된다.

첫째, 외적 조절(external regulation)은 동기화된 행동이 보상을 얻기 위해 또는 어떤 외적 요구 조건을 충족하기 위해 수행된다.

둘째, 내사 조절(introjected regulation)은 어느 정도 자기결정을 내포하는 과정으로 본질적으로 내면화된 죄책감과 의무에 의해 동기화 되며, 다른 사람의 요구에 응하기도 하지만 자발적으로 통합하지는 않는다.

셋째, 동일시 조절(identified regulation)은 외적으로 규정된 사고와 행동 방식에 의해 개인적으로 중요하게 여기는 것에 대해 동일시하며, 자신의 사고와 행동 방식으로 수용한다.

넷째, 통합 조절(integrated regulation)은 외재적 동기에서 가장 높은 자기결정을 나타내며, 동일시한 가치와 행동을 완전하게 자기의 것으로 변화시키는 단계이다. 통합조절의 단계는 친사회적 발달과 심리적 안녕에 긍정적 결과를 나타낸다.

내적 외재적 동기와 관련된 연구인 내외통제성(internal-external control)은 1950년대 미국의 심리학자 E. J. Phares(1976)에 의해 연구가 시작되었고, J. B. Rotter(1966)가 이 개념을 사회학습이론에서 내외통제성의 개념을 체계적으로 정립하였다. 내외통제성은 내(internal)-외(external)의 상반된 방향을 나타내는 단일차원으로 설정했을 때, 어떤 사건이 자신의 행동결과로 나타났다고 생각하며 동시에 그 사건을 통제할 수 있다고 믿으면 그 개인은 내적통제성을 가졌다고 할 수 있다. 그리고 자신의 행동과 그 후에 나타난 사건 간에 아무런 관련이 없다고 여기고 또 그 사건을 자신이 통제할 수 없는 어떤 외부적인 힘, 운명, 행운, 재수(chance) 등으로 여기면, 그 개인은 외적통제성을 가졌다고 말할 수 있다. Abramovitz(1973)는 내적통제성을 가진 사람이 외적통제성을 가진 사람보다 건설적인 방향으로 반응하고 어려운 문제를 해결하려는 성향이 강하다고 보고 하였다. Joe(1971)는 내적통제성을 가진 사람에 대한 일반적인 의견은 성격의 통합정도가 높고 지배성, 인내성, 사회성, 협조성, 관용성 등과 같은 성격 및 긍정적 자아개념과 관련되었으며, 반대로 외적통제성의 사람은 공격적이며 적대적인 성향이 강하다고 하였다.

02 정서

기쁨, 두려움, 화냄, 우울 등의 느낌이나 감정이 표정이나 태도, 그리고 행동으로 나타나는 것을 정서라고 한다. 정서는 동기와 밀접한 관련이 있다. 정서는 심리적·생리적 동기와 같이 행동의 역동성에 영향을 미친다. 또한 정서는 행동의 방향을 부여하는데, 분노의 정서는 공격적 행동을 유발하기도 한다. 정서는 그 자체가 중요한 목표가 될 수 있다. 어떤 활동이 어떤 즐거움, 또는 안정감을 주기 때문에 그 활동을 하게 되기 때문이다. 일상생활에서 타인의 정서 상태를 파악하는 일은 매우 중요하다. 표정이나 태도, 어조 등을 근거로 하여 상대방의 내적인 정서 상태를 추리하거나 상대방을 대하는 언어와 행동을 조절하는 것 등은 원만한 대인관계를 위한 사회생활에 매우 중요 하다. 정서는 신체의 작용, 개인의 기억력, 사고, 지각 등에 많은 영향을 미친다. 예를 들어, 어떤 사람이 만성적으로 자신의 정서적 경험을 적절하게 해소하지 못하거나 평가하지 못할 때 대인관계에서 곤란을 겪거나 신경증이나 정신질환 등에 걸리는 수가 있다. 학자들은 현대인들의 정서가 마음과 신체의 상호관계에 영향을 미치는 내용에 관하여 많은 관심을 가지고 연구를 하고 있다.

1) 정서개념

대부분의 학자들은 정서에 대한 정의를 내는 데 어려움을 겪고 있다. 나자로스(Lazarus)는 상황에 적응하고 상황을 다루는 대처반응(coping response)으로서의 정서를 강조하였다. 인간이 생존하기 위해서는 환경의 위험에 효과적으로 대처하며 적응해야 한다. 그리고 위험 여부를 평가하는 인지적·정서적·적응적 반응 능력이 필요하다. 정서는 주관적인 감정과 적응 행동과 관계된 생리적인 변화 및 도구적이고 표출적 속성을 갖고 있는 충동적 행동의 요소들을 포함하는 복잡한 심리상태이다.

만들러(Mandler)는 개인에 있어서 현재의 생각이나 행동의 흐름이 방해를 받으면 교감 심경계가 활성화 되고, 흥분상태가 되어 우울해지거나 기쁨과 같은 정서가 경험된다고 하였다. Lazarus와 Mandler는 모두 정서에서 인지적 측면을 강조하였다.

그러나 정서를 개념화 하기가 어려운 이유는 그 수준과 강도 지속시간에 따라 정서 경험들이 다양하기 때문이다. 우리는 시각적인 경험과 감각적인 즐거움에서 이상적이고 높은 차원의 수준의 감정에 이르기까지 다양한 수준의 정서를 경험하고 있다. 또한 시간 차원에서는 미움, 분노와 같은 일시적인 감정도 있고 우울과 같이 오랫동안 지속되는 기분(mood)도 있다. 그리고 약한 감정에서 격렬한 강도의 감정을 일상적으로 경험한다.

분트(Wundt. W. 1897)는 의식적으로 경험되는 정서 중에서도 단순한 감정들이 쾌-불쾌, 긴장-이완, 흥분-저하 등의 세 차원들을 이루고 있고, 각각의 감정들은 세 차원들을 모두 포함하는데 단지 조합하는 정도에 따라 다르다고 하였다. 예컨대 한 감정은 유쾌하고, 긴장되고, 흥분된 특징을 가질 수 있다. 예를 들면, 간지럼은 처음에는 유쾌한 감정을 유발하나 긴장과 흥분이 분명해지면 오리려 불쾌한 감정을 유발하게 된다. Wundt는 단순한 감정들이 기억이나 판단과 같은 인지과정들과 조합을 이루면 정서를 유발한다고 하였다. 플루트치

크(Plutchick)는 사람의 정서 상태를 기술하는 데는 주관적, 행동적 및 기능적인 세 언어들이 필요로 한다고 보았다. 정서 상태는 공포라는 주관적 언어로, 도망이라는 행동적 언어로, 그리고 생체의 보호라는 기능적 언어로 표현될 수 있다. 많은 색상들이 채도 명도의 차원의 조합에 의해 기술되듯이 정서 상태들의 분류와 기술도 주관적·행동적, 그리고 기능적 언어 차원의 조합에 의하여 설명이 가능하다고 보았다.

2) 정서의 생리적 관점

정서의 주요 특징 중 하나는 여러 신체적 변화들이 정서 경험 중에 일어난다는 것이다. 공포상태에서 심장이 빨리 뛰고 손바닥에서는 땀이 나고 몸을 떨기도 하는 것은 교감신경계의 활동 때문이다. 호흡이나 심장박동 등은 즉시 관찰될 수 있으며, 뇌파 등은 특수한 기록 장치에 의해 탐지될 수 있다. 강한 정서 경험 중에 일어나는 모든 신체적 변화들은 자율 신경계와 척수신경계 및 내분비선에 의한 복합적인 생리과정에 의해 결정된다. 이러한 신체적 변화들은 맥박수, 땀과 같은 분비물 등에 의해 나타나는 정서적 지표로 볼 수 있다.

정서적 흥분 상태에서 나타나는 대부분의 생리적 변화들은 자율신경계의 교감계가 위급 상황에 대처하고자 활성화된 결과이다. 혈압이 증가하고, 심장 박동수와 호흡이 빨라지며, 땀나고 머리털이 서는 것 등은 모두 교감계의 작용 때문이다. 그러나 정서가 가라앉음에 따라 부교감계가 주도적으로 작용한다.

악스(Ax, 1953)는 실험을 통하여 사람들은 공포를 유발시키는 자극과 분노에 대해 각기 다른 생리적 반응을 보인다는 보고를 하였다. 사람들은 분노보다 공포를 경험 할 때 맥박수와 혈압이 크게 증가 한다.

라케리(Lacey, 1970) 부부는 긴장을 유발하는 자극들에 대한 개인의 생리적 반응들을 아동 초기부터 성인에 이르기까지 연구하였는데, 연구 대상자들에게 일관된 개인차가 연구되었다. 어떤 신생아는 긴장 유발 자극에 심장박동수의 변화가 나타나기도 하고, 다른 신생아는 혈압 반응으로, 또 다른 신생아는 위 운동 변화로 반응하였는데 이러한 반응 패턴은 성인기에 이르기까지 일관되게 계속되었다.

이러한 결과들을 종합하면 정서 중 분노, 공포와 긴장과 같은 기본 정서의 생리적 기초가 자율신경계에 있는 것으로 나타났다.

또한 내분비선도 자율신경계에 못지않게 정서적 경험과 관계있는 생리적인 반응과 연관 있는 것으로 연구되었다. 그리고 불안을 유발하는 상황이 있기 전과 후에 소변과 혈액에서 에피네프린과 노어에피네프린의 수준이 보통 때보다 높은 것으로 보고하였다. 엘르마인진(Elmadjian 등, 1958)에 의하면 개인이 상황을 해석하는데 있어서 정서적 강도와 노어에피네프린 수준이 영향을 받는 것으로 나타났다. 여러 유형의 질병으로 호르몬 분비가 감소되면 정서적 반응도 영향을 받게 되는데, 특히 갑상선 호르몬 분비의 감소는 우울증과 밀접한 관계가 있다고 보고 하였다.

3) 뇌와 정서

뇌와 정서간의 관계는 뇌의 자기자극현상에서 발견될 수 있다. 변연계 내에서도 중격(septal) 부위를 매우 약한 전기로 자극 받은 환자들은 쾌감과 훈훈한 감정 및 성적 흥분들을 보고하였다(Heath, 1972).

카다(Kaada, 1967)는 연구를 통하여 정서 경험과 연관부위로서 변연계와 시상하부 부위를 찾아냈으나 신피질을 약한 전류로 자극한 결과 정서적 반응을 얻지 못하였다. 그러나 변연계와 신피질은 정서의 경험에 있어서 밀접한 관계를 가지고 있다. 예를 들면, 동물의 실험에서 두 부분을 동시에 자극했을 때 사지가 움직이는 것을 발견하고, 이 결과는 우리가 일상적 경험과 흥분 상태에서 사지가 떨리거나 움직이는 현상을 이해하는 데 도움이 된다고 하였다.

정서경험에는 약한 감정에서 강한 감정까지의 다양한 강도의 정서적 경험들이 있다.

4) 정서적 표현

다윈(Darwin, 1872)는 정서를 진화론적 관점에서 자세, 몸짓, 표정들에 대한 연구를 하였다. 하등동물에서부터 인간에 이르기까지 정서적 표현의 자료들을 수집하였다. 특히 공포상황에서 오줌을 싸는 등의 배설 행위는 쥐, 고양이, 개, 원숭이, 인간에게서 모두 관찰되었음을 보고하였다. Darwin은 대부분의 정서적 표현이 선천적이라고 믿었으며 이러한 것은 네 가지로 설명하였다.

첫째, 어떤 정서적 표현은 여러 하등동물에서 비슷하게 나타난다.

둘째, 어떤 정서적 표현은 어린아이나 어른에게서 모두 비슷하게 나타난다.

셋째, 어떤 정서적 표현은 맹인과 정상 시각인에게서 모두 동일하게 나타난다.

넷째, 어떤 정서적 표현은 인종에 상관없이 비슷하게 나타난다.

Darwin은 정서적 표현이 선천적이지만 어떤 표현은 언어처럼 학습된 것이라고 주장하였다. 예를 들면, 기도할 때 손을 모은다든지 수긍한다는 의미로 고개를 끄덕이는 것과 같은 몸짓 등이다. 특히 의사소통의 수단으로 사용되는 정서표현은 대부분 학습된다고 믿었다. 또한 타인의 정서적 표현을 인식하는 것도 선천적인 능력인가에 대한 연구에서는 문화권이 달라도 행복, 분노, 슬픔, 공포, 놀람 등의 표정들은 정확하게 인식된다고 하였는데, 서구의 문화접촉이 전혀 없는 원시인들도 여러 표정을 정확히 인식하고 분류하였다고 보고하였다. 즉, 얼굴 표정은 몸동작과 달리 의식적인 통제가 어렵고, 인간의 대표적 정서를 표현하는 보편적 얼굴표정이 존재한다는 것이다. 그러나 얼굴 표정도 문화적 차이와 개인적 차이가 있다. 예를 들면, 동양문화에서는 남자의 경우 자신의 정서를 드러내기보다는 억제하는 것을 남자다움으로 여기며, 서양에서는 자신의 감정을 솔직하게 표현하는 것을 중요하게 여겨서 훈련하고 가르쳤다. 그러므로 얼굴 표정과 비언어적인 표현으로 개인의 정서를 정확하게 파악하는 것은 한계가 있으며, 타인의 정서를 바르게 인식하기 위해서는 언어적·비언어적 의사소통을 함께 이해해야 한다.

5) 정서이론

(1) 제임스와 랑게(James & Lange) 이론

이 이론에서는 어떤 상황에 처했을 때 먼저 신체변화가 일어나고 그 신체변화에 대한 정보가 대뇌에 전달되어 정서에 영향을 미치게 된다고 주장하였다. 제임스와 랑게(James & Lange)는 1800년대 후반의 연구에 의하면 정서를 유발하는 대상을 지각하면 이것이 내장 근육반응을 초래하고, 이러한 신체 변화를 개인이 인식하여 정서를 경험하게 된다고 하였다. 예를 들면, 화가 나서 때리는 것이 아니라 때리기 때문에 화를 경험하게 된다는 것으로 정서경험이 신체적 변화에서 오는 피드백의 중요성을 강조하는 것이다.

(2) 캐논과 바드(Cannon & Bard) 이론

캐논과 바드(Cannon & Bard, 1929)는 정서를 유발하는 대상이 지각되면 이 자극에 관한 정보가 뇌의 시상에서 전달되어 동시에 그 내용이 피질과 신체의 다른 부위에 보내지며 정서경험을 유발한다고 하였다. Cannon & Bard는 정서적 경험과 신체적 변화가 동시에 일어난다고 강조하였다. 즉, 반응이 먼저 일어난 후에 정서경험을 한다는 제임스-랑게가 제안한 것과는 달리, 정서경험과 신체변화는 동시에 일어난다는 주장이다(Back, 1990). 이 이론에서는 정서를 전달하는 곳이 시상이며, 외부로부터 감각정보가 시상에 전달되면 시상에서 대뇌피질과 신체의 다른 부분에 동시에 신경충격을 보내어 신체변화와 감정체험이 동시에 일어난다고 하였다. 이후의 연구는 시상보다는 시상하부와 변연계가 자율신경계를 지배하는데 더욱 중요한 것으로 보고되었다.

(3) 샤터(Schachter, 1971)이론

샤터(Schachter, 1971)는 정서에 대한 인지과정을 중시했는데 정서는 인지적 요인들과 생리적 흥분상태 간의 상호작용의 결과로 보았다.

Schachter의 이론에 의하면 생리적 흥분은 인지적으로 해석되지 않으면 정서 경험으로 나타나지 않는다. 즉, 정서적 경험이 일어나기 위해서는 신체적 각성과 인지적 평가가 일어나야 한다는 것이다. Schachter는 정서적 경험이 각성이지만 이 각성은 일반적이며 분화되지 않는 상태라고 하였다. 지금 자신이 경험하는 느낌과 특정 상황에서의 반응이 무엇인지는 신체적 각성으로 평가하게 된다는 것이다. Schachter의 관점에서 정서적 경험은 신체적 각성에 대한 의식적인 해석을 요구하고 있다.

지금까지 James-Lange, Cannon-Bard, Schchter의 이론에 대한 연구를 살펴보았다. 이외에도 상황을 지각하고, 무의식 수준에서 이것을 평가하여 어떤 정서를 경험한다는 Freud의 역동이론과 정서는 화학 전달물질의 수준에 좌우된다는 이론들이 있다.

(4) 안면피드백 이론

에크만(Ekman, 1992)은 기본정서가 얼굴표정과 관련된다는 것을 발견하였다. 얼굴 표정에서 나타나는 말초 감각 피드백이 정서적 느낌과 관련된 신체반응의 발생에 기여한다. 일반적으로 특정 정서를 얼굴 표정을 유지하는 사람들은 자신의 얼굴 표정이 특정 정서를 모방하고 있는 것을 지각하는지 상관없이 그들이 모방하고 있는 특수한 정서를 더 많이 경험 한다고 하였다(Flack, 2006). 에크만과 동료들은 지시에 따라 인위적으로 짓게 된 얼굴표정이 정서의 주관적 보고를 변경시키고 유도된 정서와 일치하는 신체의 생리적 반응을 나타낸다는 것을 발견하였다. 그들은 실험 참가자들에게 특수한 얼굴 근육을 움직여서 공포, 불안, 놀람, 혐오, 슬픔, 기쁨과 같은 여섯 가지기본 정서를 모방하거나, 혹은 각각의 정서를 일으키게 하는 정서와 관련된 사건들을 마음으로 상상하도록 지시하고 참가자들의 생리적 반응을 기록하였다. 이 실험의 결과로 정서사건을 회상하는 조건과 얼굴 근육을 움직이는 조건 모두에서 분노와 정서는 다른 정서에서 나타나지 않는 반응으로 심장박동수를 증가시켰다고 보고하였다.

6) 동기와 정서의 관점 : 학습된 무기력

심리학자들은 동물이나 사람이 어떤 행동을 학습하도록 할 때 제시하는 외적 강화물로 음식, 돈, 칭찬과 내적 강화물인 긍정적 자기평가는 학습과 유지에 매우 중요한 영향을 미친다고 보았다. 이것은 자기 내부안의 감정이나 생각을 효과적으로 통제하며 새로운 행동을 하는데 강화요소가 된다. 자신이 능력 있는 능동적인 주체라는 생각은 개인에게 만족감과 안정된 정서를 경험하도록 한다. 그러나 자신이 환경과 타인의 통제를 받는 수동적인 존재로 인식될 때 무기력감과 열등감을 초래하기도 한다.

셀리그만(Seilgman, 1975)과 그의 동료들은 학습된 무기력에 대한 연구를 하였다. 학습된 무기력이란 의도적인 행동으로 변경시킬 수 없는 중요한 사태에 직면할 때 나타나는 동기적·정서적·인지적 손상을 말한다. 즉, 자신의 노력과 무관한 결과들이 계속적으로 일어날 경우 개체는 의욕을 잃어버리고 일종의 우울증과 비슷한 증상을 보이게 된다. 예를 들면, 거듭된 실패를 경험하게 되면 자신의 능력을 부정적으로 평가하게 된다. 이것은 인지적 손상으로 이어지는데 학습된 무기력을 경험한 사람들은 성공에 대한 기대가 낮을 뿐만 아니라 문제를 풀고자 하는 의욕도 없게 된다. Seilgman은 개에게 도피 행동을 학습시

켰는데, 어떤 개들에게는 도망하지 못하도록 묶어 놓고 발바닥에 전기 충격을 가하였다. 이러한 반복된 경험을 학습한 개들은 나중에 자유로운 상태에서도 도피하지 못하였으며 학습된 무기력으로 새로운 행동을 학습하지 못하였다. Seilgman은 동물뿐 아니라 사람을 대상으로 연구하였는데, 개인이 자신의 생활에 중요한 사건들에 영향을 미치지 못할 때의 경험이 우울을 초래한다고 하였다. 또한 무기력의 핵심은 통제할 수 없는 결과 그 자체에 있는 것이 아니라 결과에 대한 자신의 인지적 해석에 있다고 하였다. 즉, 자신이 상황에 대해 통제를 할 수 없다는 결론에 이르면 무기력에 이르게 된다는 것이다.

7) 정서의 기능

(1) 동기유발

정서는 생활에서 일어나는 사건과 상상적인 장면에서 특정행동을 하게 하는 동기 유발 기능을 한다. 또한 구체적인 목적을 향해 행동이 지속될 수 있도록 하는 기능을 하기도 한다. 좋아하는 사람의 마음을 얻기 위해, 부모님이나, 부부간 또는 모든 인간관계에서 어떤 행동을 하도록 한다. 때로는 나라를 사랑하기 때문에 자신의 목숨을 기꺼이 바치는 희생을 하기도 한다.

(2) 사회적 기능

정서에는 사회적 기능도 있다. 사람들이 서로 유대를 강화시키고, 결속하게 하는 등의 정서의 긍정적인 기능과 사람들이 서로 미워하고 멀어지게 하는 등의 부정적인 기능도 나타난다. 우리는 화를 내는 사람보다 온화하게 미소 짓는 사람에게 더 가까이 하고 싶은 마음이 든다. 이처럼 정서는 친 사회적 관계와 행동에도 영향을 미친다. 연구에 의하면 행복한 분위기의 사람들이 타인을 돕는 행동에 참여할 가능성이 많으며, 타인에게 도움을 요청했을 때 거절당하거나 친한 사람이 자신의 요청을 거절했을 때에는 부정적인 정서의 영향을 받게 된다.

(3) 자기효능감

자기효능감은 반두라(Bandura, 1997)에 의해 연구된 이론이다. 자기효능은 자신이 당면하고 있는 환경의 요구 사항에 대해 대처할 수 있는 기술을 조직하고, 조화롭게 구성하는 일반적인 능력이다. 개인은 자기효능에 대한 정보적 근원으로 과제에 대한 개인적인 행동을 타인과 비교하고 언어적 설득 및 생리적 상태 등을 적용한다. 반대로 학습된 무기력 이론은 자신의 삶에 일어나는 사건을 통제하기 어려운 불가능한 것으로 평가할 때 생기는 무기력한 심리를 말한다. 이것은 환경에 대한 과거의 통제 불능경험으로 인해 자신의 행동이 결과에 어떠한 영향을 미치지 못한다는 것을 학습하였기 때문에 발생하는 것으로 연구 보고 되었다(Seligman, 1975). 반두라에 의하면 개인이 자신의 자기효능감에 대한 정보를 첫째, 자기 수행을 관찰함으로써, 둘째, 모델이 수행하는 것을 관찰함으로써, 셋째, 타인의 설득을 통해서, 넷째, 생리적 지표를 통해서 얻을 수 있고, 이러한 정보를 통해서 효능기대를 향상시킬 수 있다고 하였다. 즉, 자신의 행동의 성공경험과 자신과 유사한 타인의 성취를 관찰하는 것은 개인의 효능감을 증진시킬 수 있으며, 부모나 교사 등 중요한 타인으로의 "너는 할 수 있다."라는 등의 언어적 지지도 효능감을 증진시킬 수 있다. 그러나 효능감이 감소하는 경우도 있는데, 스트레스 유발 상황에서 불안을 느끼며 자신감이 없는 것으로 스스로 해석하는 경우에 나타난다. 자기효능감은 같은 능력을 가지고 있어도 자신의 능력에 대한 효능기대가 높은 사람이 낮은 사람보다 실제 수행 수준이 높다는 것과 자기효능감은 훈련을 통해서 향상시킬 수 있다는 점에서 주목 받고 있다. 자기효능감 이론은 다양한 성취상황에서 중요한 동기 이론으로 연구되고 있다.

응용문제

1 자신에 대한 관찰 – 외재적 동기 또는 내재적 동기로 행동하게 되는 자신의 행동에 대하여 예를 들어설명하시오.

2 자아 존중감을 높이기 위한 방법을 구체적으로 계획해 보시오.

3 정서이론 네 가지를 요약하시오.

CHAPTER

05

성격심리

인간의 행동을 살펴보면 참 다양하다. 다양성은 어디서 기인하는 것일까? 원인은 여러 가지이지만 성격의 차이를 들 수 있다. 점심 식사시간을 가정해 보자. 점심을 혼자서 빨리 먹는 사람이 있고, 천천히 다른 사람들과 이야기를 나누면 천천히 먹는 사람이 있다. 우리는 전자를 보고 성격이 매우 급한 사람이라고 말할지도 모른다. 이 사람은 왜 식사를 빨리 할까? 언제부터 이렇게 빨리 먹을까? 이유는 무엇일까? 참 궁금해진다. 밥을 빨리 먹는 모습이 자주 목격된다면 이런 모습은 그 사람의 행동 패턴이다. 이런 맥락에서 한 친구가 매우 내향적인 사람이라면, 그 사람은 다양한 환경에서 덜 개방적이고, 소수의 사람과 교류하면서 마치 소극적인 사람처럼 보이게 행동할 것이다. 빨리 밥을 먹거나 덜 개방적인 사람을 우리는 '성격이 안 좋다' 또는 '성격이 나쁘다'라고 말할 수 없다. 그러나 그 사람들의 행동은 어느 정도 예측이 가능하고 일관된 패턴을 보일 때 성격으로 설명한다.

01 성격의 정의와 분류

성격은 정의도 다양하고 관점도 다양하다. 성격은 기질, 품성등과 같은 다양한 용어와 혼동되어 사용하기도 하지만 엄연히 차이가 있다. 기질(temperament)로 유전적 소인을 강조하고, 성격(personality)은 겉으로 드러나는 개인의 특성에 초점은 둔다. 반면에 품성(character)은 '좋다', 혹은 '나쁘다'라는 사회적인 평가가 개입되는 특성이다. 성격은 정신세계를 구성하는 중요한 요소로서 건강한 삶과 밀접하다.

성격을 정의할 때 행동의 독특성과 일관적 안정성이 중요하다. 성격은 선천적인 부분도 있지만 궁극적으로는 어떤 환경을 경험하느냐에 다르다. 같은 유전적 구조를 가져도 다른 환경에서 자라면 다르게 행동한다. 즉, 다른 성격으로 나타나게 된다. 다시 말해 성격은 유전과 환경과의 상호작용에 의해 결정된다.

성격발달에 영향을 미치는 상황요인으로는 부모, 또래, 그리고 다른 사람들이 있다. 그중 부모의 영향은 매우 중요하다. 권위 있는(authoritative) 부모는 자녀가 안정적으로 성장하고 높은 자존감을 지니게 돕는다. 즉, 부모와 자녀관계가 건강하면 자녀는 독립적이고 유능하고 책임감 있게 발달할 수 있다(Wentzel, 1999). 이런 부모와의 관계는 성인이 되어서 다른 사람과의 관계에도 영향을 미친다.

Allport(1961)는 성격을 개인의 특유한 행동, 사고 및 감정을 결정하는 개인의 신체·심리적인 역동적 조직이라고 정의한다. Berger(2000)는 성격을 일관된 행동 패턴으로 개인 내부에서 일어나는 정신내적 과정으로 정의한다. 즉, 성격은 한 개인에 있어서 가장 두드러지거나 지배적인 특성으로(Mischel, 1986), 개인이 환경에 반응하는 독특하고 일관된 양식으로 다른 사람들과 구별되는 신체·심리적인 총체적 행동양식이다.

이런 성격이론은 크게 특성이론과 과정이론으로 구분한다. 특성이론은 현재 성격의 독특한 특성에 초점을 두고 있고, 과정이론은 성격의 발달과정에 초점을 둔다. 특성이론에는 유형론과 특질론이 있고, 과정이론에는 정신분석이론, 행동주의이론, 인본주의 이론 등으로 구분하는데, [그림 5-1]과 같다.

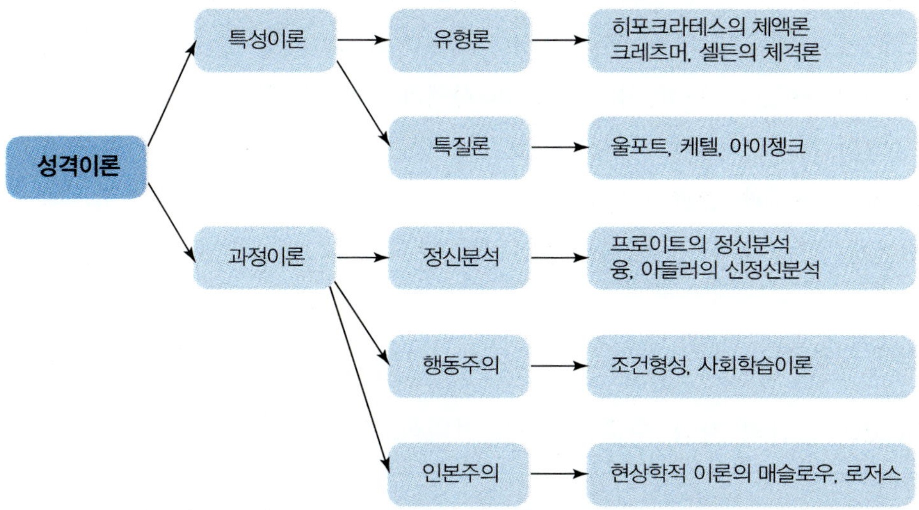

[그림 5-1] 성격이론의 분류

출처 : 오세진 외 14인(2005). 인간행동과 심리학. p.239」

이런 성격이론은 정신역동적 관점, 성향적 관점, 행동 및 사회학습 관점, 인본주의적 관점, 인지적 관점으로 구분하기도 한다(노안영·강영신, 2011). 또한 성격이론에서는 상황과 사람에 있어 초점을 어디에 두는가도 매우 중요하다. 행동주의는 주로 상황에 초점을 둔다. 정신분석은 사람의 내적요인, 인본주의는 안정된 자아개념, 인지주의는 사고나 신념, 특성이론은 유전적인 안정성을 중요시한다. 이 장에서는 중요한 성격이론에 대해 살펴보고자 한다.

02 성격이론

1) Freud의 정신분석

Freud는 정신분석의 대표학자이다. 그는 비엔나에서 신경과 수련을 받았다. 처음에는 뇌 해부학을 연구하였으나 브로이어(Breuer)를 만나 정신분석에 관심을 가지게 되었다. 특히 샤르콧(Charcot)에게 수련을 받으면서 히스테리 환자의 증상이 정서적 혼란과 연관이 있다는 것을 알게 된다. 이런 혼란은 무의식이나 성적 근원과 연관이 있음을 알고 자기분석을 통한 연구를 한다. 그 결과 1900년에 '꿈의 분석'을 발표하면서 정신분석에 많은 공헌을 하게 된다.

(1) 인간의 자각 수준

Freud는 인간의 자각 수준을 의식, 전의식, 무의식으로 구분하고 빙산에 비유한다.

첫째, 의식(conscious)은 어떤 상황이나 시점에서 인식하는 모든 것으로, 외부세계와 접촉이 일어나는 곳이다. 즉, 지금-여기에서 자각되는 모든 것으로, 사고나 정서들이 포함된다. 내가 책을 읽고 있다는 것, 커피가 마시고 싶다는 것, 졸려서 눈이 감긴다는 것 등이 지금 내가 인지하고 행동하고 있는 것을 의식하고 있는 것이다.

둘째, 전의식(preconscious)이다. 전의식은 의식의 바로 밑에 있는 내용들이다. 조금만 주의를 기울이고 노력하면 의식 위로 바로 올라와서 자각할 수 있는 것이다. 어제 내가 친구와 커피를 몇 시에 어디서 먹었는지, 그저께 본 영화내용이 무엇인지, 초등학교 동창 이름이 무엇인지 등 기억하려고 하면 쉽게 기억되는 내용들이다.

셋째, 무의식(unconscious)이다. 이는 빙산의 대부분을 차지한다. 무의식은 특정한 환경을 제외하고는 의식되지 않거나 의식할 수 없다. 무의식은 의식적인 자각이 매우 어렵지만 개인의 삶에 매우 영향력을 크게 미치는 부분이다. 여기에는 사고, 기억, 욕구 등이 포함된다. 예를 들면 어린 시절 부모에게 가졌던 적대감이나 원망, 표현할 수 없어 꽁꽁 숨겨 둔 억압된 성적 욕구들이 자리잡고 있는 곳이다.

Freud와 정신분석가들은 무의식의 작동과정은 의식과 매우 다르고 비논리적이고, 소망, 욕구, 동기를 포함하고 있으며, 갈등으로 가득 차 있다고 한다. 이런 무의식 과정은 힘과 갈등, 방어 등 무의식 내의 압력사이의 작용 때문에 역동적 무의식을 강조한다(Pervin, 2003).

(2) 성격의 구조

Freud는 성격을 원초아(id), 자아(ego), 초자아(super ego)의 세 구조로 구분한다. 이 세 구조는 각각의 기능이나 특성을 갖고 있으나 서로 연관되어 있다. 이 세 구조의 상호작용에 따라 행동이 나타난다. 정신적인 혼란이나 문제를 가지게 되는 경우는 이 세 구조의 조화나 균형이 깨질 때 나타나는 현상이다.

원초아(id)는 성격의 원시적인 부분으로, 심리적 에너지의 저장창고의 역할을 하는 생물학적 자아이다. 이는 생존을 위해 자고 먹고 배설하고 성관계를 하는 것과 관련된 원초적이고 본능적인 요소이다. 이러한 생물학적 충동을 즉각적으로 만족시키기를 원하는 많은 소망들이 존재하는 곳이다. 원초아는 성욕과 공격욕을 가지고 있다. 원초아는 쾌락의 원리에 지배를 받기 때문에 매우 비합리적이고 비논리적이며 망상적이다.

자아(ego)는 성격의 주춧돌로서 현실에 잘 적응하도록 돕는 역할을 한다. 현실의 원리에 지배를 받으며 심리적으로 '나'라고 느끼는 부분이다. 이는 본능적 충동을 외부세계와 잘 타협하도록 하고, 사회적 이상이나 규범을 고려하면서 적절한 행동을 하도록 돕는다. Freud는 자아를 힘이 좋은 말을 길들여야 하는 기수로 표현한다. 이런 자아는 현실적 토대위에 이성적으로 의사결정을 할 수 있도록 한다. 부모나 주의의 기대를 만족시키려고 하지만 때론 장기적인 자신의 목표를 위해서 만족을 지연하기도 한다.

초자아(super ego)는 사회적 기준이나 규범에 근거하여 무엇이 옳고 그른지를 판단한다. 즉, 자아를 초월하여 사회적인 기준을 따르는 도덕적 자아이다. 마치 어린 시절 부모나 주변의 어른들로부터 배운 사회규칙, 선과 악, 양심, 종교, 가치관 등을 내면화한다. 그래서 초자아는 도덕적 원리에 따르는데, 도덕적인 완전을 추구하려다 심한 죄책감에 빠지기도 한다. 자각의 수준과 성격의 구조를 표현하면 [그림 5-2]와 같다.

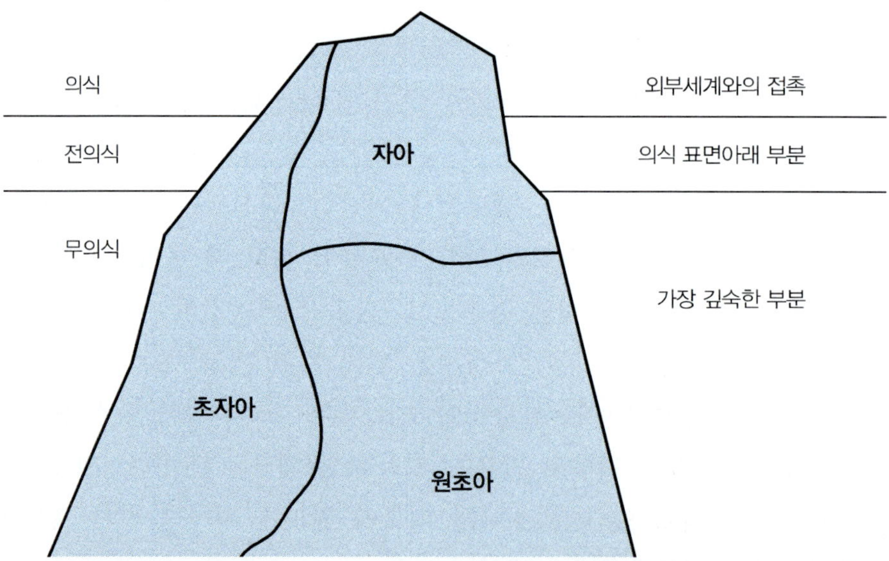

[그림 5-2] Freud의 성격구조 모델

(3) 성격의 발달단계

Freud는 성격은 생의 초기에 형성된다고 한다. 그는 자신의 다양한 요구와 외부세계, 성욕과 억압, 사회적 요구와의 내적갈등을 처리하면서 성격을 형성한다고 본다. 특히 출생해서 5세까지의 경험은 성격형성에 매우 중요하다. 인간은 삶의 에너지인 리비도와 공격 에너지인 타나토스를 가지고 있다. 성욕과 공격욕은 사회적으로 용인되기 어려운 대표적인 에너지이기 때문에 내적인 갈등은 더 많다. 성욕과 공격욕은 다른 어떤 동기보다 복잡하고 통제를 받고, 사회적 규범 때문에 좌절하기 쉬우며 일관적이지 않다.

발달단계는 아이가 성장하는 과정에서 성적 에너지인 리비도가 신체 어느 부위에 집중하느냐에 따라 나누어진다. 각 단계에서 만족이나 충분한 쾌감을 느끼지 못하여 집중하면 고착(fixation)상태가 되어 발달에 지장을 주어 심하면 신경증을 초래한다. 발달단계는 구강기, 항문기, 남근기, 잠복기, 생식기의 5단계로 이루어지는데, 단계별 특징에 대해서 살펴보고자 한다.

❶ 구강기(Oral stage)

구강기는 출생에서 18개월까지로 리비도가 입에 집중된다. 아이는 젖을 빠는 행위에서 포만감을 통한 쾌감으로 유아의 성욕(infantile sexuality)을 충족한다. 유아는 자기도취적이기 때문에 만족의 정도에 따라 행동이 다르다. 충분한 쾌감을 얻으면 구강만족적 행동을 하고, 불만족스럽거나 쾌감을 느끼지 못하면 구강공격적 행동을 한다. 적절한 만족이나 지연이 일어날 때 건강한 성격을 형성한다. 구강만족이 지나치면 낙관성이나 의존성향이 높아지지만 반대로 지나치게 불만족스러우면 비관적이고 공격적이 된다. 특히 고착이 되면 성격적 결함을 가지게 되어 입과 관련하여 지나친 행위를 보인다. 예를 들면, 지나친 음주나 흡연, 음식에 대한 집착, 심하게 비난을 하거나 분노에 찬 행동을 보인다.

❷ 항문기(anal stage)

유아가 18개월에서 3세가 되면 리비도는 항문에 집중하게 된다. 이 시기는 배변 훈련을 하는 시기이다. 유아는 배설물에 관심을 가지면서 자신의 소유물처럼 생각하면서 가지고 있기도 하고 선물을 하는 심정으로 밖으로 배출하기도 하면서 쾌감을 경험한다. 그러나 부모나 주양육자와의 배변훈련 과정을 통해서 쌍방적인 인간관계와 사회적 통제를 경험한다. 부모의 요구대로 배변을 잘하면 사랑을 받지만 그렇지 못하면 갈등을 겪으며 적대감을 가지게 된다. 지나치게 배설을 보유하려는 성향의 유아는 수전노나 고집쟁이 같은 성격으로 발전한다. 반면에 무분별하게 배설하는 성향의 유아는 부모를 좌절시키면서 은근한 만족을 얻고, 정리정돈을 잘 하지 않으며 지저분하고 낭비적인 행동을 한다.

❸ 남근기(phallic)

남근기는 3세에서 5세까지의 시기이다. 이때 유아는 자신의 성기를 통해 남자임을 인식한다. 성기에 관심을 보이고 가지고 놀면서 쾌감을 느낀다. 특히 이성의 부모인 엄마에게 애정을 보이면서 아버지와의 경쟁관계를 가지는 시기이다. 아이는 자기보다 막강한 아버지를 보면서 적대감을 가지고 그로 인한 거세불안을 경험하지만 아버지와 동일시하면서 건강한 남성의 역할과 도덕적 기준을 내면화하면서 이 위기를 넘기게 된다. 즉, 오이디푸스 콤플렉스를 건강하게 극복하게 된다. 반대로 여아의 경우는 아버지를 사랑하며, 남근선망(penis envy)과 열등감을 가지지만 엄마와 동일시하면서 엘렉트라 콤플렉스 위기를 극복하게 된다. 이 시기에 고착이 되면 지나친 남성성을 강조하거나 성적 문제를 가지게 된다. 남근기는 남성중심의 관점에서 불리기 때문에 성기기로 불리기도 한다.

❹ 잠복기(latent stage)

잠복기는 학동기인 6세에서 12세까지이다. 이 시기에는 리비도를 억압하여 특별히 집중되지 않아 잠복기로 불린다. 이 시기는 가족의 울타리를 벗어나 사회적 관계와 규율을 학습하면서 지적인 활동에 몰두해야 하는 시기이다. 해야 될 것과 하지 말아야 할 것 등을 구분하여 내면화하고 사회 속의 구성원으로서의 나와 타인과의 관계를 발달시켜 가야 하는 시기이다.

❺ 생식기(genital stage)

이 시기는 12세 이후이다. 이 시기는 2차 성징이 나타나면서 생식활동이 가능하여 성적 에너지와 욕구가 많아진다. 이성과 친밀한 관계를 추구하고, 일을 통해 자신을 인정받고자 한다. 이성 관계를 잘 유지하려면 타인의 욕구에도 민감하고 배려심이나 이타심도 발달시켜야 한다.

(4) 방어기제

자아는 현실을 인식하면서 원초아나 초자아 간의 조정을 통해 항상 자신을 유지하려고 한다. 그러나 원초아, 자아, 초자아 간의 무의식인 내적 갈등은 불안을 야기한다. 불안은 자아가 내적인 요구와 외부세계인 환경과 잘 적응해야 하는 데 그렇지 못할 경우 나타나는 심리적 정서이다. 불안은 크게 현실불안, 신경증적 불안, 도덕적 불안으로 나눈다. 현실불안은 자아가 현실적으로 위협을 당하거나 느낄 때 나타나는 불안이다. 신경증적 불안은 원초아와 자아간의 괴리로 인해 나타나는 불안이다. 도덕적 불안을 자아와 초자아간의 갈등으로 인해 생기는 불안이다. 이러한 불안으로부터 자신을 보호하기 위한 전략으로 방어기제를 만든다. 즉, 방어기제는 무의식적으로 불안에서 자신을 보호하려는 반응이고, 자기기만적 전략이다.

인간은 누구나 방어기제를 사용하여 욕구불만을 해소하므로 적응적인 면도 없지는 않다. 그러나 방어기제는 무의식적인 반응이고, 근본적 해결이 아닌 현실도피적 반응이다. 또 합리성이 결여되어 비효율적이고 바람직하지 않다. 따라서 지나친 방어기제의 사용은 관계를 해치거나 적응을 방해하기도 한다. 중요한 방어기제에 대해서 살펴보고자 한다.

❶ 억압(repression)

억압은 가장 기본적인 방어기제이다. 자신의 고통스럽고 불편한 사건이나 상황 등에 대한 생각이나 느낌을 무의식적으로 부정하는 방법이다. 자아는 억압을 통해 성적이거나 공격적인 충동, 소망, 환상, 기억 등이 의식으로 올라오는 것을 차단하여 불안으로부터 보호해 준다.

억압은 동기화된 망각이다(Weiten·Lloyd, 2003). 부모로부터 심한 학대를 받은 아동이 그 시절을 기억 못하는 경우이다. 그것이 너무 고통스럽고 부모에 대한 적대감을 가진 것이 괴로워 견딜 수 없어 억압을 통해 그 기억을 무의식으로 밀어내는 것이다. 그러나 억압된 충동은 꿈이나 실언 등으로 나타난다. 심한 억압은 불감증 같은 성기능 장애나 신체질병의 원인이 되기도 한다.

❷ 부정(denial)

부정은 흔하게 보이는 방어기제 중의 하나이다. 현실에서 일어나는 고통스럽고 위협적인 사건이나 상황을 받아들이지 않고 거부하는 것이다. 예를 들어 아버지가 돌아가셨는데도 다시 살아날 것이라고 믿으며 장례를 치루지 않는 경우이다. 즉, 죽음을 인정하지 않는 것이다. 다른 예로 매우 건강하던 사람이 건강진단을 받다가 병원에서 암이라는 판정을 받는 경우도 있다. 이때 당사자는 제일 먼저 '나는 절대로 암이 아니다'라고 하면서 진단이 잘못된 것이라면서 받아들이지 않는다. 이런 경우도 자신의 위협적인 상황을 인정하지 않고 부인하는 것이다.

❸ 투사(projection)

투사는 자신의 부정적인 감정이나 사고, 동기와 같은 충동, 즉 자신이 수용하기 어려운 충동을 다른 사람에게 전가하여 불안을 해소하려는 방어기제이다. 즉, 자기의 결점을 타인이나 대상을 비난함으로 객관화하면서 자기감정을 남의 탓으로 돌리는 것이다. 예를 들면, 서투른 목수가 자신의 부족한 능력을 인정하기보다는 연장을 탓하는 것이다. 투사가 심하면 편집증으로 발전한다.

❹ 합리화(rationalization)

합리화는 의식하지 못한 동기로 인해 벌어진 행동의 결과를 용납 가능한 이유나 근거를 제시하면서 보다 수용될 수 있는 원인으로 돌리는 방어기제이다. 대표적인 예로 '여우와 신포도'의 이솝우화가 있다. 여우는 높은 곳에 있는 포도를 따먹을 수가 없다. 그래서 포도가 너무 시기 때문에 따먹지 않는다고 설명한다. 사실은 키가 닿지 않아 따먹을 수 없는 자신이 초라해지기 싫어 둘러대는 것이다. 합리화는 무의식적으로 자존감을 보호하려는 방어기제로 신포도 기제(sour grape mechanism)로도 불린다.

❺ 반동형성(reaction formation)

반동형성은 깊은 무의식의 욕구나 충동이 받아들여질 수 없을 때 정반대의 행동을 통해 불안을 해소하려는 것이다. 지나친 효부를 예를 들 수 있다. 사람은 귀찮고 하기 싫은 일들이 있다. 며느리가 시부모를 지극히 공양하는 일은 때로 아주 힘든 일일 수 있다. 그러나 다른 사람들로부터의 비난이 두려워 무의식적으로 더 잘함으로 인정을 받으려는 일이다. 속담에 '미운 자식 떡 하나 더 준다'는 말이 이에 해당한다.

❻ 퇴행(regression)

퇴행은 현실생활에서 만족을 얻기 어렵거나 해결하기 어려워서 스트레스를 받거나 욕구불만이 생길 때, 어린 시절의 미성숙한 행동양식으로 이를 해결하려는 것이다. 대학생이 이성친구와 심각한 갈등 상황에 처할 때 마치 굶주린 사람처럼 마구 먹는다거나 하루 종일 잠을 자는 행위 등을 들 수 있다. 음식을 먹는 행위는 어린 시절 구강기 때로 돌아가는 것이고, 잠은 엄마의 자궁 속으로 퇴행하는 모습이다.

❼ 동일시(identification)

동일시는 어떤 사람이나 집단 등의 행위나 양식을 따라 함으로써 자존감을 고양하려는 것이다. 이는 내사나 합일화의 영향을 받기도 한다. 자신의 판단이나 검열과정이 없이 무조건적으로 수용하기 때문이다. 유명한 배우나 가수를 따라 함으로써 정서적인 일체감을 가져 자신을 인정받으려고 하는 것이다.

❽ 승화(sublimation)

승화는 성숙하고 창조적인 방어기제 중의 하나이다. 사회적으로 수용할 수 없는 충동이나 욕구를 이상적이고 바람직한, 즉, 사회적으로 수용할 수 있는 방식으로 차원을 높여 표현하는 방식이다. 이는 인간이 가지고 있는 성적, 공격적인 에너지를 매우 지적이고 문화적이며 예술적인 방법으로 표현하는 방식이다. 예를 들어, 애인에게 차인 한 가난한 대학생이 있다. 그는 애인에게 적대감을 가지고 화풀이를 하고 싶을 것이다. 그러나 분하고 속상한 마음을 권투장에 가서 샌드백을 치면서 자신을 이겨내는 방법이 승화인 것이다.

방어기제는 이외에도 전치, 유머, 해리, 행동화, 환상, 건강염려증, 왜곡 등 다양하다. 양심과 본능 사이에서의 갈등과 불안은 주로 신경증적 방어기제로 나타나고, 현실적인 문제는 정신병적 방어기제, 대인관계 문제는 미성숙한 방어기제로 나타난다. 성숙한 방어기제를 사용하는 사람들은 갈등을 인정하고 의식화하여 조정하고 통합하려고 노력하기에 창조적이다.

2) Erikson의 심리사회적 이론

Erikson은 원초아보다 자아에 초점을 두고 사회적이고 역사적인 환경과의 상호작용을 중시하였다. 성격발달은 유전적으로 결정된 순서에 따른 점성적 원리(epigenetic principle)에 따라 일어난다. 발달은 개인의 생리적 수준과 사회적 기대에 따라 다르다. 발달은 성격, 정서, 사회적 요소를 통합하면서 개인과 사회의 균형적 조화가 중요하다. 인생을 살아가는 동안의 각 단계에는 위기를 경험하게 된다. 각 단계에 따른 위기를 어떻게 경험하는가에 따라 성격이 형성된다.

위기는 단계에 따른 생리적 성숙과 함께 요구되는 사회적 부과로 인한 긍정경험과 부정경험이 있다. 위기는 인생의 전환을 의미한다. 즉, 발달적 위기를 성공적으로 해결하면 긍정적으로 성격발달이 잘 이루어지지만, 발달적 위기를 극복하지 못하면 부정적인 성격발달이 이루어지고 이후에 계속 위기와 관련된 문제에 봉착하게 된다. 이러한 위기는 적절한 비율로 경험하는 것이 더 건강한 성격발달을 가져온다. 단계마다 최적의 시기가 있고, 그 단계에 따른 덕목이 있다. 심리사회적 8단계를 구체적으로 살펴보고자 한다.

(1) 1단계 : 기본적 신뢰 대 불신(trust vs distrust)

이 단계는 태어나서 1세까지이다. 아무 것도 스스로 할 수 없는 유아는 전적으로 엄마나 주 양육자를 전적으로 의존한다. 이때 유아는 생존과 안전에 대한 믿음이 필요하다. 자신에게 충분한 음식과 보살핌이 규칙적으로 제공되면 세상을 살아갈 힘을 얻으면서 신뢰감을 형성한다, 그러나 적절하게 제공되지 않거나 예측가능하지 않을 때 유아는 불신감을 가지게 된다. 즉, 울어도 방치되거나 일관성이 없는 보살핌은 불신을 주게 되어 다른 사람이나 세상에 대해 공포나 의심을 가지게 한다(Isabella & Belsky, 1991).

특히 유아는 입을 통해 엄마와 상호작용을 한다. 이는 최초로 세상과 사회적 관계를 맺는 방식이다. 신체적으로 포만감을 느끼거나 안정감을 느끼게 되면 유아는 세상을 믿고 살만한 곳으로 지각하면서 희망이라는 덕목을 가지게 되는 것이다.

(2) 2단계 : 자율성 대 의심 및 수치심(autonomy vs doubt & shame)

이 단계는 Freud의 항문기에 해당하는 시기이다. 이때는 근육의 발달과 함께 세상을 호기심 있게 탐험한다. 유아는 기거나 걸으면서, 잡거나 밀어당기면서 자신이 신체적 능력을 표현하고 사물을 관찰하고 자신을 표현하려고 하면서 정신적 능력도 발달한다. 즉, 세상에서 사람이나 사물과 소통하면서 자신의 능력을 시험하고 자부심을 경험한다.

부모와의 관계에서 중요한 일은 대소변 훈련이다. 특히 Erikson은 근육의 발달을 통해 잡아두고 내보내는 능력을 강조한다. 적절한 대소변 훈련은 유아에게 자기조절을 배우는 데 부모의 양육방식에 따라 다르다. 적절한 훈육은 유아가 자기조절이나 통제할 수 있도록 도와 스스로 자율성을 확립하게 된다. 반면에 지나치게 부모의 기대에 맞추라고 강요하면 유아는 자기 확신을 상실하게 되어 자신감을 상실하고 무기력해져서 수치심을 가지게 된다. 대소변 훈련을 통해 유아는 부모의 말에 협력할지 자신의 고집대로 할지를 통해 협력과 아집을, 자유롭게 대소변을 볼 것인지와 참을 것인지를 통해 자유로운 표현과 억압행동 등을 결정하는 것을 학습한다. 즉, 이 단계는 부모와의 대소변 훈련을 통해 자신에 대한 사랑과 미움을 경험하는 단계이다.

(3) 3단계 : 주도성 대 죄책감(initiative vs guilt)

이 단계는 5세까지로 조금 더 능동적이고 수준이 높아지는 단계이다. 스스로 무엇인가를 하고 싶고, 환경을 조작하고 목표를 향해서 적극적인 행동을 하는 단계이다. 열의를 가지고 계획한 것을 하고자 했을 때 주변으로부터 인정이나 칭찬을 받게 되면 아동은 더 주도적으로 자신이 원하는 것을 성취하고자 한다. 반면에 비난이나 처벌을 받게 되면 자신이 하는 일은 잘못된 일이라는 죄의식을 가지게 된다.

무엇보다 중요한 것은 이성의 부모에 대한 주도적인 활동과 환상에 대한 반응이다. 환상적인 형태로 부모를 소유하고자 한다. 이때 여아들은 '이 다음에 커서 아빠랑 결혼할 거야', '아빠는 내 거야'라는 말을 종종 한다. 이런 환상에 대해 지나친 금기도 죄책감을 갖게 하므로 문제가 된다. 부정적 위기 경험은 성인기에 성적 무기력이나 불감증을 야기할 수 있다.

부모는 이때 유아가 해야 될 것과 하지 말아야 할 것을 적절하게 훈육해야 한다. 세상에는 규칙과 질서가 존재하고 따라야 할 것과 따르지 않아도 되는 것들을 학습하게 된다. 적절한 부모의 훈육방식은 유아로 하여금 도덕적인 감각을 획득하고 초자아를 건강하게 발달하도록 돕는다. 죄책감은 초자아의 형성과 함께 양심의 근원이 되는 긍정성도 있다(김계현 외, 2008).

(4) 4단계 : 근면성 때 열등감(industry vs inferiority)

이 단계는 학령기로 6세에서 11세에 해당한다. 아동의 외부세계가 집에서 학교로 확대된다. 교사나 부모로부터 인정을 받기 위한 노력이 시작된다. 학교나 집에서 해야 되는 과제나 활동은 아동으로 하여금 칭찬받게 하기도 하지만 무능감을 경험하게 한다.

칭찬을 받은 아동은 적극적으로 자신의 활동에 몰두하게 되면서 부모나 주변 타인들로부터 강화를 받게 되어 근면성을 발달시키게 된다. 반면에 비난이나 조롱을 받거나 거부적인 경험을 받게 되면 아동은 열등감을 형성하게 되고 자신을 무능한 존재로 인정하게 된다. 적절한 난이도의 과제나 역할을 통한 성취경험을 할 수 있게 아동을 지도해야 한다. 그럴 때 자신감을 회복한 아동은 목표를 조금씩 높이면서, 자신의 유능성을 확인하면서 다음 단계로 발달할 수 있다.

(5) 5단계 : 정체성 대 역할 혼미(identity vs role confusion)

이 단계는 아동기에서 성인기로 향하는 과도기로서 과제도 많고 불안도 높은 시기이다. 청소년은 급격한 신체의 성장과 함께 사회적 요구에 대한 부담을 가지고 자기를 탐색하며 집중하는 시기이다. 자신의 관점에서 벗어나 보다 객관적인 관점이나 타인의 관점에서 사물을 관찰하고 이해하는 시기이다. 즉, 나는 어떤 사람인가? 나의 존재 의미는 무엇인가? 인생을 통해 성취하고 싶은 것은 무엇인가? 에 대한 진지한 고민을 한다. 다시 말해 정체성을 확립하고자 한다.

비공식적인 또래집단이나 동아리, 지역사회를 포함한 사회적 경험은 정체성의 확립에 중요한데(Trawick-Smith, 2000), 또래집단에 소속하고 그들과 동일시하는 '한시적인 정체성'으로 표현되기도 한다. 반면에 정체감 형성에 실패하게 되면 역할혼미에 빠지고, 직업이나 목표설정에 어려움을 경험하고 방황하게 된다. 그러면 성인초기에도 역할을 거부하거나 부모에게 의존하게 된다. 정체성은 일생을 통해 구체화되고 확장된다.

Marcia(1980, 1987)는 Erikson의 연구를 확장하여 대학생들을 중심으로 정체성 연구를 하였다. 정체성을 형성해 가는 과정에서 위기와 관여의 경험여부에 따라 정체성 획득, 정체성 유예, 정체성 유실, 정체성 혼미 네 가지 유형으로 구분하였는데 <표 5-1>과 같다.

〈표 5-1〉 정체성의 유형

구 분		위기의 경험	
		유	무
관여의 경험	유	정체성 획득	정체성 유실
	무	정체성 유예	정체성 혼미

정체성 획득(Identity achievement)은 정체성을 성공적으로 성취한 이상적인 경우이다. 이 유형은 나와 타인에 대한 차이를 인정하고 자신에게 맞는 가치관이나 진로를 설정한다. 삶의 철학도 확고하여 다음 단계를 향한 몰입이 가능하고 의욕적이며 안정감을 갖는다.

정체성 유예(Identity moratorium)는 자신의 가치나 목표에 대해 고민하며 탐색하지만 회의적이다. 그래서 불안과 집착을 보이면서 불확실한 전망을 가진다. 열심히 노력은 하지만 구체적인 과업에 대한 확신이 없어 적극적인 관여를 하지 못하는 상태이다.

정체성 유실(Identity foreclosure)은 자신의 탐색이나 관여가 없이 부모나 주위의 기대에 부응하려고 자기주도성 없이 정체성을 결정한 경우이다. 불확실성에 대한 두려움이 커서 빨리 결정하기에 목표는 안정적이나 대안적 검토 없이 받아들인 것이기에 유연성이 부족하다.

정체성 혼미(Identity diffusion)는 정체성을 찾지 못할 뿐더러 찾으려고 노력도 하지 않는 상태이다. 그래서 삶에 대한 철학도 없고 충동적이기에 갈등이나 긴장도 없다. 애착형성이 잘 안되거나 부모로부터 거부경험이 있는 경우에 많이 보이는 유형이다.

정체감을 잘 형성하는 것은 중요하다. 정체감을 잘 형성하면 다음 단계인 친밀성 대 고립감의 단계를 잘 경험하게 된다. 즉, 안정적이고 친밀한 대인관계를 형성할 가능성이 높다(Kahn, Zimmerman, Csikszentmihalyi, & Getzels, 1985).

(6) 6단계 : 친밀성 대 고립감(intimacy vs isolation)

이 단계는 18세부터 35세까지에 해당한다. 개인은 부모로부터 다방면에서 분리가 일어나고 독립을 선언하는 시기이다. 일생을 바칠 직업과 배우자를 선책하며 책임을 발달시켜 간다. 안정된 정체감 형성 위에 내가 아닌 타인에 대한 보살핌과 정서적 연결감을 경험하는 것이 중요하다. 특히 Erikson은 자신의 정체성을 잃지 않으면서 타인과 관계할 수 있는 능력을 친밀감으로 정의한다. 친밀감을 이루지 못한 사람은 주로 정체감이 부족한 사람이다(Dyk & Adams, 1990).

(7) 7단계 : 생산성 대 침체감(generativity vs stagnation)

이 단계는 36세에서 55세까지에 해당한다. 중년기로서 친밀감을 넘어 다음 세대를 가르치고 지도하는데 능력을 발휘하는 단계이다. 생산성은 가정과 직장에서 자녀출산 및 업무나 직장의 승진, 성공적인 역할 수행이나 사회적 활동 등을 통한 창조적 활동과 산물의 생산을 의미한다. 자신의 성취나 업적을 통한 세대 전수와 성취감을 느끼고자 한다. 반면에 그렇지 못하면 철수하거나 대인관계에 소극적이고 권태감을 느끼며 삶에 재미가 없어 침체된 삶을 살게 된다.

(8) 8단계 : 자아통합 대 절망감(integrity vs despsir)

이 단계는 56세 이후의 노년기에 해당된다. 자아통합이란 인생의 역사를 회고하면서 성공과 실패의 평가를 통해 겸허한 마음으로 이정도면 만족스럽다는 확신을 갖고 자신의 삶을 수용하는 것이다. 인생은 누구에게나 성공만 있는 것도 아니고 그렇다고 실패만 있는 것도 아니다. 반면에 인생을 회고함에 있어 실패에 초점을 두는 경우도 있다. 만족스럽지 못한 부분을 후회하고 분노하게 되면 노인들은 자신의 삶 전체를 거부하면서 좌절과 증오로 점철된 절망감을 갖게 된다. 그러면 자신의 삶이 헛되고 무가치하다고 느끼면서 우울한 노년기를 보내게 된다.

결론적으로 Erikson은 생물학적인 것 뿐만아니라 심리사회적인 기초 아래 전 생애적 관점으로 확장하여 발달단계를 설명한다. 또 위기를 경험하지 못하면 다른 단계에서 나타날 수도 있고, 미래를 구성하는 방식도 성격에 중요한 요소임을 강조한다. 심리사회적 발달단계를 정리하면 <표 5-2>와 같다.

〈표 5-2〉 Erikson의 심리사회적 발달단계와 과업

단계	연령	과업								사회관계	덕목	Freud
Ⅷ	노년기					성취에 대한 객관성과 혼란한 시각			**자아통합 대 절망감**	인류	지혜/의미상실	
Ⅶ	성인 후기					다양한 역할과 거부		**생산성 대 침체성**		노동분화와 가사부남	배려/이기심	
Ⅵ	성인 전기					역할 수용과 역할 거부	**친밀성 대 고립감**			친구, 연인, 동료	사랑/난잡	
Ⅴ	청년기	시간관념 과 시간혼란	자기확신 과 자기의식	역할실험 과 역할고착	열학실습 과 일중독	**정체감 대 역할혼미**	성정체감 과 성정체성 혼미	지도성과 권위혼미	사상확립 과 가치관 혼란	또래집단, 리더십 모델	충성/불확실	생식기
Ⅳ	6-11세				**근면성 대 열등감**	과제열중 과 허탈				이웃, 학교	유능감/무능감	잠복기

단계	연령	과업								사회관계	덕목	Freud
III	3–5			주도성 대 죄책감		역할 예상과 역할억제				가족	목적/무가치	남근기
II	2		자율성 대 수치심			자기확인과 자기의심				부모	의지/회의	항문기
I	0–1	신뢰 대 불신				상호인정과 자폐증적 고립				엄마(주 양육자)	희망/공포	구강기

출처 : 이재창, 정진선, 문미란(2008). 성격심리학. p.146 재구성.

3) Maslow의 자기실현 이론

Maslow는 행동주의에 관심을 두고 실험을 했던 연구자이다. 그러나 자녀의 출생을 통해 사고의 변화를 가져온다. 자녀의 성장 속에서 인간의 잠재력과 자기를 실현하려는 본능적 욕구가 얼마나 위대하고 중요한지 깨닫게 된다. 그래서 그는 인간의 본성을 긍정적으로 보고 '소망을 갖는 동물'로 묘사하고 동기의 중요성을 강조한다.

(1) 욕구와 위계

Maslow는 인간은 선천적으로 다섯 가지 욕구를 가지고 있는데 이 욕구를 인간 행동의 동기로 표현한다. 이 욕구는 본능적이기는 하나 욕구를 충족시키는 방법은 학습에 따라 다르다. 다섯 가지 욕구는 생리적 욕구(biological and physiological needs), 안전의 욕구(safety needs), 소속감과 사랑의 욕구(belongingness and love needs), 존중의 욕구(esteem needs), 인지적 욕구(cognitive needs), 심미적 욕구(aesthetical needs), 자아실현의 욕구(self-actualization needs)이다. 각 욕구들에 대한 설명은 다음과 같다.

❶ 생리적 욕구

생리적 욕구는 가장 강렬한 욕구로 인간의 생존과 밀접한 욕구이다. 이 욕구가 충족되지 않으면 자신의 신체를 온전히 유지하기 어려우므로 매우 기본적이고 중요한 욕구이다.

❷ 안전의 욕구

안전의 욕구는 인간은 보호받고 질서 있고 예측할 수 있는 상황에서 지내고 싶어 하는 욕구이다. 유·아동에게는 자신을 보호할 힘이 적기에 매우 중요한 욕구이다. 성인들도 자신을 위험에서 지킬 힘이 있지만 아주 위험한 상황이나 예상되는 위험 속에서 안전하지 못할까 봐 매우 두려워하기도 한다.

❸ 사랑과 소속의 욕구

소속과 사랑의 욕구이다. 옛말에 '친구 따라 강남 간다'는 말이 있다. 인간은 누군가와 연결감을 갖고 특정집단에 소속하기를 바란다. 또한 사랑을 주고받으면서 친밀한 관계를 유지하고자 사랑의 행위로 성을 표현하기도 한다.

❹ 존중의 욕구

존중의 욕구는 자기 자신과 타인으로부터 존중을 받고자 하는 욕구이다. 자신이 무엇인가를 성취했을 때 유능감이나 자신감을 경험하고 타인으로부터 인정을 받는 것이 매우 중요하다. 특히 사회적 지위나 명예는 거저 얻어지는 것이 아니다. 개인의 부단한 노력을 통해 유능감을 찾아 숙달되었을 때 나타나는 결과이다.

❺ 자아실현의 욕구

자아실현의 욕구이다. 가장 최고의 욕구이고 마지막 단계의 욕구이다. 이는 자신의 잠재력과 능력을 발휘하려는 욕구이다. 이 단계에서는 도전을 통한 매력도 있지만 불안이나 좌절도 따른다.

Maslow의 기본적인 욕구위계는 5단계이나 인지적 욕구와 심미적 욕구가 추가로 언급되었다. 또 인간은 자기실현을 위해 다른 사람을 돕고자 하는 욕구가 있기에 1990년대에 초월의 욕구(Transcendence needs)도 추가되었다. 욕구위계와 특징을 설명하면 [그림 5-3]과 같다.

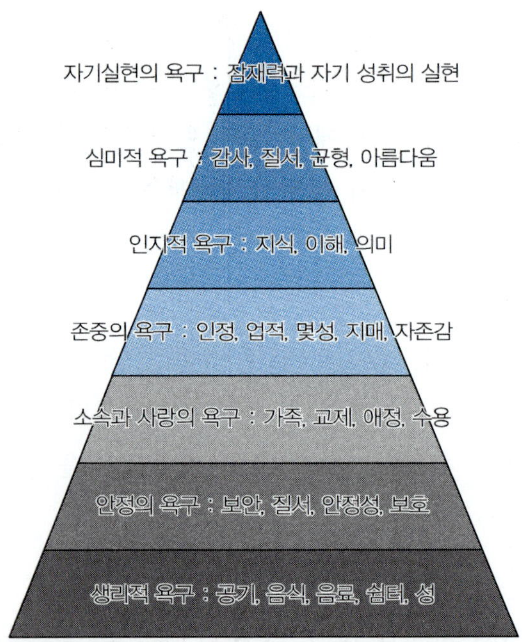

[그림 5-3] Maslow의 계층구조

(2) 욕구의 특성

욕구들은 크게 기본적인 욕구와 성장의 욕구로 구분한다. 하위욕구는 우선적이고 강렬하지만, 상위욕구는 성장의 욕구이므로 지연이 되기도 하고, 인생의 나중에 나타나는 편이다. 상위 욕구의 만족은 더 나은 환경을 필요로 하고 자아실현에 더 초점을 맞춘다. 특히 생리적 욕구와 안정의 욕구는 유·아동에게는 매우 중요한 욕구이다. 반면에 사랑과 소속의 욕구와 존중의 욕구는 청소년들에게 매우 중요하다. 자아실현의 욕구는 인생의 중반에 나타난다.

욕구는 위계적이지만 때론 위계를 무시하고 다른 욕구가 우선하는 경우도 있다. 예를 들면 기말고사 때를 생각해보자. 기말고사 성적이 안 좋아 만회를 하려고 하거나 장학금을 타려고 A를 받아야 한다면 여러분은 어떻게 행동할 것이지 생각해보자. 아니 이전 기말고사 때를 회상해 보자. 아마도 시험공부를 열심히 해서 인정받기 위해 좋아하는 TV도 보지 않고, 친구도 만나지 않으며 밤을 새우면서 도서관에서 공부를 할 것이다.

또 욕구위계에서 상위욕구로 올라갈수록 만족도가 낮아진다. 예를 들어, 생리적 욕구가 85%의 만족을 얻는다면, 안정은 70%, 사랑과 소속은 50%, 자존은 40%, 자아실현은 10%의 만족감은 얻게 된다.

(3) 자아실현한 사람들의 특징

Maslow는 자신의 성장과 발전에 몰입한 자기실현적인 사람들을 연구하였다. 역사적으로 유명한 링컨, 제퍼슨, 간디, 아인슈타인과 같은 인물들을 통해 자아실현한 사람들의 공통적 특징을 밝혀내었다. 그 특징은 다음과 같다.

❶ 현실에 대한 효율적인 자각

자아실현한 사람들은 자신과 자신을 둘러싼 세계와 주변 환경에 객관적이며 현실적으로 파악하고 지각한다. 선입관이나 편견으로 왜곡되게 지각하지 않는다.

❷ 자신, 타인, 자연의 수용

자아실현한 사람들은 자신과 타인에 대해 강점과 약점을 모두 인정하고 수용한다. 실패나 실수에 불안해하지 않거나 죄책감도 느끼지 않는다. 사회적인 문제나 약점도 수용하는 힘이 있다.

❸ 자발성, 단순성, 자연성

자아실현한 사람들은 폐쇄적이지 않고 자연스럽다. 주관이 뚜렷하고 솔직하다.

❹ 창의성

자아실현한 사람들은 독특성과 창의성을 갖고 있다. 자발적으로 행동하며 실수를 두려워하지 않고 적응적이다.

❺ 문화에 대한 저항

자아실현한 사람들은 기존의 사회적 관례를 존중하지만 문화적인 압박에 저항하기도 한다. 문화의 격식과 요구보다 개성을 중시한다.

❻ 절정경험

자아실현한 사람들은 경외심이나 짧고 격렬한 감동의 순간을 경험한다. 자신의 활동에 열중할 때 절정경험을 많이 하는 편이다. 이 절정경험을 Czikszentmihalyi는 몰입(flow)이라고 부르기도 한다. 절정경험은 예술행위 뿐만 아니라 어떤 행위자체도 절정경험이 될 수 있다.

❼ 깊은 대인관계

자아실현한 사람들은 대인관계에 있어 추종세력이 있고 매우 강렬하고 심오한 관계를 맺는다.

❽ 민주적인 성격구조

자아실현한 사람들은 사회적 편견을 가지지 않고 다름이나 차이에 대해 수용적이고 관대하다.

❾ 감각의 신선함

자아실현한 사람들은 신선한 감각과 인식을 통해 주위 세계를 새롭고 경외로운 마음으로 받아들인다.

❿ 사회적 관심

자아실현한 사람들은 보편적으로 동정과 공감을 통한 사회적 관심을 보이고 타인도 형제처럼 대하는 경향이 있다.

⓫ 초연함과 개인적 자유의 욕구

자아실현한 사람들은 관계에 지나치게 얽매이지 않고 자신만의 자유로움을 추구하기도 하고, 고독에 대해서도 초연한 편이다.

03 성격의 평가

1) 성격평가의 준거

성격을 측정하는 방법은 다양하다. 성격검사를 실시하거나 면담을 하거나 행동을 관찰하는 방법 등이 있다. 그 중에서 성격검사를 많이 사용한다. 성격검사는 평가도구로서의 기능을 갖추어야 한다. 그러한 준거로서는 표준화(standardization), 객관성(objectivity), 신뢰도(reliability), 타당도(validity)가 중요하다.

표준화는 검사의 실시에서부터 채점, 해석에 이르기까지 동일한 방식과 규준에 의해 이루어진다. 즉, 언제 어디서 누가 실시하든 같은 조건에서 같은 결과를 가져온다. 객관성은 채점자 간의 신뢰도를 의미한다. 평가자의 주관이나 편견이 개입되면 객관성이 떨어지기 때문에 객관적인 절차와 기준이 중요하다. 신뢰도는 평가도구의 안정성을 의미한다. 언제 측정하여도 일관적인 검사결과가 나올 때 믿을 수 있는 검사이다. 타당도는 검사의 구성적 개념과 관련된다. 검사가 측정하고자 하는 내용이나 의도했던 내용을 얼마나 충실하게 측정했는가를 의미한다. 좋은 검사도구는 준거기준에 부합한 검사를 말한다.

2) 성격평가의 방법

성격을 평가하는 방법은 성격검사, 면담, 행동관찰이 있다. 성격검사에는 크게 객관적 검사와 주관적 검사가 있다. 객관적인 방법은 주로 표준화된 검사를 사용하여 규준에 맞추어 평가하는 방법이다. 예를 들면 MMPI, NEO, Holland 검사, MBTI 검사 등이다. 이는 '예' 혹은 '아니오'에 답을 하거나 척도로 된 점수에 자신과 가장 가까운 점수에 체크를 한다. 이것은 채점하기는 좋으나 피검사가 문항을 읽고 자신과 다르게 응답할 수 있는 단점이 있다. 반면에 주관적 방법은 자신의 느끼고 받아들인 대로 자신의 감정이나 가치, 욕구 등을 표현하기 때문에 투사적 방법으로 부른다. 투사적 검사로는 HTP, SCT, KFD, Rorschach Test, TAT 등이 있다. 이는 자신의 경험 이외에는 반응을 할 수 없기 때문에 무의식적 자신을 솔직하게 드러내지만 채점의 객관성을 확보하는 것이 어렵다.

한 사람의 성격을 잘 파악하는 것은 쉽지 않다. 다각적인 관점에서 이해를 해야 한다. 검사를 통한 결과, 면담을 통해 얻어낸 정보, 행동관찰, 그리고 전문적 지식과 통합이 될 때, 한 인간을 객관적으로 평가할 수 있다.

3) 성격의 연구방법

성격을 연구하는 방법은 크게 상관연구(correlation research), 실험연구(experimental research), 사례연구(case study)가 있다. 성격학자가 주장하는 이론적 근거나 관심 주제 등에 따라 평가방법은 다르다. 상관연구는 성격특성들 간의 관련성을 밝히는 방법이다. 보통 통계적 과정을 걸쳐서 관계를 파악한다. 0은 두 성격특성 간이 전혀 상관이 없다. 1은 정적으로 상관이 매우 높고 −1은 부적으로 상관이 높은 것이다. 상관이 높다고 꼭 인과관계가 있는 것은 아니다.

실험연구는 변인간의 인과관계를 밝히는 방법이다. 통제 상황에서 한 변인을 조작했을 때 결과에 미치는 영향을 파악하는 방법이다. 조작하는 변인은 독립변인이고 영향을 받는 변인을 종속변인이라고 한다.

사례연구는 한 개인에 대한 심층적인 탐색방법이다. 그에 대한 세부적인 정보나 일화, 행동특성 등 다양한 정보원을 가지고 그 사람을 파악하는 방법이다. 그러나 단 한사람을 연구하기에 일반화 할 수 없다.

응용문제

1 나의 중요한 행동양식을 방어기제와 관련하여 설명하시오.

2 에릭슨의 심리사회적 발달단계에 비추어 자신의 발달과정을 설명하시오.

3 자신의 일주일의 생활을 매슬로우의 욕구단계에 비추어 충족된 욕구와 불충족된 욕구를 살펴보고, 불충족된 욕구를 충족할 수 있는 건강한 계획을 세워 보시오.

CHAPTER 06 인간발달

01 인간발달의 개념

인간의 발달은 생명이 수정되는 순간부터 죽음에 이르기까지 전 생애를 포괄하여 성장 또는 감소의 변화가 계속 되는 과정이다. 이전에는 인간발달을 좁은 의미로 보아 수태에서부터 성장에 이르는 상승적 변화만을 지칭하였으나 현대에 와서는 보다 넓은 의미로 보아 상승기 이후에 노년기의 하강적 변화까지도 포함하여 발달이라고 말한다. 이렇게 전 생애를 통하여 이루어지는 인간발달은 각 단계마다 이전 단계에 의해 영향을 받는다. 그러므로 현 단계의 발달은 앞으로 다가올 단계에 영향을 미치게 되어 있다.

그런 의미로 볼 때 각 발달 단계는 그 단계마다 독특한 가치와 특성이 있으므로 어느 한 단계도 중요하지 않은 단계가 없다. 일반적으로 전통적인 인간발달 접근법에서는 인간의 발달은 출생 후 청년까지는 성장 변화가 크고, 성인기에는 안정되다가 노년기에는 성장이 오히려 감소되는 것으로 알려져 있다 (Baltes, Reese & Lipsitt, 1980: 65-110).

그러나 근래에 와서 인간발달의 전 생애 접근법을 주장하는 학자들에 의하면 발달은 성장과 감소를 동시에 포함하고 있는 것으로 알려지고 있다. 성인기나 노년기에는 성장이 둔화되거나 감소되지만 모든 능력이 전적으로 감소하는 것은 아니다. 예를 들면, 인간은 성인기나 노년기에 이를수록 복잡한 문제해결 능력은 감소되지만 해박한 지식과 지혜와 같은 새로운 특성들은 증대되는 것을 볼 수 있다. 그러므로 인간의 발달은 성장과 감소가 함께 존재하며, 같은 연령대에서도 발달이나 감소의 개인차가 있다는 것을 이해야야 한다.

발달심리학자들은 연령에 따라 변화하는 인간의 행동, 능력 그리고 심리 특성에 관심을 갖는다. 이 변화는 여러 차원에 걸친 행동이나 심리 특성들이 조직화되고 구조화된다는 것을 다음과 같은 두 가지 방법으로 알 수 있다.

첫째, 발달적 변화란 연령이나 변화의 지점에서 일어나는 행동형태들을 기술하여 이 특성들이 출현하는 시기와 이들 이전에 출현하였거나 형성된 행동 특성들의 관련성을 파악함으로써 알 수 있다.

둘째, 좀 더 이론적인 측면에서 발달의 각 지점의 특징적인 심리나 사고과정에 깔려 있는 심층구조를 밝힘으로써 발달적 변화가 무엇인지를 보여 주는 것이 가능하다. 이런 입장은 발달과정이란 인간이 자신의 환경 속에서 적응하고 변화하는 과정이며, 이 과정 속에 이미 형성된 행동 특성과 새롭게 나타나는 행동들이 기본적으로 통합된다고 보는 것이다.

이런 측면에서 인간발달의 다양성을 이해하기 위해서는 인지발달과 함께 사회적 환경의 변화나 그 속에서 이루어지는 사회발달도 똑같이 중요하다는 것을 이해해야 한다. 그러므로 인간발달은 생리적 요인과 문화적 요인을 혼합하는 과정이며, 시간이 지남에 따라 한 개인의 구조, 사고, 행동이 변화하는 것을 의미하는 것이다(Speicher, 1994: 624-632).

02 인간발달의 정의

인간은 수정되는 순간부터 사망에 이르기까지 전 생애에 걸쳐 안정 또는 정체되어 있는 것이 아니라 양적, 질적으로 역동적 변화를 거듭한다. 양적인 발달은 세포와 조직의 미세한 부분은 물론 신장이나 체중이 늘어나 신체의 기능이 다원화 내지 정교화 하는 과정이다. 그리고 질적인 발달은 감각, 지각, 인지는 물론 추리, 논리, 사고 등을 포함한 모든 심리적 발달을 의미 한다(윤가현 외 15인 공저, 2010: 191). 이러한 인간의 역동적 변화를 설명해 줄 수 있는 개념이 바로 발달이다. 이러한 발달에 대해서는 다양한 정의가 이루어져 왔다. 그린(Greene)은 발달을 신체, 심리 변화와 사회적 변인을 포괄하며, 일생에 걸쳐 일어나는 안정성과 변화의 역동이라고 정의하였다(Greene, 1989: 171-183).

크라인(Crain)은 인간발달이란 일정한 방향으로 질서정연하게, 점진적으로 증진되는, 보다 복잡해지는 변화로 정의하였으며, 생리적 요인과 문화적 요인을 혼합하는 과정으로 시간이 지남에 따라 한 개인의 구조, 사고, 행동이 변화하는 것을 의미한다고 하였다(Crain, 2000: 203-223).

03 인간발달의 원리

이렇게 인간발달의 원리는 학자에 따라 견해를 달리하고 있는데 일반적인 원리는 다음과 같다.

1) 상호 작용성의 원리

개체의 발달은 유기체가 가지고 있는 유전적 소질과 환경적 영향의 상호작용에 의해 이루어진다.

2) 순서성과 방향성의 원리

발달에는 일정한 순서와 방향에 따라 이루어지는데,

- 두(頭) : 미(尾)의 방향(cephalo-caudal direction),
- 중심 : 말초 방향(near-to far direction),
- 전체운동 : 특수운동 방향(mass-specific direction)으로 진행된다.

3) 분화와 통합성의 원리

처음에는 모든 행동이 미분화되어 전체적인 반응을 하던 것이 특수적·부분적 반응으로 분화되며, 동시에 몇 개의 반응이 통합되어 새로운 체제가 형성된다.

4) 연속성과 주기성의 원리

개체의 일생은 변화의 연속이고 이 변화는 주기성을 갖고 이루어진다.

5) 개인차와 항상성의 원리

모든 개인의 발달에는 개인차가 있으며 또한 모든 특성은 어릴 때부터 성숙할 때까지 비교적 항상적이다.

6) 결정적 시기의 원리

인간발달에는 결정적 시기(critical period)가 있다.

출처 : 네이버 지식백과, 발달 원리(發達 原理),developmental principles,(특수교육학 용어사전, 2009, 국립특수교육원)

04 인간발달의 단계

인간은 누구나 일정한 단계를 거치며 발달 해 간다. 인간발달에 관해 연구하는 많은 학자들은 인간발달의 단계를 대부분 난체기, 태내기, 영아기, 유아기, 아동기, 청년기, 성년기, 중년기, 노년기로 나누어 연구하고 있다. 그런데 어떤 발달 단계에서는 그 단계의 시작과 끝이 분명하지만 또 어떤 단계에서는 그렇지 않은 경우도 있다. 영아기는 출생함으로 그 단계가 시작되고, 유아기는 초등학교에 입학하면서 그 단계가 끝난다. 이와 같이 시작과 끝이 분명한 단계가 있는 반면 아동기의 끝과 청년기의 시작은 그 단계가 분명하지 않다. 일반적으로 초등학교를 졸업할 무렵에 아동기가 끝나고 청년기가 시작되는 것으로 예전에는 구별 지었지만 요즘 시대에는 초등학교 고학년에 사춘기가 시작되는 아동이 늘어남으로 인해 그 경계가 명확하지 않다.

더구나 청년기가 언제 끝나고 성인기가 시작되는 지는 더욱 구별하기 어렵다. 현재 우리나라에서는 만20세가 되면 성인으로 인정하고 성년식을 하지만 성숙의 가속화 현상으로 인해 성년식을 하기 한참 전에 이미 성년으로 행동하는 청년들이 많이 늘어났기 때문이다.

인간발달의 각 단계와 주요 발달내용을 정리하면 다음 <표 6-1>과 같다.

〈표 6-1〉 인간발달의 각 단계와 주요 발달내용

단 계	주요 발달 내용
난체기 (수정~착상)	• 수정에서부터 수정체가 자궁벽에 착상하기 까지 2주간의 시기
태내기 (수태~출생)	• 기본적인 신체구조와 기관이 형성된다. • 신체의 성장이 일생 중 가장 빠른 속도로 이루어진다. • 태내 환경으로부터 크게 영향을 받는다.
영아기 (0~2세)	• 의존적이기는 하지만 나름대로 다양한 능력을 가지고 있다. • 출생 시에 모든 감각기관이 작용한다. • 신체의 성장과 발달의 속도가 매우 빠르다. • 학습 능력과 기억력이 신생아기에도 형성된다. • 생후 2년째가 되면 자아에 눈뜨기 시작한다. • 첫돌 무렵에 부모에 대한 애착이 형성된다. • 다른 아동에 대한 관심이 증가한다.
유아기 (2~6세)	• 운동기능과 체력이 신장 된다. • 자기중심적이다. • 인지적 미성숙으로 인해 세상을 보는 눈이 비논리적이다. • 놀이, 창의력, 상상력이 풍부하다. • 자율성, 자기 통제력이 증가한다. • 친구의 중요성이 증가하지만 가족이 여전히 생활의 중심이 된다.
아동기 (6~11세)	• 신체의 성장이 느려진다. • 체력과 운동기능이 더욱더 신장 된다. • 유아기의 자기중심성이 사라진다. • 기억력과 언어기능이 증가한다. • 자아개념이 발달한다. • 친구가 생활의 중심이 된다.
청년기 (11~20세)	• 신장과 체중이 급격히 성장하고 체형이 변화한다. • 성적 성숙이 이루어진다. • 추상적 사고가 가능하다. • 청년기의 자기중심성이 나타난다. • 자아정체감의 확립이 심각한 문제로 대두된다. • 또래집단이 형성되고 그 영향력이 커진다.
성년기 (20~40세)	• 신체적 건강이 최고조에 달하다가 서서히 감퇴하기 시작한다. • 지적 능력이 더 복잡해진다. • 친밀한 관계가 이루어진다. • 대부분의 사람들이 결혼하여 부모가 된다. • 직업을 갖게 된다. • 자아정체감이 계속해서 발달한다.

단 계	주요 발달 내용
중년기 (40~60세)	• 신체적 건강과 정력이 감퇴하기 시작한다. • 여성들은 폐경을 경험한다. • 지혜와 실제적 문제해결 능력은 증가하지만 새로운 것에 대한 문제 해결 능력은 저하한다. • 자녀를 돌보고 부모를 봉양하는 이중의 책임감으로 인해 스트레스가 발생한다. • 자녀들이 집을 떠나고 빈 둥지 증후군이 나타난다. • 삶의 의미를 찾는 것이 매우 중요한 일로 생각된다. • 중년기의 위기가 닥쳐 올 수 있다.
노년기 (60세 이후)	• 신체적 능력이 다소 감퇴하지만 대부분의 노인들은 건강하고 여전히 활동적이다. • 반응시간이 더디어져 여러 가지 기능에 영향을 미친다. • 지적 능력과 기억력이 감퇴한다. • 은퇴로 인해 수입은 감소하지만 여가시간은 많아진다. • 다가오는 죽음에 대비하여 삶의 목적을 찾을 필요가 있다.

출처 : 정옥분(2008), 발달심리학, 서울: 학지사, pp.24-25 재인용.

1) 난체기

난체기는 수정에서부터 수정체가 나팔관을 거쳐 자궁벽에 착상하기까지 2주간의 시기에 해당된다. 수정체가 자궁벽에서 착상함으로써 전 태내발달과정을 통해 지속될 모체와의 밀착된 의존관계가 시작된다.

2) 태내기

모체의 자궁에 착상된 순간부터 출산하기 까지를 태내기라 하며, 태아가 잉태되어 어머니 뱃속에 있는 약 9개월 기간을 말한다. 난체기를 지난 세포는 빠른 속도로 성장하며 하나의 생명체를 이룬다. 태내기는 약 9개월간의 기간이지만 인간의 기본적 신체구조와 기관이 형성되는 시기이므로 인간발달의 초석이 되는 매우 중요한 시기이다.

또한 출산 시까지 태아가 성장에 필요한 모든 영양분을 전적으로 모체가 섭취하는 영양에 의존하므로, 모의 영양 상태는 태아의 발달에 결정적인 영향을 미치는 태내환경이 된다. 모체의 영양이 부족하면 유산과 사산의 가능성이 높고, 발육이 늦으며 신체적으로 기형이 될 확률이 크다. 특히 임신초기 영양의 결핍은 뇌와 신경계의 발달에 지장을 초래하므로 태내기간동안 모체로부터 받는 영양공급은 태아 발달에 매우 중요한 영향을 미친다.

3) 영아기

태아가 출생한 후 24개월 까지를 영아기라 한다. 영아기 중 출생 후 첫 1개월을 신생아기라고 하며, 이 기간 동안 무력한 존재인 영아는 하나의 독립된 개체로서 성장할 준비를 하게 된다. 특히 신생아기는 태내환경과 너무도 상이한 새로운 환경에 적응해야 하므로 매우 중요한 의미를 갖는다.

영아기는 인간발달의 여러 영역에서 매우 급속한 성장이 이루어지며, 무력한 존재에서 스스로 뛰어다닐 만큼 빠른 속도로 신체발달이 이루어지는 시기이다. 또 다른 사람과 의사소통이 이루어질 만큼 언어능력도 발달한다.

부모와의 애착관계 형성에 따라 사회성 발달에 영향을 미치는 시기이며, 인지발달을 촉진시키기 위해 여러 감각에 대한 자극들이 필요한 시기이다.

그러므로 영아기에 부모와의 정상적인 애착이 형성되도록 무조건적인 사랑으로 돌보아야 하며, 인지발달에 필요한 자극이 주어지도록 환경을 조성 해주어야 한다.

4) 유아기

유아기는 2세부터 6세 사이를 유아기 또는 학령전기라고 한다. 6세에 이르기까지의 어린 시기를 말하며, 자기중심성, 구체성, 정서성의 특징을 가진다. 전기에는 일상어의 습득, 생활 습관의 확립 등이 이루어지고, 후기가 되면 개성이 뚜렷해진다. 유아기에는 인지 능력이 발달하고 상상과 환상이 풍부해지는 시기이며 주변 환경에 대한 탐색 활동이 활발해지고 많은 어휘를 습득하여 다른 사람과 의사소통도 활발해 진다.

이 시기는 지속적 성장기로서 발육이 왕성하고 운동이 활발하므로 영양공급이 매우 중요하며 충분한 수면이 필요하다. 신체의 소화·흡수 능력이 아직 미숙하며, 식사 행동도 자립하려는 단계이다. 유아기의 식습관은 성인기 건강의 밑거름이 되므로 이 시기는 중요한 식습관의 확립기라 할 수 있다. 유아의 풍부한 식생활은 신체적 성장과 발달뿐만 아니라 정서적, 지적 발달을 촉진한다.

이 시기의 식품선택과 섭취량은 음식의 종류와 양 뿐만아니라 식사분위기, 형제, 자매, 친구, 부모, 그리고 아이의 생활에 영향을 줄 수 있는 다른 어른의 태도에 따라 결정된다. 이 시기에는 아이에게 식사준비를 할 때 돕도록 함으로써 식사에 대한 올바른 태도를 형성하게 하고 영양인식을 높이는 것도 좋은 방법이다. 신체성장이 꾸준히 계속되고 도덕관념이 발달하며 모방과 성역할을 구분하고 활동이 증가되는 시기이다. 이 시기에 식사시간은 사회적 관점에서 중요한데 사회화와 성역할 구분의 중요한 시간이 된다.

초등학교에 입학하기 전까지의 유아기는 생애의 출발이라는 점에서 매우 중요한 시기로 이 시기에 겪었던 경험이나 심리가 인생을 내내 지배하는 경우가 종종 있다.

5) 아동기

아동기는 6-11세 사이의 시기로 학교 교육을 통하여 필요한 지식과 기술을 습득하게 된다. 생활의 중심이 가정에서 학교로 옮겨감에 따라 또래 집단의 비중이 점차 커지게 되고, 학교 생활을 통해 사회적 관계를 형성하게 된다. 아동기의 발달특성은 다음과 같다.

(1) 신체적 발달

유아기에 비해서 신체발달이 느려지는 반면 신체에 대한 자기통제력이 높아진다. 이 시기가 되면 대부분의 운동기술 습득을 완수한다. 10~11세경에 사춘기로 진입하며 급성장을 경험한다. 자기의식이 높아지며, 급성장에 따른 창피감도 증가한다. 아동기의 신장·체중·흉위(胸圍)의 발육은 연령에 따라 증가한다. 10~11세부터는 여아(女兒)의 발육이 남아(男兒)보다 빠른데, 이것은 여아 쪽이 조숙하기 때문이다.

이 시기에는 신장의 증가가 현저하며, 체중의 증가도 현저하다. 특히 영구치(永久齒)의 발생은 아동기에 들어서서 눈에 띄는 골격 발달의 표시이다. 근력의 발달에 있어서는 전신적인 근육운동이 8~10세경까지 현저하게 발달하며 달리기·뜀뛰기·던지기 등의 운동력이 발달한다.

(2) 인지적 발달

인지적으로 볼 때 5-7세는 전조작기에서 구체적 조작기로 전환하는 시기이다. 8세쯤에는 구체적 조작기에 이르는데 가역성(모양이 달라져도 양이나 무게가 같은 성질), 상보성, 정체성, 분류 개념 등을 이해할 수 있다. 논리적 사고와 문제해결력도 증가한다. 그러나 아직은 추상적으로 추론하고 다양한 가능성을 고려하지는 못한다. 이 시기에는 질문하고 탐구하고 행동해 봄으로써 학습하는 시기이다. 언어능력이 현저하게 발달하고 추상적 개념의 이해가 증가하며 어휘력이 크게 증가 한다.

인간의 지적인 능력의 발달은 아동기에 뚜렷하게 나타난다. 아동기를 학동기라고도 하는 것은 이 때문이다. 언어의 발달에 있어서 화어(話語)는 유아기(幼兒期) 때 대개 기초적인 발달을 이루지만, 초등학교에 입학할 때쯤이면 약 5,000개의 어휘를 구사하게 된다. 6학년이 되면 어휘는 두 배로 늘고, 문장의 표현 능력은 4학년에서 5, 6학년의 순으로 현저하게 발달한다. 또 기억력과 사고력도 현저하게 발달한다. 즉, 기계적인 기억의 발달은 8~10세경에 절정에 도달한다. 또 8세 이하에서는 청각적 기억이 우세하지만, 9세가 되면 시각적 기억이 우세하게 발달한다.

(3) 자아(self)의 발달

아동기에는 자기이해가 증가한다. 자신을 다양한 능력을 지닌 사람으로 기술할 수 있고 내적 통제소재가 발달하기 시작한다. 내적 통제 소제란 어떤 사건이나 결과에 대한 원인을 밖에서 찾기보다 자신의 내면에서, 혹은 자기 자신에게서 찾는 것을 말한다.

이 시기에는 자신을 다른 아동들과 비교하는 일이 잦기 때문에 자기 비판적이고 열등감에 빠지기 쉽다. 이러한 아동들은 자기 존중감(self-esteem)이 감소된다. 특히 주목할 것은 또래의 피드백에 매우 민감한 시기여서 새로운 것을 시도하려하지 않는 경향성이 있다는 것이다. 에릭슨(Erickson)의 발단단계 이론에서 볼 때 이 시기는 자기신뢰와 자기불신의 단계이다.

(4) 사고(思考)의 발달

아동기에는 사고(思考)의 발달에도 현저한 전환이 이루어진다. 즉, 초등학교 1, 2학년까지는 자기중심성이 사고의 특징을 이루고 있지만, 8~9세경이 되면 자기중심적인 경향이 없어지고 주위의 세계를 객관적으로 이해하게 된다. 지적인 기능의 발달에 대해서 보면 몇 개의 사물로부터 공통되는 특징을 뽑아내는 것 같은 추상작용(抽象作用)이 9~10세경부터 발달하기 때문에 12세경이면 추상개념을 파악할 수 있게 된다. 또한 10세경이 되면 상당한 수준의 추리작용도 가능하게 되므로, 추상, 추리 등의 작용을 기초로 하여 비판이나, 새로운 것을 만들어내는 창조적 사고 등이 현저하게 발달한다.

(5) 정서적 발달

정서의 발달은 5세경까지 분화(分化)가 이루어져서, 10~11세경이면 일단 정리가 된다. 전체적으로 보면 정서의 표현이 억제되는 곳에서 우선적으로 발달하게 되는 것을 볼 수 있다. 즉, 우는 표현이 억제되어 입술을 깨물고 참는 것으로 변하는 것이다. 또 전체적으로 발달함에 따라 감수성에도 변화가 오게 된다. 유아기에는 이해되지 않고 무서워하지 않았던 상상의 생물, 예를 들면 유령 등에 대하여 무서움을 느끼게 된다.

정서의 표현인 울음에 대해서도 10세 이후에는 그다지 울지 않고 어른스러워지는 것을 볼 수 있다. 죽음의 공포, 도덕적 부정에 대한 분노 등과 애정, 웃음, 유머 등에 대해서도 어른스러워지는 것을 볼 수 있다. 이와 같이 정서의 발달이 10세경에는 침착한 상태에 도달하는 것을 알 수 있다.

(6) 사회적 발달

아동기의 초기인 8~9세경까지는 유아기의 연속으로서 자기중심성이 남아 있으므로 사회생활에 있어서도 개인주의에 속해 있다. 즉, 개인적인 놀이나 2~3명 정도의 작은 집단으로 노는 일이 많지만, 8~9세경을 지나면 본격적인 사회생활이 시작된다. 이 무렵부터 12~13세경까지가 갱에이지(gang age, 徒黨時代)로서, 대개의 경우 8~9명 정도의 벗을 만들어 그들과 매우 긴밀한 사이가 되어 항상 행동을 같이하고 서로 감싸주며, 때로는 비밀인 공동재산이나 집합장소가 있기도 하고 은어를 쓰기도 한다.

이와 같이 아동기에는 또래들과의 공동생활에 몰입하는 시기이다. 그래서 이 시기에 잘못하면 집단적인 비행(非行)에 빠지기도 하므로 또래들과의 사귐을 좋은 방향으로 지도하는 것이 중요하다. 스승이나 어버이에 대하여 8~9세까지는 절대적으로 믿고 의지하지만, 10세경부터는 지적 발달에 있어서 객관적인 견해가 생겨 심각한 비판을 하게 된다. 그러므로 이 시기에는 권위나 억압으로 다루기 힘들게 되므로 민주적인 방식으로 지도를 해야 한다.

6) 청년기

청년기는 중학교 시기부터 20대 초 까지를 말하며 청년 초기를 청소년기라 부르기도 한다. 청년초기에는 중학교 시절로 사춘기의 변화가 일어나며, 청년 후기에는 이성교제, 자아정체감 문제, 직업에 대한 관심사가 늘어난다.

청년기의 발달적 특징들은 다음과 같이 나타난다.

(1) 신체적 발달

인간의 신체적 성장과 성숙은 청년기에 거의 완성되기 때문에, 이 시기에는 최상의 신체적 상태를 유지한다. 청년기는 전 생애에 있어서 체력이 절정에 달하고, 활기와 힘이 최고 수준을 유지하는 시기로서, 골격의 발달은 17~21세 경에 완성되며, 신체적 수행능력은 19~26세 사이에 정점에 도달한다(송명자, 1994: 53-73). 그리고 생식기관, 운동능력, 근육과 내부기관의 기능도 최고조에 달한다(이인정, 2004: 125-142). 이 시기에 섭식행위, 운동, 흡연과 음주, 약물 사용, 스트레스 및 성, 연령, 결혼상태, 사회경제적 지위 등이 건강상태에 영향을 미치긴 하지만, 만성질환이나 손상으로 인하여 생활에 제한을 받는 사람은 1%정도도 되지 않는다(Troll, 1985: 23-25).

(2) 감각 및 인지발달

감각기관 역시 청년기에 가장 예민한데, 시력은 20세경이 가장 좋으며, 청력은 25세 이후부터 뚜렷이 감소하며, 미각과 후각, 통각 등도 최고 수준에 이르게 된다. 청년기의 인지발달에 대해서는 아직 학자들 간에 합의에 이르지 못하고 있다. Piaget는 청소년기에 형식적 조작사고가 발달한 이후에는 인지발달이 거의 이루어지지 않는 것으로 보았지만, 최근 이에 대한 비판이 제기되면서 기계적 암기나 지적 과제의 수행속도 등은 10대 후반이 가장 뛰어나다는 것이 밝혀졌다. 하지만 판단, 추론, 창의적 사고 등은 청년기는 물론 전 생애를 통하여 발달하는 것으로 보는 견해가 우세해지고 있다.

쉐이(Schaie)는 청소년기까지는 생활에 필요한 지식을 습득하는 단계이며, 이 시기에 사회 참여에 필요한 지식과 정보, 기술을 습득한다고 하였다(Schaie & Willes, 1993: 44-55).

(3) 자율성 발달

청년기는 대학진학, 군 입대 또는 취업 등으로 부모와 지리적으로 분리되어 생활하는 경우가 많아진다. 청년기에 부모로부터 독립하여 자립적 생활을 영위하기 위해서는 먼저 사회적으로 요구되는 기술을 습득하여야 한다. 즉, 신변처리와 같은 일상생활능력, 신체적 성숙, 자율적 판단을 내리고 이에 따라 행동할 수 있는 능력의 발달이 선행되어야만 부모나 가족으로부터 독립하여 생활할 수 있게 된다.

청년들은 이러한 자아의 적응과정을 통해 부모에 대한 오이디푸스 콤플렉스적 집착과 의존에서 벗어나 부모로부터 독립하는 중요한 발달을 이루게 된다. 이러한 청년기 발달기제를 2차 개체화과정(second individuation process)이라 한다. 1차 개체화는 태내에서 출산할 때 이루어진다.

이와 같이 청년기의 진정한 독립은 부모와 분리되는 것에 대한 불안의 극복, 경제적 확실성 그리고 자율적 의사결정능력의 보유 등과 같은 신체, 심리, 사회적 영역 모두에서 분리가 가능할 때 이루어진다. 청년기에 부모로부터 분리, 독립하여 자율성을 찾는 과정에서 대부분의 청년들은 양가감정을 갖게 된다. 즉, 부모로부터의 독립에 대한 갈망과 함께 부모로부터 분리되는 것에 대한 불안감을 동시에 갖는다. 청년들은 이러한 부모와의 분리에서 오는 불안감을 극복하기 위하여 동년배 집단의 지원에 의존하고 집단의 규범과 기준에 동조하기도 하지만, 진정한 자율성을 확보하기 위해서는 동년배 집단으로부터도 분리되어야 한다.

따라서 부모가 청년의 분리와 독립에 대해 어떠한 태도를 보이는가는 매우 중요한데 어떤 부모는 이러한 청년의 양가감정을 최소화하고 자율성 획득을 지원하기 위해서 자녀들에게 부과하던 금지나 제한을 줄이고, 가족의사결정에 자녀의 참여를 격려하고, 자녀를 독립된 개인으로 인정해 주는 데 반해 이와는 반대로 어떤 부모는 청년기에 자녀가 집을 떠나는 것을 금지하고, 지속적으로 보호하려 하거나 자녀의 행동에 많은 제한을 가하기도 한다. 이럴 경우 청년들은 부모로부터 분리되지 못하고 영원히 부모의 자녀로 남아 있거나, 부모와 적대적 관계를 형성하고 빈번한 갈등을 일으키기도 한다.

(4) 애정발달

청소년기의 이성에 대한 관심은 청년기가 되면서 인생의 동반자를 구하는 사랑으로 변화해 간다. 스턴버그(Sternberg)는 이러한 사랑에는 친밀감, 열정, 전념 혹은 헌신의 세 가지 요소가 있다고 하였다. 친밀감은 사랑의 정서적 요인으로서 상호이해, 격의 없는 친밀한 대화, 정서적 지원 등을 포함한다. 열정은 사랑의 동기유발요인으로서 신체적 매력, 성적 욕망 등을 포함한다. 전념 또는 헌신은 사랑의 인지적 요소로서 애정적 관계를 유지하기 위한 약속과 책임감을 의미한다. Sternberg는 사랑의 세 가지 구성요소가 얼마나 강하게 나타나는가에 따라 사랑을 다음과 같이 네 가지 유형으로 구분하고 있다(Sternberg, 1986: 119-135).

첫째, 아가페 사랑이 있다. 이 사랑은 희생적인 사랑으로 부모가 자식을 사랑하는 것과 같은 사랑을 말한다. 이 사랑의 관계에서는 사랑을 베푸는 사람이 늘 손해를 보아도 아깝지 않다. 오히려 손해 보는 것을 기쁘게 생각한다.

둘째, 필레오 사랑이다. 이 사랑은 친구와의 사이에서 나누는 우정을 말한다. 친구들과 우정을 나누면서 마음을 나누고, 뜻을 나누고, 경험을 나누는 사랑이다. 그러면서 점점 더 친밀감을 느끼게 되는 사랑이다.

셋째, 스톨게 사랑으로 본능적인 사랑을 말한다. 형제 자매간이나 친구 사이에 시간이 흐르면서 서서히 무르익어 가는 사랑을 말한다. 그래서 이 사랑을 일명 우애적 사랑이라고도 한다.

넷째, 에로스 사랑으로 남녀 간의 사랑을 말한다. 이 유형의 사랑은 남녀가 만나 첫눈에 반하여 사랑하는 경우도 있고, 사랑에 빠지는 속도도 빠르기 때문에 감정이 강렬해서 생활의 균형을 잃기 쉽다. 그러나 조건적인 사랑일 수도 있으므로 남녀가 서로 주고받는 것을 원한다(반신환·유옥, 2011: 159-160).

또한 정옥분(2004)은 사랑의 유형을 이타적 사랑, 낭만적 사랑, 동반자적 사랑, 성적 사랑으로 구분하고 있다. 먼저, 이타적 사랑은 '부모의 자녀에 대한 사랑'처럼 사랑하는 사람의 행복에 역점을 두는 사랑으로, 자신이 아끼는 사람을 위해 희생하고 봉사하면서도 이에 대한 대가를 요구하지 않는 사랑을 말한다. 낭만적 사랑은 '로미오와 줄리엣'처럼 첫눈에 반하는 사랑으로 이성보다 감성이 우위를 차지하고, 상대방을 미화하며 강렬한 개인적 동화의 감정이 일어나고, 소유욕이 강하여 상대방에게 많은 요구와 기대를 하는 비현실적이고 이상적인 사랑이다. 동반자적 사랑은 친구와 같은 반려자적 감정을 갖는 사랑으로서, 이성적이고 감정을 억누를 수 있으며, 상대방에 대한 요구가 과도하지 않고, 현실을 그대로 받아들여 서로 협조하고 보완하는 사랑이다. 성적 사랑은 사랑의 궁극적 목표가 성적 만족이라 생각하고, 서로의 성적인 경험이 깊어질수록 정신적으로도 사랑이 깊어 가는 것으로, 결혼관계에서만 허용되는 사랑이다(정옥분, 2004: 155-274).

(5) 도덕성 발달

❶ Kohlberg의 도덕성 발달이론

콜버그(Kohlberg)는 도덕성발달을 모든 문화권에 보편적인 합리적 사고능력과 정의 판단 능력으로 보았다. 청년기는 전반적으로 인습수준의 도덕적 사고를 갖는 시기로 대부분의 청년들은 자신이 속한 사회의 규칙, 기대 관습을 준수하고 이에 동조하는 것을 정의로 생각한다.

20세가 넘어 청년후기에 들어서면 일부 청년들은 인습이후의 단계에 이른다. 인습이후 수준에 들어서면 개개의 사회적 규칙과 관습을 준수하기보다는 이들 규범의 기초가 되는 일반적 도덕원리를 추론하고 받아들인다. 만일 특정 사회의 규칙이 이러한 보편적인 도덕원리와 갈등을 일으키면 인습이후 수준에서는 인습보다 도덕적 원리에 의해 판단하고 행동하려는 경향을 보인다. 그런데 콜버그(Kohlberg)의 도덕성 발달이론은 주로 남성을 대상으로 함으로써 도덕성의 합리적 측면만을 다룬 제한된 이론이라는 비판을 받았다(Kohlberg, 1976: 343-354).

❷ Gilligan의 배려지향이론

길리건(Gilligan)의 배려지향이론에 의하면 도덕성 판단은 근본적으로 상이한 두 측면을 공유한다. 하나는 남성의 도덕적 사고의 주류를 이루는 정의 공정함, 공평성, 합리성의 문제에 대한 도덕적 사고와 판단의 이론이다. 다른 하나는 여성에게 강하게 보이는 인간관계 속에서 타인을 배려하고, 타인의 요구에 민감하게 반응하며, 타인과의 관계를 고려하는 도덕적 사고를 중시한다는 이론이다(Gilligan, 1977: 481-517).

이러한 도덕성은 추상적인 도덕적 원리보다는 인간에 대한 책임을 강조하며, 타인에게 해를 끼치거나 폭력을 행사하는 것을 피하고, 자신을 희생하더라도 인간관계를 유지하고자 하는 강한 대인간 배려지향성을 갖는다.

(6) 성역할 정체감 확립

청년기에 우선적으로 성역할과 관련된 정체감을 형성하여야 성년기에 사회적 역할을 적절히 수행할 수 있게 된다. 성역할 정체감이란 사회가 특정 성에 적절하다고 인정하는 특성, 태도, 흥미와 동일시하는 과정으로 성에 따른 사회의 역할기대를 내면화하는 과정이다.

현대사회에서는 남성은 남성다워야 하고, 여성은 여성스러워야 한다는 전통적 성역할 기대에 많은 변화가 초래되고 있다. 그러므로 남녀를 불문하고 현대사회에서는 전통적으로 여성의 고유한 특성으로 간주되는 온화함, 이해심, 부드러운 감정표현 뿐만아니라 모험심, 지성, 야망, 성취 등과 같은 남성적 특성을 고루 갖추는 것이 보다 바람직하다는 주장이 우세해지고 있다(Bern, 1971: 75-78).

(7) 직업선택과 준비

청년기에 성취해야 할 가장 중요한 발달 과업은 직업을 선택하고 이에 따른 준비를 하는 것이다. 청년기에는 직업선택에 따라 성년기의 삶의 방식이 결정될 것이라고 인식하고 있기 때문에, 직업선택에 신중을 기하고 자신이 원하는 직업을 갖기 위하여 노력해야 한다.

슈퍼(Super)는 직업선택이 직업과 관련된 자아개념의 발달과 밀접한 관련성을 지니고 있다고 보고, 직업관련 자아개념의 발달을 8단계로 구분하여 설명하고 있다(Super, 1990: 161-175). Super에 의하면 청년기에는 자신이 갖기를 원하는 직업의 범위를 축소하고, 이러한 직업을 얻기 위한 기술훈련을 받고, 직업의 세계로 진입하는 시기라고 할 수 있다.

〈Super의 직업관련 자아개념의 형성단계〉

- 제1단계 : 결정화 단계(14~18세)

  직업에 대한 막연하고 일반적인 생각을 갖고 있다가 점차 자아정체감이 발달함에 따라 직업정체감도 동시에 발달한다.

- 제2단계 : 구체화단계(18~21세)

  다양한 직업과 직업세계에 대해 더 많은 정보를 갖게 되며, 직업에 대한 생각이 보다 구체화 되지만 하나의 직업을 선택하는 것은 다른 가능성을 배제한다는 인식을 갖게 된다.

- 제3단계 : 실행단계(20대 초반)

  한두 가지의 직업을 시험해 보거나 전문 직종에 첫발을 들여놓지만, 실제 직업생활에 직면하면서 어떤 직업을 선택하기 전에 마음을 바꾸기도 한다.

- 제4단계 : 확립단계(20대 후반)

  자신이 선택한 직업 분야에서 발전이 이루어지고, 자신의 직업을 자아개념의 일부로 간주하기 시작한다.

- 제5단계 : 강화단계(30대 중반)

  이전 단계의 전문지식이나 기술에 기초하여 자신의 분야에서 가능하면 더 빨리 더 높은 지위에 오르기 위하여 노력한다.

- 제6단계 : 유지단계(40대 중반)

  자신의 직업분야에서 높은 지위를 획득하게 되고, 전문가가 된다.

- 제7단계 : 쇠퇴단계(50대 후반)

  은퇴시기를 인식하면서 일의 양을 줄이고, 신체적으로나 정서적으로 직업에서 자신을 분리하기 시작한다.

- 제8단계 : 은퇴단계(50대 후반 이후)

  대부분이 직장에서 은퇴하고, 직업 이외에 자신이 만족할 수 있는 새로운 역할을 찾게 된다.

긴즈버그(Ginzberg)는 직업선택을 아동기부터 성인기에 걸쳐서 이루어지는 개인적 선호를 최적화하는 과정이라고 하면서, 직업선택의 과정을 환상적 시기, 시험적 시기, 현실적 시기로 구분하고 있다. 환상적 시기는 개인적 소망에 근거하여 직업을 선택하고 개인의 능력, 훈련, 직업적 기회 등에는 관심을 두지 않는 시기로서, 주로 아동기에 해당한다. 시험적 시기는 청소년기에 해당하는 시기로서 직업에 대한 흥미, 능력, 교육, 가치관인생 목표 등을 고려하며, 현실적인 문제를 함께 고려하여 직업을 선택하고자 한다. 현실적 시기는 청년기부터 성년기에 해당하는 시기로서, 특정 직업에 필요한 훈련, 자신의 흥미나 재능, 직업 기회 등을 현실적으로 고려하여 직업을 선택한다(Ginzberg, 1990: 205-210).

청년기의 직업선택과정에 영향을 미치는 요인은 가족적 요인, 사회 관습적 요인, 상황적 요인, 사회경제적 요인, 개인적 요인, 심리사회적 요인 등 매우 다양하다(O'Neil, 1980: 261-274).

청년기에 자신에게 맞는 직업을 선택하기 위해서는 이러한 영향요인에 대한 심사숙고 과정이 뒤따라야 하겠지만, 무엇보다도 중요한 것은 자신의 능력, 흥미, 그리고 자아기대라고 할 수 있다. 그리고 청년기의 직업선택에 있어서 중요한 또 다른 요인은 직업에 대한 정확한 정보가 있어야 한다는 점이다. 또한 직업을 선택함에 있어서는 자신의 성격적 특성에 적합한 직업을 선택하는 것이 바람직하다.

홀랜드(Holland)는 성격유형에 따라 선호하거나 적합한 직업을 다음과 같이 제시하고 있다(Holland, 1985: 143)

① 현실적 유형 : 개인의 경제능력, 외모 등 외적 특성을 중시하며, 사물, 도구, 기계, 동물을 다루는 직업을 선호한다(예: 기계공, 농부).

② 탐구적 유형 : 지적으로는 자신만만하지만 지도자로서의 능력은 부족하다. 새로운 아이디어, 문제해결, 과학적 활동 관련 직업을 선호한다(예: 과학자, 의사, 작가).

③ 예술적 유형 : 직관적이고 독창적이며, 다른 사람에게 동조하기 싫어하고 언어, 미술, 음악, 연극 활동과 같은 직업을 선호한다(예: 화가, 음악가, 영화감독).

④ 사회적 유형 : 타인을 이해하고 돕기를 좋아하며, 지도력이 있다. 사람들과 함께 생활하고 일하는 직업을 선호한다(예: 사회복지사, 목회자).

⑤ 기업가적 유형 : 다소 공격적이나, 인기 있고 사교적이며, 자신만만한 지도력을 겸비하고 있다. 경제적 성공과 조직목표달성을 위해 다른 사람을 다루는 직업을 선호한다(예: 정치가, 사업가).

⑥ 관습적 유형 : 질서정연하며, 동조적이고 수리 및 사무능력을 겸비하였다. 구조화된 환경 안에서 정해진 계획에 따라 일을 처리하는 직업을 선호한다(예: 사무원, 은행원).

7) 성년기

성년기는 20세부터 40세 까지를 말하며, 신체적 건강이 최고조에 달했다가 점차 감퇴하기 시작하는 시기이다. 이 시기에는 직업을 갖는 것은 물론 결혼을 해서 부모 곁을 떠나 자녀를 낳아 기르는 등 매우 중요한 변화를 겪는 시기이다. 성년기의 발달적 특징들을 살펴보면 다음과 같다.

(1) 신체적 발달

청년기부터 성년기는 신체적 건강상태와 신체적 힘이 최고조에 달해 있는 시기로서 중년기에 건강수준이 쇠퇴할 때까지 이러한 건강상태는 지속된다(Specht, 1986: 162-165). “건강은 건강할 때 지켜야 한다.”는 말이 있듯이 성년기에 이러한 신체적 건강상태를 유지하기 위해서는 규칙적인 운동과 적절한 영양공급이 필요하다. 규칙적 운동을 하고 적절한 영양공급을 하였을 경우에는 신체적 기능과 건강을 유지할 수 있지만, 그렇지 않을 경우에는 건강수준이 점점 쇠퇴하게 된다. 특히, 과도한 스트레스, 흡연과 음주, 약물사용 등은 성년기의 건강유지에 매우 해로운 요소다.

(2) 성년기의 인지발달

리겔(Riegel)은 성인기에도 인지발달은 지속적으로 이루어진다고 하였다. 성인기의 사고수준은 청소년기의 형식적 조작 사고와는 달리 창의적 사고, 확산적 사고, 새로운 문제해결 방안의 발견을 특징으로 하는 문제 발견적 사고가 발달한다고 하였다. Riegel은 성인기의 사고는 형식적 사고가 아닌 성숙한 사고로서, 어떠한 사실이 진실이 될 수도 있고 진실이 아닐 수도 있다는 점을 인식하는 변증법적 사고가 발달한다고 하였다. 즉, 변증법적 사고는 비일관성과 역설이나 모순을 잘 인식하고 정과 반으로부터 합을 이끌어 내는 사고이다(Riegel, 1973: 346-370).

습득단계를 지나 성취단계에 해당하는 성년기에는 더 이상 지식을 습득하지 않고 자신의 인생목표에 적합한 과업에 최선을 다하려고 한다. 그리고 책임단계인 중년기에 배우자나 자녀의 욕구 충족에 대한 책임과 직업인으로서 그리고 지역사회의 일원으로서 책임을 이행하는 데 최선을 다하려고 한다. 이러한 실행단계에서는 적합한 기술의 발달과 실행이 허용되는 기회를 얼마나 갖느냐에 따라서 인지발달이 결정된다고 보고 있다.

페리(Perry)는 청소년기의 사고가 흔히 흑백논리에 의해 좌우된다면, 성년기에는 이러한 이원론적 사고에서 벗어나서 다원론적 사고로 옮겨 간다고 하였다. 이때 다원론적 사고는 지식이란 절대적이고 불변하는 것이 아니라 여러 개의 타당한 견해 중 하나라는 사실을 이해하는 사고능력이다. 이러한 다면적 사고는 자신의 의견이 타인의 주장에 의해 논박당하거나 부적합한 경험이 누적되면 상대적 사고로 바뀌게 된다(송명자, 1992: 65-80). 상대적 사고는 대부분의 지식과 의견은 절대적인 것이 아니라 상황에 따라 바뀔 수 있다는 진리의 상대성을 이해할 수 있는 사고 능력이다.

인간의 인지발달은 대략 25세경부터 하강곡선을 그리는 것으로 알려지고 있다. 그러나 연령의 증가에 따른 인지기능의 쇠퇴가 거의 없거나 매우 적으며, 인지지능의 쇠퇴가 있다고 하더라도 종류에 따라 변화의 정도는 다르다는 주장도 있다(김태현, 1994: 213).

호른(Horn)은 성년기의 지적능력을 결정성 지능과 유동성 지능으로 구분하여 살펴보아야 한다고 주장하였다. 결정성 지능은 학교 교육이나 일상생활에서의 경험을 통해 얻게 되는 지능이며, 어휘력, 일반상식, 사회적 상황에 대한 반응 등이 속한다. 이에 반해 유동성 지능은 타고난 지능으로 생물학적으로 결정되며 경험이나 학습과 무관한 것으로, 공간지각, 추상적 추론, 지각속도 등을 포함한다. 이러한 두 가지 지능은 절정에 달하는 시기가 각기 다른데, 유동성 지능은 10대 후반에 절정에 도달하고 성년기부터는 점차 감소하는 반면 결정성 지능은 성인기의 교육경험의 결과로 생의 말기까지 지속적으로 증가한다(Horn, 1980: 138-142).

디콘(Dixon)은 감각, 지각과 같은 기계적 지능은 연령이 증가하면서 감소하는 반면 일상생활이나 직업 활동, 문제해결에 필요한 실용적 지능은 생물학적 요인이 아니라 문화적 요인이 영향을 받기 때문에 연령이 증가하면서 오히려 증가한다고 하였다(Dixon, 1986: 163-168).

창의성이 연령이 증가함에 따라 줄어드는 것처럼 인식하는 경우가 많지만 실제로 창의성은 성년기에 절정에 달한다. 도랜드(Dorland)의 '저명인사의 창조성에 관한 연구'에 의하면 25세경에 창조적 발명, 발견, 예술작품을 처음으로 창조해 내고 이로부터 약 10년 동안 최고의 생산성을 보인 것으로 나타났다(김성순, 1990: 162-172).

따라서 성년기의 인지변화를 정확히 판단하기 위해서는 각 개인의 교육수준, 사회경제적 지위, 건강상태 등을 동시에 고려하여야만 한다. 하지만 성년기의 인지발달에 대한 학자들의 주장을 종합해 볼 때, 성년기에는 새로운 지능발달도 거의 일어나지 않으며, 인지기술의 상실도 뚜렷하게 나타나지 않는다(Mitchell, 1980: 182-185)고 결론지을 수 있다.

(3) 친밀감의 발달

성년기의 주요한 심리적 발달과업은 가족과 그 외의 사람들과 친근한 관계를 형성하는 것이다. 이러한 친밀감은 자신의 정체성을 잃을지도 모른다는 두려움 없이 타인과 개방적이고 지지적이며 조화로운 관계를 형성하는 능력이다. 이러한 친밀감을 형성하기 위해서는 감정이입능력, 자기통제능력 그리고 타인의 장단점 수용능력을 갖추어야 한다. 성년기의 친밀감은 주로 결혼을 통해 확립되어 가는데, 결혼이 바로 친밀감으로 이어지는 것은 아니다. 즉, 결혼 초기의 배우자 간의 상호적응에 대한 요구, 자녀출산과 양육, 부모나 친척의 기대 등이 친밀감 형성을 방해할 수 있다(장휘숙, 1998: 121-133).

남성과 여성의 사회화 과정의 차이로 인하여 성년기의 친밀감 형성과정에서는 성에 따른 차이가 존재한다. 남성의 경우에는 사회화 과정에서 독립성, 정서표현 억제, 남성다운 행동을 남성의 덕목으로 수용한 관계로 인해 상호의존적 관계형성이나 정서적 표현력에서 제한을 받게 된다. 이에 반해 여성은 사회화 과정에서 표현적, 양육적, 그리고 지원적 역할을 여성이 수행해야 할 역할로 받아들였기 때문에, 성년기의 친밀감 형성에 보다 유리하다. 그러나 의존적 욕구에서 결혼을 한 여성의 경우 곧 남편에 대해 실망을 하게 되며, 성취욕이 강한 여성의 경우에는 직업생활 때문에 남편과의 친밀한 관계를 형성하기 어려워진다. 그리고 가사나 자녀양육에 몰두하는 여성의 경우에는 무력감, 외로움을 경험할 가능성이 높다.

친밀감의 과업을 성취한 성인은 타인과 아이디어나 계획을 의논하고, 개인적 감정표현도 서로 허용하여, 자신을 가치 있게 여기고 유능한 존재로 인식하게 된다. 그러나 청년기에 자아정체감을 확립하지 못한 성인은 고립감을 형성할 가능성이 높으며, 군 입대, 취업준비, 부부간의 흥미와 취미의 상이성 등과 같은 상황적 요인도 고립감 형성에 기여한다(김태련, 1998: 14-19).

만약 성년기에 고립감이 형성되면, 타인과 친밀한 관계를 형성하는 것이 오히려 자신의 정체감 혼란을 초래할 것이라고 보고, 타인과의 관계형성 자체를 제한하게 된다.

(4) 사회적 발달

❶ 결혼과 부부관계

결혼은 친밀감과 성숙한 사회적 관계를 확립하는 데 매우 중요한 요소다.

이러한 결혼이 이루어지기 전에 성인 남녀는 데이트과정을 통하여 결혼상대자를 만나게 되는데, 데이트관계가 결혼관계로 변화할 수 있는가 없는가 하는 것은 두 사람의 정체감 확립상태와 결혼적령기와 관련된 사회적 시계의 작동에 의해서 결정된다(Gagnon, 1978: 201-210). 확고한 자아정체감을 형성하여 이성과 친밀한 관계를 형성할 수 있는 능력이 있거나 부모나 친지들이 결혼적령기 내에 결혼하기를 기대할 경우 데이트 상대자를 결혼상대자로 선택하게 된다(Newman, 1987: 154-161).

결혼상대자의 선택과 관련하여 유드리(Udry)는 6단계의 여과이론을 주장하고 있다. 결혼상대자를 선택하는 과정에서는 먼저 모든 대상자 중에서 접촉의 기회와 상호작용의 기회가 많은 사람으로 그 범위를 좁힌 후, 그 중에서 서로 매력을 느끼고 끌리는 사람들로 다시 대상의 범위를 좁혀 나간다. 그리고 가깝고 매력을 느끼는 사람 중에서 연령, 교육수준, 종교 등의 사회적 배경이 유사한 사람으로 범위를 더욱 좁히고, 다시 태도나 가치관이 자신과 유사한 사람으로 범위를 좁히며, 그 중 성격상 서로의 단점을 보완해 줄 수 있는 사람 중에서 부모로부터 결혼에 대한 압력을 받고 있거나 스스로 결혼하고자 하는 욕구가 강한 사람 중 한 명을 결혼 대상자로 선택하게 된다. 즉, 결혼상대자의 선택은 상호작용이 가능한 사람, 상대방의 매력, 개인적 특성, 성격, 사회적 배경, 태도와 가치관이라는 세 가지 기준에 입각하여 이루어지게 된다. 물론 결혼상대자 선택에 있어서 이 세 가지 기준 중에서 어떤 기준을 더욱 중요시하는가는 개인에 따라 차이가 있다(Udry, 1971: 1865-1870).

결혼상대자를 선택하고 결혼을 하게 되면, 첫 몇 년간은 상호적응의 과정을 거친다. 수십 년 동안 서로 다른 가족문화에서 성장한 배우자는 일상생활과 관련된 모든 영역에서 서로 간에 타협을 요구하게 된다. 그중에서도 수면, 식사, 욕실사용 등과 같은 기본적인 일상생활과 관련한 사항, 금전 지출, 성생활 및 여가활용, 본가 또는 원 가족과의 관계 등에 대해서도 서로 의논하고 협의하여 행동노선에 대한 결정을 내려야 한다.

그러므로 이 시기에는 서로에게 심리적으로 헌신할 수 있어야 하며, 결혼관계가 허용하는 한계를 인식하여야 함과 동시에 개인적 자유를 허용할 수 있는 사랑이 있어야 한다(송성자, 2002: 3-38). 특히 맞벌이 부부의 경우에는 역할분담의 불확실성으로 인하여 타협의 영역이 훨씬 더 넓기 때문에 더욱 많은 영역에서 상호적응이 필요하다.

만약 결혼 초기에 상호적응의 과업을 성공적으로 이행하지 못할 경우에는 부부관계에 갈등이 많아지고, 이혼하게 될 가능성이 높다. 최근 들어 결혼 5년 이내에 이혼하는 비율이 높아지는 것은 바로 이러한 결혼 초기의 상호적응이라는 과업을 성취하지 못한 결과에 기인한 현상이라 할 수 있다.

결혼한 부부의 결혼만족도 또는 상호작용의 질을 결정하는 요인은 사회경제적 지위와 결혼생활기간, 남편의 심리사회적 성숙도 그리고 부부간의 의사소통유형이다. 첫 번째 요인과 관련하여서는 사회경제적 지위가 높고, 결혼기간이 길수록 부부 사이에 친밀한 관계가 형성될 가능성이 높다(Scanzoni, 1982: 253-258).

그리고 임신, 출산, 가사 등으로 인하여 남성보다 여성이 결혼생활에 더 많은 긴장을 경험하기 때문에, 심리사회적으로 성숙한 남편일수록 부인이 이러한 긴장을 적절히 해결할 수 있도록 더 많은 지지를 해 줄 수 있으므로, 남편의 심리사회적 성숙도가 높을수록 결혼만족도가 높아진다(Barry, 1970: 213-220).

그리고 부부 사이의 의사소통 유형에 따라서는 피상적인 대화를 나누고 상대방의 의견을 수용하지 않으며 정서적 관여 수준이 낮은 관례적 의사소통이나 상대를 전혀 고려하지 않고 자기 의견만을 내세우는 통제적 의사소통을 하는 경우가 있다.

그리고 상대방의 의사를 탐색하고 자신의 의견은 표현하지 않는 탐색적 의사소통 유형을 갖고 있는 부부보다는 상호 간에 자유롭게 의견을 개진하고 상대방의 의견도 수용하는 접촉적 의사소통을 하는 부부의 결혼생활만족도가 더 높은 것으로 나타났다(Hawkins et al., 1980: 258).

이러한 요인에 의해 결정되는 결혼만족도는 가족생활주기에 따라 차이가 난다. 즉, 신혼기인 성년 초기에는 결혼 만족도가 매우 높고 자녀출산과 양육을 하게 되는 성년 후기, 즉 중년기에는 전반적으로 낮아지며, 자녀가 출가 또는 독립한 이후에는 다시 결혼만족도가 높아지는 변화를 보인다(White, 고영성 역, 1986: 106-124).

❷ 자녀양육

부부간의 사랑의 결실인 자녀의 출산은 부부의 삶의 방식과 가족생활에 많은 변화를 초래한다. 많은 사람들이 결혼 초기에 자녀를 갖긴 하지만 최근에는 부부생활의 행복을 유지하고 경제적 안정을 찾기 위하여 자녀출산을 연기하는 경우가 늘어나고 있다.

자녀는 부부간의 사랑을 연결해 주고, 친구가 되기도 하며, 부부간의 외로움을 감소시켜 주기도 하지만 첫 자녀의 임신, 출산준비 등이 결혼생활에 긴장을 야기하고, 결혼만족도나 행복감을 감소시키기도 한다. 그 이유는 부모의 자녀양육기술이 부족하거나 자녀양육방식에 대한 의견차이가 발생할 수도 있으며, 수면부족, 가사와 양육역할 분담문제, 전체 가족관계의 재조정 미흡 등으로 인하여 부부 사이에 갈등이 일어날 수 있기 때문이다.

따라서 자녀출산 이후에도 부부간의 적응상태를 적절히 유지하기 위해서는 부모로서의 역할전환에 대한 준비가 되어 있어야 하며, 육아에 대한 지식을 가지고 있어야 한다. 이와 아울러 부부간의 역할과 책임에 대한 재조정을 포함한 전체 가족생활의 재조정이 이루어져야 한다.

❸ 직업생활

성년기에 속한 대부분의 남성들과 상당수의 여성들에게 있어서 직장생활은 중요한 의미를 지닌다. 직장생활을 하는 성인들은 청년기에 자신에게 맞는 직업을 선택하고 사전 직업훈련도 어느 정도 받았지만 특정 직업을 수행할 수 있는 실질적인 직무기술에 대한 훈련을 거의 받지 못한 상태다. 그러므로 직업생활 초기에는 직업역할 수행에 필요한 여러 가지 훈련들을 받아야 하는데, 직업훈련 기간은 짧게는 몇 주에서부터 길게는 10년 이상을 필요로 하는 경우도 있다.

직업생활을 성공적으로 수행하기 위해서는 자신이 수행해야 할 특정 의무와 관련된 전문지식과 기술을 학습해야 하며, 그 직무에 따르는 지위와 의사결정 과정 등의 권위관계에 대해서도 학습해야 한다. 그리고 직업적 요구사항과 위험요인을 정확히 인식하여 대처능력을 기르고, 직장동료와의 우애로운 상호관계를 형성할 수 있어야 한다.

이러한 직업훈련과정을 충실히 이행하고 자신에게 부여된 직무를 수행하며 그 결과에 따라 만족을 느끼는 정도는 직무특성이나 개인적 특성에 따라 차이가 있다. 하지만 연령이 낮을수록, 특히 30대 이하의 젊은이들이 직업에 대해 불만족하는 경향이 더 강하지만 연령이 증가함에 따라 자신의 직업에 대해 만족을 느끼는 비율이 높아지는 것이 일반적이다(Meier, 1977: 253-258).

성년기에는 이러한 직업생활, 부부관계, 자녀출산과 양육 그리고 친척이나 친구관계와 같은 다양한 생활영역을 고려하여 기본적인 가족생활시간을 결정하여야 하는 시기다. 이러한 가족생활시간을 결정하는 데 있어서 가장 중요한 영향을 미치는 것이 직업생활이다. 특히, 가장이 직업적 요구에 어떻게 반응하는가에 따라 가족의 생활시간이 달라질 수밖에 없다. 직업적 요구를 중시하는 가장은 부부나 자녀와 함께 여가생활을 하는 시간이 적은 반면 직업적 요구보다는 가족생활을 더욱 중시하는 경우에는 가족과의 여가시간이 더 많아진다. 그 외에도 직장동료와의 관계, 친척관계, 친구관계, 이웃관계 등의 생활영역에서 어느 영역에 더 많은 비중을 두는가에 따라 생활시간이 달라진다(김태련, 1998: 38-42).

성년기에는 이와 같이 다양한 역할기대를 재조정해야 하기 때문에, 여러 생활영역에서 갈등이 야기될 수 있다. 따라서 성년기에는 직장뿐만 아니라 부부, 자녀, 친족, 친구 등과 같은 다양한 사회적 관계망의 역할기대를 적절히 조화시켜 나갈 수 있는 능력을 갖추어야 할 것이다.

하지만 맞벌이 부부의 경우에는 사회적 관계망의 역할기대와의 부조화, 역할가중의 문제로 인하여 가족 내에 갈등이 야기될 수가 많다. 특히, 맞벌이를 하는 아내의 경우에는 자녀양육과 집안일, 직업여성으로서의 역할을 동시에 수행하는 과정에서 역할갈등과 역할가중을 경험하게 됨으로써 맞벌이 남편에 비하여 더 큰 어려움을 겪을 수밖에 없다. 이 때 맞벌이를 하는 여성이 아내, 어머니, 직업인 등의 역할을 지나치게 완벽하게 수행하려 할 경우, 슈퍼우먼 증후군을 보이기도 한다(유옥, 2012: 31-38).

8) 중년기

(1) 중년기(中年期)의 정의

학자들 마다 조금의 차이는 있지만 중년기를 보통 40세에서 60세까지의 시기를 말하며, 에릭슨(Erickson)은 생산성 대 침체성의 시기로써 성인이 경험하는 심리사회적 위기라고 정의하고 있다(Erickson, 1958: 83-89).

생물학적인 측면에서는 신체적, 생리적 노화가 시작되어 여성은 폐경기를 겪게 되고 남성들은 갱년기가 나타나 심리적으로 '중년기 위기'를 경험하게 된다. 또한 성적 재생산 능력이 상실되는 시기이며 특히 남성들은 생식 능력을 계속 유지하지만 남성 호르몬의 생산이 감소함에 따라 성기능이 감퇴되는 시기이다. 사회 환경적인 측면에서 보면 직업적 성취와 아울러 사회적 지도세력으로서의 책임과 영향력이 절정에 달한 시기이다.

또한 가족적인 측면에서도 부부관계뿐 아니라 청소년 자녀들과 새로운 유대관계를 맺어 나가는 동시에 부모의 복리에도 책임과 관심을 기울이는 데 중심적인 역할로 등장하는 시기이다.

이와 같이 중년기는 직업세계에서의 막중한 책임뿐 아니라, 자녀양육과 노부모 부양의 이중적인 부담을 안고 있기 때문에 이로 인해 이중의 책임감에서 오는 스트레스가 발생한다. 이와 같은 중년기 시기를 샌드위치 세대(sandwich generation)라 부르기도 하며, 발달적 특징으로 다음과 같은 증상들이 나타난다.

❶ 신체변화

중년기가 되면 노화가 점차 진행되면서 신체적 능력과 건강이 약해지게 된다. 이때 규칙적인 운동과 적절한 영양 섭취가 필요하게 된다.

여성은 40대 후반에서 50대 초반사이 폐경(menopause)을 경험하게 되는데, 이를 갱년기(climacteric)시기라고 한다. 이 시기에 여성이 경험하는 신체적 증상은 얼굴이 붉게 달아오르는 홍조(flushes)현상, 두통, 수족냉증, 구토증, 현기증, 골반통, 피로감, 호흡장애, 골다공증 등을 경험하게 된다.

❷ 심리적 변화

중년기시기에 흔히 겪는 심리적 변화는 불안, 초조, 우울, 자신감 저하, 집중력 감소, 피로, 수면장애 및 성취감의 상실과 같이 부정적인 영향을 줄 수 있다. 특히 여성은 갱년기에 접어들면서 불면증, 우울증 등의 정서적 장애를 경험하게 된다.

남성은 폐경이란 의미는 없지만, 이와 유사한 현상으로 중년의 위기(mid-life crisis)를 경험하게 된다. 이 시기에는 이혼, 결혼외의 관계, 직업의 전환, 사고 등이 일어나기 쉬우며 자살기도의 위험까지도 존재한다. 이것은 생물학적 요인과 심리적 요인이 복합되어 일으키는 현상으로 볼 수 있다.

그러므로 이를 극복하기 위해서는 규칙적인 운동과 여가활동을 통해 능동적이고 활동적으로 건강을 유지하며, 인생주기에 겪게 되는 필연적 과정으로 받아들이고 심적으로 안정을 찾을 수 있어야 한다.

이 시기에 결혼생활과 가정에 대하여 재평가하며 과거와 미래를 생각하고, 그가 성취한 것과 실패한 것에 대하여 생각하게 된다.

(2) 가족생활

❶ 부부관계

중년기에는 대부분이 부부간에 적응과정의 어려움을 극복하고 진정한 동반자로서의 의식을 강화시켜 나가는 시기이다.

뉴만(Newman)은 중년기에 건강한 결혼관계를 유지하기 위한 조건으로 다음과 같이 세 가지를 제시하고 있다.

첫째, 부부는 각자의 개인적인 성장과 부부로서의 성장에 헌신하여야 한다.

둘째, 부부는 효과적인 대화 체계를 개발해야 한다. 직업이나 자녀양육의 역할에 몰두하여 부부간의 상호작용 기회가 감소하게 되면 불화가 생기게 된다.

셋째, 갈등을 창조적으로 활용해야 한다. 각자의 개별성과 동등성을 인정해 주어야 한다(Newman, 1987: 255-258).

이시기에 부부간에 서로 즐거움과 슬픔을 함께 나누며 동반자의식을 가진다면 더욱 부부관계가 강화되는 반면 그렇지 못할 경우 별거나 이혼의 문제가 발생하게 된다.

❷ 자녀와의 관계

중년기가 되면 자녀들이 청소년이나 장년기가 되기 때문에 이들에 대한 지원과 지도가 필요하게 된다. 청소년 시기에 있는 자녀와 효율적으로 의사소통이 이루어져야 하며, 부모는 자녀가 자아개념을 발달시키고 자아정체감을 확립 할 수 있도록 지원해야 한다. 자녀의 학교 교육과 진로선택에 있어서 조언과 지도가 필요한 시기이므로 적절한 지도와 역할이 필요하다.

또한 자녀의 취업과 결혼 문제뿐 아니라 자녀의 분가 후 부모는 물리적, 심리적으로 공허감을 감당해야 하며, 부부관계를 더욱 향상 시킬 수 있도록 노력해야 한다.

❸ 노부모의 부양

중년기에 접어들게 되면 대부분 부모세대가 신체적으로 노화와 질병 등으로 어려움을 겪게 되고, 경제적으로나 심리적으로 자녀에게 의존적이기 때문에 부양자로서의 역할을 수행해야 한다.

최근 들어 가족구조의 변화, 평균가구원 수의 축소, 자녀세대의 노부모 부양의식의 약화, 노인세대의 증가, 여성의 사회참여 증대 등의 문제로 노부모부양의 문제에 직면하게 된다. 이때 중년기에 있는 자녀는 신체적, 정신적, 경제적으로 상당한 부양부담을 느끼기 때문에 가족불화의 원인이 되기도 한다. 이는 앞으로 가족 구성원의 보호를 기반으로 다양하고 체계적인 사회복지 정책과 사회복지 실천의 접근을 통하여 해결해 나가야 할 과제이다.

(3) 직업생활

❶ 직업안정

이 시기에는 그들의 직업적 야망을 달성하였거나, 처음에 기대했던 만큼 못 미치더라도 거기에 정착하게 된다. 중년기에는 자신의 직업에서 성공하는 경우 경제적으로 여유가 생기게 되고, 많은 영향력을 행사하며, 존경을 받는 시기이기도 하다.

❷ 직업전환

중년기에는 자기의 직업에서 은퇴할 수 있는 시간이 얼마 남지 않았으므로 자기의 목표성취를 되돌아보게 되고, 목표를 달성할 수 있는 가능성이 없으면, 목표를 축소하거나 직업을 전환하려고 시도하게 된다. 또한 새로운 직업 전망이나 보다 높은 수준의 개인적 욕구를 충족시키기 위해 직업을 전환하기도 한다. 그리고 기술혁신으로 새로운 직업이 많이 개발되고, 조기에 퇴직하는 사람들이 많아지면서 직업 전환이 더욱 필요하게 되었다. 그러나 이때 직업전환을 잘 못 하게 되는 경우 그 분야에서 성공하기가 쉽지 않다.

그러므로 직업 재훈련과 직업 상담이 필요하며, 직업전환을 계획하고 준비하는 데 많은 시간과 노력을 기울여야 한다.

❸ 여가활동

중년기의 여가 활동은 개인적 관심을 표현하는 수단이 되며, 다양한 사람들과 서로 교류하고, 신체적, 정신적 기능을 개선시킬 수 있으며, 자신에 대한 긍정적 느낌을 갖게 한다. 그와 더불어 여가활동은 휴식, 기분전환 및 사회적 성취를 도모하며, 스트레스에 대처할 수 있게 한다.

또한 바람직한 여가활동은 중년기의 위기를 극복하고 적응하는 데 중요한 역할을 수행할 수 있게 한다. 그러나 젊은 시절부터 다양한 활동을 했던 사람은 중년에도 다양한 여가 활동을 할 수 있지만, 그렇지 못한 사람은 새로이 여가활동을 시작할 경우 어려움을 겪게 된다. 그러므로 중년기에는 은퇴로 전환을 용이하게 할 수 있는 여가활동에 능동적이고 적극적으로 참여하여 노년기의 성공적인 적응에 도움이 될 수 있도록 해야 한다.

(4) 중년기의 문제점

❶ 실직 관련 문제

중년기의 실직은 자녀교육 등으로 인해 금전적 지출이 많은 시기이므로 재정적인 압박으로 많은 스트레스를 받게 된다. 장기간의 실직은 불안, 우울증, 공허감, 신체적 건강약화, 알코올중독 등의 증상을 보이며, 심지어 자살에 이르기도 한다.

이러한 실직 관련 문제를 해결하기 위해 정부에서도 많은 관심을 기울이고 있으며 사회복지사는 실직을 당한 사람에게 실직기간동안 생활안정을 위한 실업급여 혜택과 재정지원에 관한 상담을 제공하고 있다. 또 재취업과 관련된 정보제공과 직업훈련 등 고용관련 서비스 뿐만 아니라 정서적으로 도움을 줄 수 있는 지지적 체계(배우자, 친구나 친척 등)의 활성화 등을 제공하고 있다.

❷ 직업 스트레스 문제

중년기에 흔히 겪을 수 있는 직업 스트레스는 과다한 업무량, 역할 갈등, 직업이나 업무에 대한 불만족, 직업이 주는 보상에 대한 불만 등이 있다.

30대 후반~50대 남자 직장인들을 대상으로 한 설문조사에서 직업 스트레스의 완화를 위해 상담, 교육, 위기개입, 여가활동, 가족을 위한 서비스 등 사회복지 프로그램을 활용하고자 하는 욕구가 높은 것으로 나타났다.

이를 위한 대처방안으로는 자신이 선택한 직업을 만족하게 생각하고 즐거운 마음으로 일할 수 있는 방안을 강구해야 한다.

9) 노년기

(1) 노년기의 개념

노년기에 대해 일치된 정의는 내려져 있지 않다. 더욱이 생물학자들 간에는 노화의 고유한 생물학적 원인의 존재여부에 대해 의견이 일치하지 않는다. 따라서 생물학을 비롯해 사망률과 유병률(有病率)의 상태를 말하는 인구학, 고용과 퇴직, 그리고 사회학 등 분야마다 각각 상이한 기준을 적용하고 있다. 그러나 통계 및 공공행정의 편의를 위해 대부분 60세 이상의 연령층을 노년기로 규정하며, 심신의 활동이 최고로 발휘되는 성인기 이후에 쇠퇴하기 시작한 때부터 죽음에 이르기까지의 시기를 노년기라고 한다.

노년기는 두 가지 개념의 정의를 갖는다. 하나는 개인의 인생과정에서 마지막 단계를 뜻하며, 또 하나는 전체인구 중에 가장 나이 많은 구성원들로 이루어진 연령집단 또는 세대를 말한다.

노년기에 이르면 대부분 본인이 그로 인해 가져온 환경의 습관 형태가 새로운 시기의 습관 형태로 바뀌는데, 그 때문에 욕구불만에 빠지거나 부적응을 일으키기 쉽다. 그리고 사회적 신분을 상실하거나 경제능력이 저하되기 때문에 열등감을 느끼는 경우도 많다.

(2) 신체적 변화

노년기에 이르면 신체 각 기관의 기능이 저하되며, 정신적 제반 능력도 점차 감퇴한다. 이처럼 노년기는 개인적인 적응이나 사회적인 적응에 있어서 많은 문제가 있기 때문에 가정과 사회에서의 충분한 배려가 있어야 한다. 노년기의 신체적인 특징은 다음과 같다.

첫째, 외부자극에 대한 반응이 늦어지고 둔해진다. 흔히 있는 일로, 질문에 대답을 늦게 하거나 물건을 잘 찾지 못하는 상황이 대표적인 예이다.

둘째, 이상 상태가 발생하면 정상 상태로의 복구가 늦어지는데 이는 주로 신체적인 예비능력 감소가 주문제이다. 특히 젊은 사람과 비교하여 신체적인 능력이 떨어짐에 따라 먹고, 씻고, 목욕하고, 대소변보기, 시장보기, 대중교통 이용과 같은 일상적인 생활능력이 떨어진다.

이런 신체적인 변화와 함께 나타나는 노인병은 만성 비전염성 질환이 대부분으로 60대 이후의 노년기에 생기는 것들을 말한다. 과거에는 외상과 전염성 질환이 많았으나 생활의 향상과 의학발달로 인해 과거의 주요 사망원인이었던 외상과 전염성 질환이 많이 줄어들었고, 스트레스나 음주, 흡연, 비만증, 운동부족 등에 의한 만성 비전염성 질환이 자주 발생한다.

그리고 피부의 건조화, 탄력의 감소, 주름살 등이 더욱 심해지며 노인성 반점이 생긴다. 근육이 위축되어 근육의 강도와 운동력이 감소하고 평형감각, 동작 조정의 능력이 감소한다.

그러므로 노년기의 활기찬 생활을 위해 필수적으로 요구되는 것은 건강관리이며 건강을 유지하기 위해서는 적당한 운동, 알맞은 영양섭취, 충분한 휴식, 노년기에 나타나는 질병에 대한 관리가 이루어져야 한다(이시형, 2013: 22-32).

(3) 인지적 변화

노년기에 지적 능력의 쇠퇴는 반응 시간, 시각에서 받은 정보를 운동반응으로 전환하는 능력, 기억 등을 포함하는 다양한 측면에서 일어난다.

기억은 각 연령마다 점진적인 쇠퇴가 일어나며, 노년기에는 단기간에 걸친 기억이 장기간의 기억보다 더 심하게 쇠퇴한다.

스키너(Skinner)에 의하면 노년기의 환경은 새로운 사고나 체계적 사고를 강화하고 격려하는 유형이 아니며, 이러한 요인이 인지적 능력의 쇠퇴에 기여한다고 한다(Skinner, 1953: 13-53).

(4) 심리사회적변화

노년기는 청년기와 마찬가지로 지극히 주관성이 강해지는 시기이다. 청년기의 주관성은 주로 경험부족에서 오는 경우가 많지만 노년기의 주관성은 과잉된 경험에서 유래하는 경우가 많다.

노인은 흔히 완고하다고 하는데, 그것은 지나치게 과거의 경험을 내세우기 때문이다. 정신 기능에 관한 종래의 연구 결과에 의하면, 노년기에 있어서는 새로운 재료를 학습하는 일이 어려워지고, 기억력, 특히 최근의 일에 대해서는 기억력이 나빠진다. 사회적 활동이나 그것을 적극적으로 수행하려는 욕구나 흥미가 감소되며, 불만을 경험한다. 일반적으로 동기(motivation)의 강도가 쇠퇴한다.

젊었을 때는 매사에 공격적이고 이기적이었던 사람도 우호적이며 남을 이해하고 양보하는 성향으로 변하기도 한다. 이렇듯 많은 사람들이 나이를 먹으면서 성격적 변화를 겪는다. 이로 인해 노년기에 접어들게 되면 공통적인 성격의 변화들이 나타나게 된다.

노년기의 성격적 특성은 다음과 같다.

첫째, 우울증 증가로 이는 신체적 건강 악화, 질병, 배우자 및 지인의 죽음, 경제적 빈곤, 사회로부터의 역할 상실(남성들의 은퇴, 구조조정으로 인한 퇴직 등)로 인한 가족으로부터의 소외감, 인생 회고 등이 원인이 되는데, 이로 인해 불면증, 체중감소, 신경증, 감정의 둔화, 무기력 등이 동반되기도 한다.

둘째, 수동성 증가로 이는 사회적 활동이 점차 감소하고, 사물의 판단과 활동방향을 외부보다는 내부로 돌리는 행동 양식을 갖게 되기 때문이다. 또 업무처리도 적당히 하고 지나려는 경향이 나타난다. 즉, 자아 에너지 투입감소가 두드러지게 나타나 스스로 할 수 있는 일을 누군가에게 도움을 받아 해결하려는 경향이 증가하며, 적극적인 노력보다는 대충 넘기려 한다.

셋째, 경직성 증가로 인해 문제해결, 의견, 행동 등에서 옳지 않거나 이득이 없음에도 불구하고 옛날과 같은 방법을 고집하고, 이를 여전히 계속하려는 행동경향이 증가한다. 예를 들어서 전기다리미를 사용하면 쉽고 효율적인 것을 숯을 사용한 철다리미를 고집하여 계속 사용하려 한다든지 새로 개발된 스프레이식 풀이 생산되어 편리함에도 불구하고 옛날식으로 밀가루 풀을 만들어서 옷에 풀을 먹이려 하는 등의 고집을 부린다.

넷째, 성역할 지각의 변화로 늙어 갈수록 성역할 지각의 변화가 달라진다. 남성 노인은 수동적으로 위축되고 여성 노인은 능동적·권위적·공격적·자기중심적 경향이 증가하여 평생을 통해 남성성을 많이 소모한 남성 노인은 여성성이 많이 남게 되고, 여성 노인은 남성성이 많이 남아 있게 된다.

다섯째, 물건과 대상에 대한 애착심 증가로 오랫동안 사용해온 물건과 대상에 대한 애착심이 증가한다. 집, 가재도구, 골동품, 일상용품, 사진 등 친숙했던 물건에 대해 애정이 강하다. 이는 지나온 과거를 회상 하고 마음의 안정을 찾게 될 뿐만 아니라 세월은 끊임없이 변화되고, 달라지고 있으나 자신과 자신의 주변은 변하지 않은 것을 보려는 심리현상 때문이다. 그러므로 가족, 주변 인물, 교인들 간에 노인들의 친근한 사물에 대해 애착심을 이해하고 배려해야 한다.

여섯째, 가족에 대한 의존성 증가로 노인들은 가족관계에서의 감정적 유대관계를 물질적 도움보다 더 중요시하게 된다. 신체적, 경제적 능력의 쇠퇴로 가족에 대한 의존성이 증가하는 것이다. 특히, 명절 때가 되어 자녀들이 찾아오고 만날 때 정서적 안정과 위안을 받는다. 노인들은 마음으로 믿고 의지할 사람으로 손자, 아들, 딸, 친구, 성직자, 며느리 등을 꼽는다.

일곱째, 일부 노인들은 이 세상을 떠나기 전에 자신의 흔적을 남기려는 욕망을 보여 유산을 남기려는 경향이 있다. 따라서 재산, 유물, 골동품, 가풍, 기술, 토지, 보석, 업적 등을 후손과 친지들에게 유산으로 물려주려고 한다. 인간문화재들이 자신의 대를 이을 후손이나, 제자를 키우려고 하는 것도 이러한 심리적 경향 때문이다.

응용문제

1 크라인(Crain)이 정의한 인간발달에 대해 서술하시오.

2 청년기 발달단계의 애정발달에서 나타나는 사랑의 종류 네 가지 유형을 설명하시오.

3 노년기의 성격적 특성을 서술하시오.

CHAPTER 07

사회적 행동

고대 그리스 철학자인 아리스토텔레스(Aristotle)는 인간은 '사회적 동물'이라고 하였다. 말 그대로 인간은 타인, 즉 사회와의 관계 하에 존재하고 있으며 사회를 떠나서 살 수 없다는 말이다. 이는 생각해 보지 않아도 우리의 삶에서 이미 체득되어진 사실이다. 우리는 태어날 때부터 '가정'이라는 작은 사회에서 시작해 유치원, 학교, 직장으로 점점 확대되어 가며, 집단속에서 개인 대 개인, 개인 대 집단, 집단 대 집단 등 다양한 형태로 관계하며 살아간다. 이러한 사회 속에서 개인은 서로 영향을 주고받으며 상호작용하고 이렇게 맺어진 관계 안에서 서로를 인식하고 의사소통하며 갈등을 일으키기도 하고 화합하여 집단 활동을 하기도 한다. 이렇게 사회 안에서 인간이 경험하는 다양한 사회적 행동에 대해 알아보고 이를 설명하는 이론과 법칙성에 대해 학습하는 것이 본 장의 목적이다.

본 장의 학습목표는 다음과 같다.

첫째, 사회적 행동에서 우리는 다양한 정보를 접하고 이를 처리하는데, 이러한 과정의 심리현상을 다루는 사회적 인지(social cognition) 현상을 이해한다.

둘째, 대인관계에서 사람들이 느끼게 되는 친밀감, 우정, 사랑, 적대감, 갈등의 사회적 관계(social interpersonal relationships)에 대해 이해한다.

셋째, 개인의 태도와 행동에 영향을 미치는 사회적 영향(social influence)에 대해 이해한다.

넷째, 집단 형성의 구조, 집단역동, 사회적 행동과 집단에의 관계 등을 탐색해보는 집단의 심리(psychology of group processes)에 대해 이해한다.

01 사회적 인지(social cognition)

우리는 일상생활에서 방대한 양의 사회적 자극에 노출되어 있으며 각자 나름대로 이 자극을 인지하고 처리하며 판단과 결정의 과정을 반복하고 있다. 그러나 우리가 받아들이는 자극을 모두 인지하고 처리하는 것은 아니다. 그러기에 너무 정보의 양이 많기 때문이다. 그렇다면 우리는 이러한 다양한 정보를 어떠한 방법으로 인지하고 처리하고 있는 것인가? 또 이러한 정보처리 방법과 과정이 모두 옳은가? 이러한 질문을 자연스럽게 해보게 된다. 이 장에서는 우리가 접하게 되는 사회적 자극과 정보들을 인지하고 판단할 때 사용하는 전략과 규칙들을 살펴보기로 하자.

1) 도식(schema)

(1) 도식의 개념

도식은 정보에 대해 이미 수립된 이해방식이나 경험이 새로운 정보를 이해하는데 영향을 미치는 것을 말한다. 즉, 삶에서 접하는 사건, 사람, 사물 등과 관련되어 우리의 기억 속에 저장된 조직화된 지식구조를 말한다(Smith, 1998; 한덕웅 외, 2005 재인용). 많은 양의 정보를 빠르게 인지하고 파악하기 위해서 조직화된 도식에 맞추어 무엇을 지각하고 통제해야 하는지 결정을 하게 된다.

도식은 불변하는 것이 아니며, 경험과 얻어지는 지식에 따라 지속적으로 수정되며, 기존의 도식에 맞추기 위해 새로운 정보에 왜곡이 생기거나 소통의 과정에 정보 상실이 일어날 수 있다.

(2) 도식의 종류

① 사람도식 : 우리는 절친한 사이(베프)가 어떠한 특징을 갖는지 그동안 학교 및 사회생활을 하면서 만난 친구들과의 관계 안에서 나름대로 일정한 지식을 갖고 있다. 내가 정말 힘들 때에도 나를 배신하지 않고 내 편이 되어 준다든지, 내가 어떠한 이야기를 해도 들어주고 내 편이 되어 준다든지, 그러나 사람이 각자 갖고 있는 도식이 다르기 때문에 나는 수진이를 베프라고 생각하지만, 수진이가 생각하는 베프의 도식으로 보면 나는 수진이의 베프가 아닐 수도 있다.

② 역할도식 : 역할도식은 특정역할에 따라 타인의 행동과 특징을 인지하는데 영향을 주는 정보를 말한다. 예를 들어 여러분은 '교수'라고하면 그 역할도식에서 제공하는 정보에 따라 상대방을 지각한다. 남을 가르치는 일을 하며 권위적이고, 절제되어 있으며, 윤리적이라는 정보를 갖고 있을 수 있다. 그런데 심리학개론 교수가 노란머리로 염색을 하고, 코에 피어싱과 팔 안쪽에 '열공'이라는 문신자국을 보이며 찢어진 청바지에 껌을 씹고 들어와 지각한 학생들에게 욕을 한다면 여러분이 조직화한 역할도식과 매우 달라 당황스럽고 믿기지 않을 것이다.

③ 절차도식 : 우리가 일상생활에서 맞닥뜨리는 여러 상황에서 일정한 시간의 순서에 따라 행동하곤 한다. 이는 우리 기억 속에 절차도식이 자리잡고 있기 때문이다. 예를 들어 햄버거 가게에 가서 점심을 먹으려고 할 때 우리는 먼저 메뉴판을 보고 주문을 한 후 자리를 잡고 앉아 음식을 먹은 후 자신이 먹은 곳을 정리한 후 나온다. 햄버거 가게가 대체로 셀

프주문의 시스템이다 보니 일반 식당과는 절차가 다르다. 하지만 우리의 기억 속에는 가게의 특성에 따라 절차가 달리 조직화 되어 있다. 재미있는 사실은 이러한 절차를 일련의 번호로(1단계에서 5단계) 구조화한 후, 3단계와 4단계를 바꾸거나 6단계를 추가하여 재구성한 후 실험을 해보면 대부분 자신이 지닌 도식에 맞추어 행동하였다.

(3) 도식의 기능

① 방대한 사회적 자극에 대해 우리의 지식과 정보를 단순화시키고 조직화하여 빠른 자료처리를 돕는다.

② 또한 도식은 우리의 사고와 기억, 정보에 대한 초점화에 영향을 미친다. 기존에 알고 있는 지식과 불일치하거나 모순되는 정보를 여과하는 필터의 기능을 한다.

③ 도식은 다양하게 해석될 수 있는 모호하고 애매한 정보에 대해 기존에 형성된 도식을 활용하며, 이러한 도식은 인간의 판단과 행동을 예측할 수 있는 중요한 변수로 작용한다.

(4) 도식의 오류

① 인간은 자신의 도식과 불일치한 정보나 사건에 대해 부주의하며 잘 기억하지 못한다. 따라서 자신의 도식과 일치하는 정보나 방향으로만 지각하다 보니 편협하거나 왜곡된 정보로 판단의 오류를 범할 수 있다.

② 우리는 흔히 먼저 제시된 정보로 도식을 형성하고 그것이 기준이 되어 나중에 제시되는 정보를 처리할 때 앞의 도식과 일치하는 방향으로 해석하는 경향이 있다. 이를 최초정보효과, 혹은 초두효과(primacy effect)라 한다.

2) 인상형성(impression formation)

(1) 인상형성의 개념

우리는 만나는 사람들의 외모, 표정, 신체, 옷차림, 행동, 말의 톤과 빠르기 등을 통해 그 사람의 성향이나 성격 등에 대한 인상을 형성하고 그에 따라 나의 생각과 행동도 변화된다. 이를 사회심리학에서는 '인상형성'이라 한다. 이러한 인상형성은 향후 관계형성 및 유지에도 영향을 미친다. 소개팅에 나간 봉희는 상대 남성을 딱 보자마자 그토록 바라 왔던 이상형임을 깨달았다. 몇 시간 만난 후 이 사람과 결혼을 해야겠다고 결심하게 된다. 봉희가 이 남성과의 짧은 만남에서 외모, 선호도, 취미 등 피상적인 정보만을 갖고 어떻게 결혼에 대한 결심까지 확고한 결론에 이르게 된 것일까?

(2) 인상형성의 과정

❶ 소수의 정보로 추론

봉희는 그 남성의 외모와 행동, 분위기 등 적은 시간동안 접한 소수의 정보를 통해 그의 성격, 가치관 등 기타 특성에 대해 추론할 수 있었기 때문에 그처럼 확고한 결정을 내릴 수 있었다. 이처럼 타인의 인상을 형성하는 과정은 소수의 확인된 정보들로 다수의 미확인 정보를 추론하며 최종적인 인상을 형성해 나간다.

❷ 인상형성의 오류

가. 고정관념(stereotype)

인상정보를 처리하는 과정은 개인이 갖고 있는 도식에 의해 영향을 받으며, 이러한 인상형성에 오류를 범하게 하는 도식으로 고정관념이 있다. 고정관념은 어떤 집단이나 사회적 범주 구성원의 전형적인 특성에 관한 신념을 말한다(현성용 외, 2008). 약속하지 않았지만 사람들이 대체로 알고 있는 전형적인 사실들을 말한다. 예를 들어, 노처녀는 신경질적이고, 성격이 까칠하다. 곱슬머리는 고집이 세고, 가사와 양육은 여자가 담당해야 하며, 공주는 꼭 시련이 있고, 왕자의 진정한 사랑이 있어야 시련을 극복하여 행복하다 등등 누구나 결과에 대해 그렇다고 추론하는 도식을 바로 고정관념이라고 한다. 그러나 이러한 고정관념이 늘 통하는 것은 아니다. 요즘은 함께 경제활동을 하는 부부가 늘어나면서 가사와 양육을 분담하는 부부가 많아지고 있고, 요즘 만화영화의 공주들은 누구의 도움도 없이 혼자 문제를 해결한다. 이처럼 우리에게 형성된 고정관념들은 타인의 인상형성에 영향을 미치며 정확성의 오류에도 영향을 준다.

나. 일관성 유지경향(consistency)

우리는 한번 형성한 인상은 계속 유지하려는 경향이 있다. 따라서 기존에 형성된 것과 다른 불일치한 정보들이 들어와도 이미 형성된 것과 일치하는 방향으로 해석하려는 경향을 가져 왜곡과 오류가 생길 수 있다.

다. 후광효과(halo effect)

한 가지의 좋은 정보로 다른 모든 것이 좋게 평가되는 것을 말하는데, 혜미가 만난 남성이 외모가 잘생겼다면 외모의 후광효과로 다른 모든 것들이 다 괜찮아 보이는 효과를 말한다. 다른 예로 유명인의 친척이나 형제인 경우, 유명인의 유명세, 권력의 힘 등의 후광으로 가족이라는 사실을 알림으로써 자신이 좋은 평가를 받게 되는데 영향을 미칠 수 있다. 이런 효과는 부정적으로도 쓰이는데, 교통위반 등의 행위를 하고 적발이 되면 “내가 누군지 알아? 우리 매형이 경찰청장이야.”라며 엄포를 놓는 사람들이 후광효과를 부정적으로 사용하는 예이다.

라. 부정성 효과(negativity effect)

인상형성의 과정에서 우리는 긍정적인 특성보다 부정적 특성에 더 주의를 기울이며, 따라서 더 큰 영향을 받는다. 한 사람에 대한 비슷한 정도의 좋은 점과 나쁜 점에 대한 정보가 동시에 제공되면 중간정도의 인상을 형성하는 것이 아니라 부정적인 정보에 끌려 좋지 않은 인상을 형성하게 된다. 굉장히 좋은 이미지를 갖고 있는 유명한 연예인들도 음주운전, 지각, 거만하고 성의 없는 표정 등 실수나 방송루머들에 의해 인기가 실추되고 안티들이 생기는 것은 이와 같은 부정성효과로 이해할 수 있다.

마. 암묵적 성격이론(implicit personality theory)

개인의 인상형성에 있어 특정한 특성이 다른 특성들과 묶여 함께 평가되는 것을 말한다. 예를 들어, 아롱이의 혈액형이 O형이라는 정보를 알게 되면 우리는 O형의 성격특성과 연결 지어 평가하게 된다. 재치 있고 발랄하며 지루한 것은 못 참을 것이라는 식의 추론을 하게 된다.

생각해보기

위에 살펴본 것과 같이 자신의 일상생활 속에서 자주 접하게 되는 인상형성 오류의 사례를 찾아보시오.

3) 귀인(attribution)

(1) 귀인의 개념

봉희는 이상형을 만나 결혼까지 결심했지만 소개팅 후 연락을 기다려도 소식이 없다. 봉희는 생각이 많아지게 되는데, ‘어디 갔나?’, ‘아픈가?’, ‘내가 맘에 안 드나?', 전화기를 잃어버렸나?', '내가 너무 들이댔나?' 등 연락이 없는 이유에 대해 여러 가지 생각을 하게 된다. 이처럼 자신이나 타인의 행동, 혹은 사건에 대한 결과의 원인을 찾으려고 하는 과정을 귀인이라고 한다.

(2) 귀인의 방식

원인의 소재에 따라 두 가지 방식으로 귀인을 하는데, 첫째는 자신이나 타인의 내부 즉, 성격, 태도, 동기, 노력, 능력 등에서 원인을 찾으려고 할 때 이를 내부귀인(internal attribution)이라 한다. 둘째는 자신이나 타인의 외부환경 즉, 상황, 타인, 운, 과제의 난이도 등에서 원인을 찾으려 할 때 이를 외부귀인(external attribution)이라 한다.

귀인을 할 때 우리는 세 가지의 정보를 검토한 후 원인의 소재를 어디로 할지 결정하게 되는데, 그 세 가지가 일관성(행위자의 행동은 다른 상황에서도 항상 나타나는가?), 독특성(그 행동은 특정 대상에게만 나타나는가?), 합의성(타인들도 그 상황에서 그렇게 행동하는가?)이다. 이상형의 남성에게 결국 연락을 받지 못한 봉희는 화가 치밀어 올라 소리를 지르며 방에 있는 물건을 집어던지고 있다. 왜 봉희가 화를 내고 있는가에 대한 원인으로 우리는 세 가지의 가능성을 추론해 볼 수 있다.

- 봉희가 화를 잘 내는 사람일 수 있고(행위자 귀인)
- 봉희가 여러 번 문자와 전화를 했음에도 답변 없이 무시했을 수 있고(자극 귀인)
- 봉희가 부모님께 혼난 뒤라 기분이 안 좋은 상황에서 더 화가 났을 수 있다(상황 귀인).

여기서 만약 봉희가 비슷한 상황, 혹은 화가 날 만한 상황에서 이렇게 까지 화낸 적이 없다면 일관성이 떨어지며 이는 봉희의 요인이라기보다 타인이나 상황의 요인 즉, 외부귀인으로 추론할 수 있다. 그러나 지난날 소개팅 남한테 연락이 안 왔을 때 이렇게 화내지는 않았다면 독특성이 있으므로 그 이상형의 남자 때문이라고 판단할 수 있고 따라서 외부귀인을 할 것이다. 또한 다른 여성들도 봉희와 같은 상황에서 물건을 던지며 화를 내는 행동을 하는가에 대해서 그렇지 않다면 봉희의 요인임으로 내부귀인, 다른 여성들도 같은 행동을 한다면 자신을 무시한 이상적 남성에게 원인이 있다고 판단하게 됨으로 외부귀인을 하게 될 것이다.

(3) 귀인오류

행동의 결과에 대한 원인을 추론하는데 자신의 행동에 대해서는 외부귀인을 타인의 행동에 대해서는 내부귀인을 하려는 경향이 있다. 성경 마태복음 7장에 "형제의 눈 속에 있는 티는 보고 자신의 눈 속의 들보는 왜 보지 못하느냐?"는 구절이 있다. 자신에게 있는 요인은 보지 않고 자기 외부의 요인으로 귀인하고, 관찰자로서 타인의 단점이나 허점은 타인의 요인으로 귀인 하게 되는 것이다. 예를 들어, 밤늦게 귀가하다 성폭행을 당한 한 여고생의 뉴스기사를 접했을 때 학생이 늦게 다니는걸 보니 평소에 품행이 안 좋다거나 옷차림이 단정치 않았기 때문이라는 식으로 해석하기 쉽다. 이처럼 외부귀인보다 내부귀인으로 치우치는 것을 기본귀인오류(fundamental attribution error)라 한다.

또한 인간은 자신을 보다 돋보이고 싶어 하고 잘하고 싶은 욕구와 동기기 강하므로 행동의 결과가 좋으면 자신의 성향, 즉 내부 귀인을 하려하고 결과가 좋지 않으면 외부귀인을 하는 자기고양편파(self-serving bias)현상을 보인다.

02 사회적 관계(social cognition)

우리는 다양한 사람들과 다양한 관계를 맺고 살아가고 있다. 이러한 사회적 관계는 친밀도에 따라 친밀한 관계, 갈등적 관계가 있을 수 있고, 매력도에 따라 호감, 혹은 비호감을 느끼는 관계도 있다. 그러나 우리는 친밀한 관계를 맺고 유지하기를 원하며 이를 위해 일련의 노력을 한다. 또한 편견과 같은 친밀한 관계를 방해하는 요인들이 작용하기도 한다. 사회적 관계에서 소외되면 인간은 고립감, 박탈감, 외로움, 소외감으로 심리적 불편감을 경험하며, 최근 학교폭력 중에서도 왕따가 심각하고 이로 인해 목숨을 끊은 학생들이 많아져 사회적 문제로 이슈가 되고 있다. 사회적 관계의 고립은 이처럼 개인의 심적 고통을 유발할 만큼 중요하다. 사회적 관계에 대한 다양한 현상들을 살펴보기로 하자.

1) 호감

우리는 사회적 관계형성을 위해서 상대에게 호감과 매력을 느껴야 관계형성을 위한 동기가 생기고 마침내 적극적인 행동으로 이어진다. 그렇다면 우리가 매력과 호감을 느끼는 요소들은 무엇인지 살펴봐야 한다.

(1) 호감의 결정 요인

❶ 환경적 요인

가. 접촉

홍민이는 학교 가는 날이면 버스정류장에서 늘 만나는 여자에게 호감이 있다. 학교를 가지 않는 날에도 그 시간에 버스 정류장으로 향하는 자신을 보게 된다. 자주 접촉하고 볼 수 없다면 호감 또한 느낄 수 없다. 이처럼 호감을 느끼기 위해서는 자주 접촉해야 한다. '건축학개론'이라는 영화를 보면 음대생 서연과 건축학과에 다니는 승민은 교양수업인 건축학개론 시간에 우연히 만나게 되고, 수업시간에 같은 동네에 살고 있다는 것을 알게 된다. 그러면서 등하교 길에 버스에서 만나 집에 가는 길에 자주 보게 되고 결정적으로 수업과제인 동네탐방을 하면서 접촉의 기회가 많아지게 되며, 서로의 꿈, 좋아하는 노래 등 공유하는 내용들이 생겨 난다. 반복적인 접촉은 왜 호감을 증진시키는가? 자주 보게 되면 상대에 대해 더 많은 것을 알게 되고 이해 해가면서 상대의 행동과 생각을 예측하게 된다. 예측 가능한 상대에게 우리는 편안함을 느끼는데 이러한 편안함이 호감으로 작용한다. 그러나 첫인상이 부정적인 경우 반복접촉이 오히려 역효과를 가져온다.

나. 근접성

홍민이는 버스정류장에서 만났던 그 여자와 사귄지 100일이 지나 폭탄선언을 듣고 말았다. 유학을 가게 되었다는 것이었다. 'Out of sight, out of mind'라고 했듯이 눈에서 멀어지면 마음도 멀어지게 되고, 홍민이는 기다리겠다고 철썩 같이 약속했지만, 이렇게 기다리던 홍민이는 허전하고 외로울 때 마다 밥사달라고 조르던 학교선배 은기에게 요즘은 호감이 생기고 있다. 이처럼 가까운 거리에 있을수록 접촉의 빈도가 높아져 호감이 생길 가능성이 높아진다.

❷ 개인적 특징

유석이에게 여자를 볼 때 무엇을 중요하게 보는지, 선택기준이 무엇인지 물어보았다. 유석이는 무엇보다 '인성'이 중요하다고 답한다. 여자는 무엇보다 마음이 예뻐야 한단다. 연애와 결혼의 적령기에 있는 미혼들에게 물어보면 모두가 '성격'이나 '인성'을 꼽지만 그러면서 이미 눈은 머리부터 발끝까지 탐색하고 있다. 이처럼 외모는 가장 먼저 눈에 띄고 보게 되는 곳인 만큼 호감도에 상당한 영향을 미치는 요인이다. 그렇다면 왜 외모가 매력적인 사람이 더 호감도가 높을까? 당연한 이야기지만 이론적으로 설명해보면 다음과 같다.

첫째, 진화이론으로 설명할 수 있는데, 옛날에는 부족의 번성과 유지를 위해 종족번식이 매우 중요했다. 따라서 여성은 자녀를 출산하여 양육을 잘할 수 있는 신체적 조건 즉, 엉덩이와 가슴이 크고 허리가 가늘고 젊은 여성을 선호하였다. 남성은 건장하고 키가 크며 사냥능력이 좋은 사람이 매력적으로 인지되었다. 이는 여성과 아이를 잘 먹이고 보호할 능력을 중요하게 보았기 때문이다.

둘째, 후광효과로 설명할 수 있는데, 우리는 외모가 매력적인 사람에 대해 보다 긍정적인 평가를 하게 되기 때문이다. 취업면접에서 계속 낙방하는 진장이는 너무 속상해서 단번에 입사한 종윤에게 비결을 물어보았다. 종윤는 면접 당일 미용실에 가서 머리도 만지도 성실하고 좋은 인상을 위해 간단한 메이크업도 받는다고 한다. 면접에서 의사전달을 잘 하는 것도 중요하지만 첫인상이 중요하다고 충고해 주었다. 진장이는 이미지 메이킹으로 커버될 외모가 아니라는 생각에 성형을 결심하였다. 가족들은 취업 때문에 성형을 한다는 진장이를 이해하기 어려워하지만, 최근 자신의 이미지 메이킹을 위해 성형을 하는 젊은 남녀가 많아지고 있다. 이처럼 외모가 주는 후광효과로 인해 나머지 성격이나 일처리, 적응력 등에 대해 긍정적인 인상을 주게 된다.

셋째, 학습이론으로 설명할 수 있는데, 우리가 살아오면서 접했던 책이나 매체에서 매력적인 외모의 사람들이 비교적 좋은 성격과 신뢰를 준다는 긍정적인 부분이 학습된 결과라고 보는 것이다.

한덕웅(1992)의 연구에 의하면 대학생들이 호감을 느끼는 성격은 성실하고, 인간적이며, 책임감 있고, 진실된 사람을 좋아하는 것으로 나타났다. 또한 사람들은 유능한 사람에 대해 대체로 호감을 갖지만 너무 완벽한 사람보다는 가끔 실수를 하는 유능한 사람을 더 좋아하는 경향이 있다(한덕웅 외, 2005).

한편, 우리는 기분이 나쁠 때 보다 좋을 때 만난 사람에게 더 호감을 느끼고 더 많은 정보를 개방한다. 즉, 개인의 감정상태가 타인에 대한 평가나 대인관계에서 행동에 영향을 미친다(한덕웅 외, 2005). 따라서 좋아하는 사람에게 고백을 하려고 할 때 그 상대의 기분상태를 파악하는 것도 좋은 방법이다.

아무리 외모가 뛰어나고 성격 좋으며 능력 있는 사람이 있더라고 친해지고자 하는 욕구와 동기가 없다면 사회적 관계형성이 될 수 없다. 또한 상대에게 호감을 느끼더라도 친해지려는 동기가 있어야 호감을 높이고 상대와 더 친밀해질 수 있도록 노력하게 되는데, 친화하고자 하는 동기가 높을수록 더 많은 접촉을 시도할 것이고 따라서 더 호감 있게 지각될 수 있다.

❸ 상대적 조화

가. 유사성 / 상보성

젊은 미혼 남녀가 자주 물어보는 질문이 하나 있다. "비슷한 사람끼리 결혼해야 잘 사나요? 아니면 반대되는 사람하고 살아야 잘사나요?"라는 것인데, 저자도 결혼 전에 많이 물었던 질문이다. '유유상종'이라는 말이 있듯이 사람들은 자신과 비슷한 성격, 가치관, 배경 등을 가진 사람에게 더 호감을 느낀다. 이를 유사성의 원리라 하는데, 비슷한 점이 많으면 서로 대화할 내용이 많아지고 서로 잘 통한다고 지각되면서 호감이 생긴다. 심리학자 힐(Hill, 1976) 등은 결혼 전 데이트 중인 200여 쌍을 종단 연구한 결과 관계가 깨진 커플의 경우 서로 유사하기보다 여러 면에서 차이가 많다고 지각하였다. 외모나 후광효과에 이끌려 결혼한 부부가 얼마 후 '성격 차이'라는 사유로 이혼을 많이 하게 되는데, 아마도 이러한 차이가 서로의 사고방식이나 가치 등에 차이가 많다는 것을 지각하게 되었을 때 관계가 깨지는 현상과도 같다.

한편 자신에게 없는 색다른 모습에 이끌려 호감을 갖는 경우도 있는데, 이를 상보성가설이라고 한다. 자신에게 부족하거나 힘들어 하는 특성을 상대가 주저 없이 발휘할 때 대리만족감도 느끼고 그러한 부분이 더 멋지게 지각되고 존경스럽게 여겨질 수 있다. 그리고 성격적으로 반대되는 특성, 예를 들면 지배성과 순종적 특징은 상보적이며, 특히 남녀 간 서로 지배적이거나 순종적일 때 보다 오히려 반대의 성격이 만나면 오히려 조화가 이루어진다. 서로 지배적인 남녀는 하루가 멀다 하고 싸움이 일어날 것이고, 순종적인 남녀는 어떠한 결정을 내리기 힘들고 답답한 모습들이 보일 것이다.

나. 호감의 상호성

내가 호감을 갖는 사람이 나에게도 호감을 갖는다면 이보다 더 좋은 일이 어디 있겠는가? 서로 호감을 갖고 있는 커플의 경우 관계가 진전될 것이고 어느 한쪽만 호감을 갖는다면 관계가 지속되기 어렵다. 이러한 사례는 초등학생들의 남녀관계에서 흔히 볼 수 있는데, 초등학교 3학년 중대는 같은 반 수진이를 매일 괴롭힌다. 쉬는 시간에 친구들과 놀고 있는 수진이를 놀리거나 약을 올리고 괴롭혀 선생님께 자주 이르지만, 선생님은 수진이 마음도 몰라주고 '중대가 너한테 관심이 있나 보다'라고 웃으면 말씀하신다. 우리는 호감을 느끼면서도 상대방에게 오히려 아닌 척 반대로 행동하는 경우가 있는데 호감의 상호성으로 본다면 수진이는 중대가 자신을 싫어하기 때문에 괴롭힌다고 여겨 오히려 있었던 호감마저 사라질 것이다.

(2) 호감의 원리

호감에 영향을 미치는 다양한 요인들을 이론으로 설명해 보고자 한다.

❶ 연합원리

고전적 조건형성의 원리에 의해 좋은 경험과 연합된 사람에게 긍정적인 이미지를 형성하게 된다. 따라서 함께 있을 때 좋은 경험을 많이 공유하면 긍정적으로 호감을 느끼게 된다. 그 사람과 있을 때 항상 좋은 일이 생긴다고 지각하면 그 사람에 대한 좋은 감정이 자리 잡게 된다.

❷ 강화이론

강화원리에 따라 적절한 보상으로 강화 받을 때 호감을 더 느끼게 된다. 기념일을 정성껏 챙기고, 강의 시간에 자리를 늘 맡아 주며, 아침 잠이 많은 자신을 위해 모닝콜을 해주는 사람에 대해 아무것도 하지 않는 사람보다 더 호감을 느낄 것이다. 강화전략도 정기적으로 기념일을 챙겨 상대로 하여금 예측 가능하게 하기보다 간헐적 강화로 감동을 줄 때 호감에 더 효과가 있다.

❸ 득실이론

대인관계에서 호감과 매력을 느낄 때, 처음부터 좋아하는 호감을 보이는 사람보다 처음에 무관심한 듯하다가 점차 호의를 보이는 사람을 더 좋아하게 되는데, 이를 득실효과라고 한다. 늘 칭찬하는 남자친구의 행동은 더 이상 호감이 안 간다. 무뚝뚝하고 칭찬을 별로 하지 않던 사람의 칭찬 한마디는 굉장히 감동과 호감을 느끼게 한다.

❹ 사회교환이론

대인관계는 상호작용, 즉 주고받으며(give and take) 관계한다. 상대로부터 오는 것보다 가는 것에 더 많은 비용과 노력을 들여야 할 경우 관계에 불만족하게 되고 호감을 덜 느끼게 된다. 상대적으로 가는 것보다 오는 것이 더 많을 경우 만족하게 된다.

2) 사랑

(1) 사랑의 개념

사랑의 정의에 대해서는 심리학, 철학, 사회학 등 다양한 영역에서 다루어져 왔다. 또한 사랑, 호감, 좋아함 등을 구분하거나 차이를 설명하고자 노력하는

데, 그만큼 명확한 규정이 어렵기 때문이다. 예전 유행가 가사 '사랑과 우정 사이'처럼 사랑과 우정의 차이, '사랑과 좋아함'의 차이를 애써 구분하려고 하지만 사랑 자체가 매우 복잡하고 감정적 현상으로 이론적으로 분석되는데 한계가 있다. 우리가 잘 아는 심리학자들은 과연 사랑을 어떻게 정의하고 있을까?

프로이트(Freud)는 사랑을 좌절된 욕구로 보았고, 센터스(Centers)는 서로 보상을 주는 상호작용의 결과라 하였으며, 루빈(Rubin)은 대상에 대해 갖는 생각, 느낌, 행동하는 태도라고 하였다. 카펠라누스(Capellanus)는 이성에게 발견한 아름다움에 몰입으로 얻게 되는 고통이라고 하였으며, 에리히 프롬(Erich Fromm)은 인간의 근본적인 고독감과 공허함을 극복하기 위한 수단으로 사랑을 정의하였다(김중술, 2003).

생각해보기

나는 사랑을 무엇이라고 생각하는가? 나의 생각을 주의 동료들과 나눠보고 나름대로의 정의를 생각해 봅니다.

(2) 사랑 이론

❶ 사랑의 삼각형 이론

스턴버그(Sternberg, 1986)에 의하면 사랑은 친밀감(intimacy), 열정(passion), 결정 / 헌신(decision / commitment)으로 구분하며, 이 구성요소의 여부에 따라 여덟 가지 사랑에 대한 유형이 존재한다고 설명하였으며, 그 내용은 <표 7-1>과 같다.

〈표 7-1〉 Sternberg(1986)의 사랑의 유형

구분	유 형	내 용
1	비사랑(Nonlove)	우리가 일상적으로 만나고 지나치게 되는 많은 사람들과의 무의미한 대인관계, 친밀감 / 열정 / 결정 및 헌신의 요소가 아무것도 포함되지 않은 상태
2	호감(liking)	친밀감, 가까움을 느끼는 정도(예: 우정)
3	도취성 사랑(Infatuation)	열정만 있는 경우(예: 짝사랑)
4	공허한 사랑(Empty Love)	헌신만 있는 경우(예: 자녀를 위해 결혼생활을 유지하는 경우)
5	낭만적 사랑 (Romantic Love)	친밀감과 열정을 느끼지만 결혼과 같은 미래에 대한 약속이나 확신 없이 서로를 사랑하는 경우(예: 영화 비포 선라이즈)
6	허구적 사랑 (Fatuous Love)	열정과 헌신만 있는 경우(예: 겨울왕국, 단 하루 만에 서로에 호감을 느끼고 결혼하는 사랑, 위험부담이 높음)
7	동료적 사랑 (Companionate Love)	친밀감과 헌신만 있는 경우, 열정은 식어 버린 사랑 (예: 10년 된 부부)
8	완전한 사랑 (Consummate Love)	친밀감, 열정, 헌신 모두 있으며, 이상적 사랑

❷ 존 알란 리(John Alan Lee)의 사랑 유형이론

그는 사랑을 색깔에 비유하여 기본색 세 가지(열정적 사랑, 유희적 사랑, 친구 같은 사랑)와 이차색(소유적 사랑, 실용적 사랑, 헌신적 사랑) 세 가지로 총 여섯 가지 사랑의 유형을 설명하였다(Lee, 1988). 여섯 가지 유형은 다음 <표 7-2>와 같다.

〈표 7-2〉 Lee의 사랑유형

구분	유 형	내 용
기본색	열정적 사랑(Eros)	자신이 선호하는 상대에게 첫눈에 반해 버리게 되고 눈에 보이는 매력에 끌리며 언제나 사랑할 준비가 되어 있다.
	유희적 사랑(Ludus)	사랑을 게임이라고 보고 한 대상에게 몰입하지 않고 여러 대상을 동시 사랑하기도 하며, enjoy 하는 데 초점을 둔다.
	친구같은 사랑(Storge)	서서히 무르익는 사랑. 상대에 대한 감정표현을 꺼리고 '사랑해'와 같은 언어적 표현을 어색해 한다.
이차색	소유적 사랑(Mania)	열정적 사랑과 유희적 사랑이 결합하여 나타나는 유형. 극도의 의존성과 강한 질투가 특징이며 사랑받고 있다는 확인이 늘 필요하다.
	실용적 사랑(Pragma)	친구 같은 사랑과 유희적 사랑이 결합하여 나타나는 유형.
	헌신적 사랑(Agape)	열정적 사랑과 친구 같은 사랑이 결합하여 나타나는 유형. 조건 없이 서로 돌봐 주고 용서하며 베풀어주는 이타적 사랑

❸ 존 알란 리(John Alan Lee)의 사랑 유형 척도

※ 현재 사귀고 있는 연인에 대해 응답하시고, 현재 사귀는 사람이 없는 경우 최근에 만났던 연인을 떠올리며 응답해 주세요. 교제경험이 없는 모태솔로의 경우 연인이 있다는 가정하게 응답하시면 됩니다.

구분	내 용	전혀 그렇지 않다	대체로 그렇지 않다	약간 그렇다	대체로 그렇다	매우 그렇다
1	나와 내 연인은 처음 만난 후 서로에게 이끌렸다.					
2	내 연인이 나에 대해 모르는 것이 있어도 그것이 그/그녀에게 상처를 주지 않을 것으로 믿는다.					
3	가장 최선의 사랑은 오래된 우정으로부터 발전되는 것이다.					
4	내가 연인을 선택하는데 있어서 주된 고려사항은 그/그녀가 우리 가족에게 어떤 영향을 미칠 것인가 하는 점이다.					
5	내 연인이 나에게 관심을 주지 않을 때면 나는 병이 난 것같이 몸이 아프다.					
6	내 연인이 고통을 당하는 것을 그냥 두고 보고 있기 보다는 차라리 내가 대신 당하겠다.					

구분	내 용	전혀 그렇지 않다	대체로 그렇지 않다	약간 그렇다	대체로 그렇다	매우 그렇다
7	나와 내 연인은 하늘이 정해준 짝이라고 생각한다.					
8	나는 때때로 내 연인이 나에게 또 다른 연인이 있다는 것을 알지 못하도록 조심해야 한다.					
9	우리의 우정은 시간이 지남에 따라 사랑으로 점차 발전되었다.					
10	연인을 선택하는데 있어서 중요한 고려사항은 그/그녀가 훌륭한 부모가 될 수 있는지의 여부이다.					
11	사랑 하고 있을 때면, 다른 것에 집중하기가 어렵다.					
12	내 연인의 행복이 나의 행복보다 우선되지 않는다면 나는 행복할 수 없다.					
13	나와 내 연인은 서로를 너무도 잘 이해한다.					
14	내 연인은 실제로 내가 다른 사람과 관계를 맺는 적이 있다는 것을 알게 되면 굉장히 화를 낼 것이다.					
15	사랑은 알 수 없고 신비스러운 것이 아니라 실제로는 깊은 우정과 같은 것이다.					
16	연인을 사귈 때 그/그녀가 내 장래의 경력에 어떠한 영향을 미칠 지에 관해 고려해야 한다.					
17	내 연인이 다른 이성과 함께 있다는 생각이 들기 시작하면 나는 가만히 있을 수가 없다.					
18	내 연인의 행복을 위해서라면 나 자신의 소망도 기꺼이 포기할 수 있다.					
19	내 연인의 신체적 매력은 나의 이상형과 일치한다.					
20	나는 내 연인과 기타 여러 명의 남자/여자들과 장난삼아 사랑하기를 즐긴다.					
21	좋은 우정으로부터 발전된 것이 가장 만족스러운 사랑관계이다.					
22	나는 어떤 이성과 깊게 사귀기 이전에 그 사람의 유전적 배경이 이후 자식을 가지게 될 경우에 나의 것과 잘 조화되는지를 생각해 본다.					
23	만약 내 연인이 한동안 나를 등한시 한다면 나는 그/그녀의 주의를 끌기 위해 바보 같은 짓도 할 수 있다.					
24	내 연인을 위해서라면 기꺼이 모든 것을 참을 수 있다.					

출처 : 한송이(2009). 미혼남녀의 사랑유형과 자아존중감, 관계만족도 신뢰도와의 관계. 명지대학교 학사학위논문.

※ 채점방법

각 해당영역의 문항의 점수(전혀 그렇지 않다=1, 대체로 그렇지 않다=2, 약간 그렇다=3, 대체로 그렇다=4, 매우 그렇다=5)를 계산하여 합산합니다. 가장 점수가 높은 사랑 유형부터 순위를 매겨 봅니다.

구 분	문 항	점 수	순 위
열정적 사랑	1, 7, 13, 19		
유희적 사랑	2, 8, 14, 20		
친구같은 사랑	3, 9, 15, 21		
소유적 사랑	4, 10, 16, 22		
실용적 사랑	5, 11, 17, 23		
헌신적 사랑	6, 12, 18, 24		

03 사회적 영향(Social influence)

사회적 영향이란 어떤 변화를 야기하는 힘으로, 개인 혹은 집단의 태도나 행동에 영향을 미치는 사회적 힘을 의미한다. 우리는 타인들과 다양한 사회적 상황들을 어떻게 지각하고 있는가?, 타인들의 행동이나 태도에 대해 어떻게 반응하고 있는가?, 또 타인은 우리에게 어떻게 반응하고 있으며, 사회적 상황들에 의해 어떠한 영향을 받는가? 와 같은 질문의 답이 여기에 포함된다고 할 수 있다.

1) 사회적 힘

사회적 힘에 대한 다양한 학자들의 정의를 살펴보면 하트업(Hartup, 1983)은 "한 개인이 집단 내에서 타인의 행동 변화를 이끌기 위해 구사하는 능력"으로 정의하였고, 해치(Hatch, 1987)는 "사회적 힘이란 다른 사람에게 미칠 수 있는 영향력"으로 타인의 생각, 태도, 행동 및 감정까지 영향을 미치는 능력이라고 보았다. 한편, 러셀(Russell)은 "에너지가 물리학의 기본 개념인 것과 같이 힘은 사회과학의 기본 개념"이라고 보았다(한송이, 2008). 베르거(Berger, 1985)는 사회적 힘이 다른 사람의 행동과 감정을 변화시키고, 타인과의 관계 속에서 나타나는 능력으로 정의될 수 있다고 하였다. 사회적 힘은 인간이 여러 관계 안에서 타인의 행동이나 감정에 영향을 주고 이에 물리적 또는 심리적 변화를 일으킬 수 있는 능력으로 볼 수 있다. 이러한 사회적 힘은 긍정적으로 혹은 부정적으로 영향을 미칠 수 있다.

누군가(사회적 약자, 노숙자 등)를 위해 커피, 혹은 음식 값을 미리 지불해 놓으면 돈이 없어 주저하는 사람들이 무료로 이용할 수 있도록 하는 일종의 기부 커피, 즉 서스펜디드 커피(suspended coffee)가 사회적으로 긍정적 영향을 미치고 있다. 우리나라에도 '미리내 운동'으로 기부실천 운동이 실시되고 있다. 특히 요즘은 SNS(social network service)가 발달하면서 이러 한 사회적 영향, 힘의 전달력이 상당히 빠르고 강해졌다. 또한 자신의 딸이 실종되었다는 소식을 SNS에 공유하면서 실시간으로 사람들의 제보와 도움을 통해 오히려 더 유익한 결과를 낳기도 한다.

그러나 2012년에 있었던 모 인기 걸그룹의 왕따사건 영향은 사회적으로 특히 청소년들에게 아주 악영향을 미쳤다. 한 사람을 지목하여 무시하고 괴롭히

는 현상을 놀이처럼 초등, 중학교 현장에서 실제 일어나고 말았다. 이처럼 사회적 힘은 사회 구성원들에게 긍정적으로 또는 부정적으로 영향을 미치며 그 힘이 매우 막강하다.

2) 사회적 영향의 결과

(1) 태도변화(change of attitude)

태도는 어떤 사람이나 대상에 대한 신념, 감정 및 행동 의도를 총칭하는 개념(현선용 외, 2008) 으로 태도를 알면 그 사람의 행동을 예측할 수 있다는 점에서 태도의 변화를 중요하게 다뤄 왔다. 특히 사회적 영향을 받은 개인은 태도변화를 할 수 있고, 이는 행동의 변화를 가져오기 때문에 태도와 행동의 관계를 예측하고자 노력해 왔다.

먼저 태도가 행동을 결정한다는 가설은 의견이 분분한데, 태도와 행동의 일관성은 상황에 따라 달라진다고 밝혀지고 있다. 태도와 행동이 일치하는 상황은 태도가 강하고 명료할수록 또 이를 밖으로 표현하거나 자신의 이득과 직결할 때이다. 또 태도와 행동에 미치는 상황적 압력이 적을수록, 태도와 행동이 거의 동시에 측정될 때 일관되게 나타난다.

두 번째 행동이 태도를 결정한다는 의견이 더 일반적인데, 예를 들어 우리 학과에 선배 오빠가 교수님과 학과공부에 대한 정보도 주고 밥도 사주면서 호의를 베풀면 그에 대한 호감이 높아지고 그를 대하는 태도가 보다 친절하고 부드럽게 바뀐다. 이러한 현상은 인지부조화이론(cognitive dissonance theory)으로 설명할 수 있는데, 사람들은 심리적으로 일관된 태도를 유지하고자 하며 따라서 태도와 행동이 불일치, 부조화되면 불편감이 생겨 일치상태로 돌아가려는 동기가 유발된다는 것이다. 대체로 이미 취해 버린 행동은 취소하거나 되돌릴 수 없기 때문에 인지조화, 일치성을 위해 태도를 바꾸는 것으로 부조화를 감소시키고자 한다.

(2) 설득(persuade)

사회적 영향력은 다양한 매체를 통해 우리를 설득 한다. TV나 잡지광고를 통해 우리는 제품을 구매하고, 연예인이나 정치인에 대한 생각이 바뀌고 사회적 흐름에 동참하거나 반론을 펼치기도 한다. 설득하고자 하는 주제가 대상에게 중요한 의미를 지닌 내용이라면 자아관여 수준이 높고, 설득내용을 숙고하여 반응하는 반면, 자아관여 수준이 낮으면 설득자의 외모나 주변적 단서로 반응하는 경우가 있다. 대학생들에게 반값등록금에 대한 설득주제는 상당히 흥미 있고 대상자들의 관여를 높일 수 있지만, 향후 5년 후 반값등록금을 실현하겠다는 것은 자신의 당면상황과 거리가 있음으로 관여가 낮아진다. 또한 설득에 영향을 미치는 요인은 대상자가 기존에 같은 주제로 설득당한 경험이 있어 태도의 면역이 생겼을 경우이며 설득하는 환경이 주의가 산만한 분위기일 때 대상자는 보다 집중하여 반대주장을 떠올리기 힘들어 설득당하기 쉽다. 또한 예측할 수 있는 상황에 대해서는 설득효과가 떨어진다.

(3) 동조(conformity)

동조는 자신의 신념과 판단이 불명확함에도 불구하고 집단의 다른 구성원들과 같이 행동함으로써 집단의 일원이 되려는 경향(Deutsh & Gerald, 1955)을 말한다. 동조는 크게 두 가지 역할을 하는데, 개인이 어떤 정보를 판단할 때 자신을 합리화 시키는 이유를 제공하며, 둘째 집단구성원으로서 소외받지 않기 위해서이다(안지수·이원지, 2011).

이러한 동조를 하는 이유는 세 가지로 설명할 수 있다. 첫째, 규범의 영향이다. 집단으로부터 호감과 인정을 받고자 하기 때문에 사회적 규범은 다수의 기대에 부합되는 행동을 하도록 유도하고 사회적 영향력을 미치게 된다. 둘째, 정보의 영향이다. 자신이 어떠한 태도와 입장을 취해야 할지 모를 때 타인들의 행동으로부터 정보를 얻게 되고 이에 동조하게 되는 것이다. 셋째, 신념의 영향인데, 사회적으로 올바른 행동을 하려는 내면의 신념이 동조를 하도록 한다(오수민, 2012).

(4) 응종(compliance)

응종은 타인의 부탁에 따라 생각과 행동을 하는 것을 말한다. 타인의 부탁을 이끌어 내기 위해서는 전략이 필요하다. 첫째, 타인의 기분을 잘 맞춰 주는 것인데, 자신에게 중요하고 기분 좋게 해주는 사람의 부탁은 거절하기 힘들다. 둘째, '문간에 발 들여 놓기' 방법으로 상대방이 쉽게 들어줄 수 있는 사소한 부탁으로 허락을 구하고 점차 자신이 원하는 더 큰 부탁으로 하는 방법이다. 셋째, '문전박대' 방법으로 들어주기 힘든 부탁을 먼저 하여 상대방으로 하여금 거절하게 한다. 거절한 상대는 불편한 마음이 있는데, 실제 원하는 작은 부탁을 하면 '그것쯤이야!'라는 마음으로 흔쾌히 승낙하게 된다.

(5) 복종(obedience)

복종은 타인의 사회적 영향력(권력, 지위 등)으로 인해 상대방의 요청에 강제적으로 따르는 것을 말한다. 즉, 권위에 대한 응종이라고 볼 수 있다(윤가현 외, 1993). 교육방송의 한 실험에서 7세 아이에게 교사가 자신의 어릴 때 부모님과 함께 찍은 사진이라며 보여주고 즐거웠던 한때를 설명한 후, 그 사진을 찢어 달라고 요청했다. 그때 7세 아이의 표정은 당혹스러움을 감출 수 없고, 찢고 싶지 않다고 말하지만 권위자인 교사의 부탁으로 아이는 소심하게 사진 귀퉁이를 자르거나 교사의 눈치를 보면서 그의 부탁이 응하는 모습이 그려진다. 사회와 집단속에서 더불어 살아가기 위해 타인의 생각이나 감정, 행동을 받아들이거나 따라야 할 경우가 있지만 권위에 대한 맹목적 복종을 사회에 부정적 영향을 초래할 수 있다.

04 집단의 심리(psychology of group processes)

우리나라는 예로부터 집단주의 문화가 강하여, 집단 속에서 내가 어떻게 보이는지가 매우 중요하며, 그 속에서 인정과 칭찬을 받는 것의 효과는 매우 강력한 것이다. 따라서 집단 내에서 인정받기 위해서는 집단의 의견을 따르고 동참하여 그들과 하나라는 생각을 갖고자 한다. 또한 우리는 집단속에 들어가면 여러 요인들과의 상호작용을 통해 혼자 있을 때와는 사뭇 다른 모습을 보이기도 한다. 이러한 집단 안에서의 심리는 특히 집단으로 과제를 수행하거나 의사결정을 하는 상황에서 자주 일어난다.

1) 과제수행

(1) 사회적 촉진(social facilitation)

사람은 혼자 과제수행을 할 때 보다 집단 안에서 과제수행을 할 때, 보다 촉진 받고 능률이 오른다. 스포츠 경기에서도 혼자 기록을 깨면서 달리지 않고, 여러 선수가 서로를 촉진하면서 경쟁할 때 기록이 단축된다. 이번 소치 동계 올림픽에서도 스케이팅 경기를 할 때 어떠한 선수와 함께 겨루느냐에 서로에게 도움이 된다고 해설가는 말한다. 기록이 좋은 선수와 함께 경기하는 선수가 이전보다 더 좋은 기록을 갱신하는 경우가 많은 것이다. 이렇게 집단 안에서 또는 옆에서 지켜보기만 하더라도 혼자가 아닌 집단에서 더 과제수행에 촉진을 받는 현상을 사회적 촉진이라 한다.

(2) 사회적 억제(social inhibition)

사회적 촉진과 반대개념으로 타인의 존재 또는 집단속에서의 과제 수행 시작업능률이 떨어지는 현상을 말하는데, 그렇다면 집단이나 아니냐와 상호작용하여 과제수행에 영향을 미치는 요인이 있다는 결론을 지을 수 있다. 집단에서 어떨 때 촉진이 일어나고 억제가 일어나는지 살펴보자. 수행과제의 난이도에 따라 달라진다고 학자들은 말한다. 수행과제가 쉽고 익숙하면 타인이 옆에 있거나 집단 안에 있을 때 시너지를 내지만 과제가 생소하고 어려운 경우 집단 안에서 어떻게 보이는지가 중요한 사람들에겐 오히려 긴장과 불안을 야기할 수 있다.

(3) 사회적 태만(social loafing)

우리는 집단과제를 할 때 기여도가 없으면서 함께 묻어가려는 사람들에게 "무임승차"를 한다고 말한다. 집단의 일원으로 과제를 수행하게 되면 혼자 과제수행을 할 때 보다 덜 열심히 하게 된다. 이를 사회적 태만이라고 한다. 이러한 현상은 집단원들의 과제 기여도를 평가할 수 없는 상황일 때 더 자주 일어난다. 누가 얼마나 과제를 수행했는지 보다 집단전체의 과제 수행결과로 평가될 때 집단원들은 누군가 하겠지 라고 생각하고 태만해진다.

2) 집단 의사결정

우리는 혼자 보다 집단으로 문제를 해결할 때, 보다 효과적이라고 생각한다. 또한 혼자 의사결정을 할 때 보다 집단으로 의사결정을 하면 그 결정에 보다 확신을 갖게 되고 여러 사람의 의견이 모여 효과적인 방안이 결정되기도 한다. 그래서 중요한 정책결정이나 사업의 향방을 결정할 때 여러 사람들이 모여 의사결정을 한다. 그러나 이러한 집단의사결정이 늘 옳고 긍정적 효과를 가져오지는 않는다. 뉴스를 보면 국회와 같은 장소에서 집단 의사결정에 실패할 경우 서로 논쟁과 무력다툼까지 일어나기도 한다. 노사합의과정 또한 실패할 경우 파업이나 농성과 같은 시위가 일어나면 특히 시민들의 복지와 직결된 단체(병원, 버스, 철도 등)의 경우 사회적으로 큰 어려움을 끼칠 수 있다. 이렇게 집단 의사결정에 영향을 미치는 왜곡의 현상들을 살펴보자.

(1) 집단극화

자신과 같은 생각을 갖고 있는 사람들이 많은 집단에 속하게 되면 사람들은 극단적인 선택을 할 수 있다(Sunstein, 2011). 즉, 집단을 이루기 전 생각했던 반응의 평균은 집단을 이루고 난 뒤 반응전의 생각의 방향과 강도가 훨씬 극단적이 된다는 것이다. 의사결정에서 우리가 갖는 오해는 서로의 의견을 모아 중간정도 지점에서 타협하고 결정한다고 생각한다. 그러나 집단으로 모이면 견해차를 좁히는 것이 아니라 오히려 더 극단으로 치닫는 결정을 하게 된다. 선스타인(Sunstein, 2011)은 이러한 집단극화 현상의 핵심적 요소를 새로운 정보의 교환이라고 주장하였다. 집단극화가 일어나려면 반드시 동질집단이 필요하고 어떠한 주제와 이슈에 대한 정보를 교환하게 된다.

이러한 의견교환 과정에서 설득력 있는 사람의 주장을 수용하고 또 자신의 의견을 수정하면서 맞춰 가기도 하고, 자신이 사회적으로 옳다는 것을 남들과 비교해서 알기를 원하고 또 이를 과시하고 노출하기를 원한다. 이러한 집단 내에서의 극화현상은 꼭 면대면 일때만 일어나는 것은 아니다.

최근 SNS등 집단 의사교류의 매체가 다양화되고 발전하면서 집단극화 현상이 더 활발해 지고 있다. 특히 인터넷 공간은 익명성이 보장되어 보다 집단 간 양극화를 심화시키고, 트위터의 경우 팔로우(follow)를 통해 자신과 의견을 함께하는 설득력 있는 누군가를 따름으로 집단극화 현상이 노출되기도 한다. 페이스북(facebook)의 경우도 자신의 의견이나 생각을 올리면 네트워크에 속한 사람들인 '좋아요'를 누르게 되고, 자신의 생각에 공감하는 사람들을 확인할 수 있다.

(2) 집단이행

의사결정시 개인적으로 결정하는 것 보다 집단적으로 결정할 때 훨씬 모험적 선택을 하는 것을 스토너(Stoner, 1961)가 가상실험을 통해 확인하였다. 집단적 의사결정은 개인의 의사결정보다 모험과 극단적 선택이 빈번히 일어난다. 아래 지문의 내용을 읽고 따라 해보자.

생각해보기

1. 먼저 여러분은 두 가지 사업 중 하나를 선택합니다.
   ① 수익은 낮지만, 망하거나 위험하지 않고 비교적 안정적인 사업
   ② 수익이 높지만, 위험부담이 있는 사업

2. 자, 이제 4명씩 짝을 지워 봅시다. 자신이 혼자 생각했던 것은 서로 공유하지 않습니다. 집단원들 끼리 함께 어떠한 사업을 할 것인지 결정하십시오.

— 스토너 가상의사결정 실험 중에서

응용문제

1 인상형성의 오류를 예와 함께 설명하시오.

2 귀인 전에 검토하는 세 가지 정보에 대해 구체적으로 기술하시오.

3 호감에 영향을 미치는 이론 네 가지 중 세 가지를 골라 설명하시오.

CHAPTER 08

스트레스와 대처능력

현대에 있어서 스트레스와 관련하여 스트레스라는 단어는 일상생활에서 쉽게 접하고 통용되고 있다. 또한 현대 산업사회에서 건강을 유지하고 풍요로운 삶을 누리는 데 장애가 되는 요소로서 많은 사람들이 스트레스를 말한다. 갈수록 첨단화 되어 가는 물질문명과 넘치는 정보화 산업사회의 구조 속에서 경쟁하듯 살아가는 현대인들에게 스트레스는 개인의 건강과 안녕상태에 영향을 미치고 정신장애를 일으키는 주요 원인이 되고 있다.

1960년대까지만 하더라도 스트레스는 부정적인 것으로만 간주되어 스트레스가 전혀 없는 상태가 가장 이상적인 상태로 인식되었다. 그러나 스트레스는 부정적인 것이라고 단언하기 어렵다. 왜냐하면 스트레스는 생활 속의 다양한 변화와 도전, 그리고 정서가 포함되어 있는 자연스러운 생활의 일부이기 때문이다. 인간의 삶이 계속 되는 동안 스트레스는 항상 존재하게 되므로 건강한 정신을 유지하고 안락한 삶을 살아가기 위해서는 스트레스에 대한 이해와 적절한 대처방법이 강구되어야 할 것이다(박선영, 1993).

01 스트레스의 정의

스트레스(stress)는 15세기부터 압력(pressure), 물리적 압박(physical strain) 등의 의미하는 용어로 사용되었다. 스트레스라는 용어는 신체질환 및 정신질환과 관련하여 많은 관심의 대상이 되고 있으며, 일반적으로는 우리에게 가해지는 외부의 영향을 뜻한다. 일반적으로 가정 및 직장이나 학교에서 겪는 대부분의 문제들에서 스트레스를 경험할 수 있다. 전문가들은 스트레스를 다음과 같이 정의하고 있다.

첫째, 사회·환경적인 스트레스로 긴장과 불안감을 일으키는 스트레스 원으로 주로 외부환경으로부터 스트레스가 발생하는 경우이다.

둘째, 생리적인 반응의 스트레스로 심장박동 수 증가와 면역기능의 변화 혈압상승, 스트레스 호르몬 증가 등으로 주로 병원에서 의사로부터 진단받게 되는 경우를 들 수 있다.

셋째, 심리적인 스트레스로 경험과 인지, 정서의 반응으로서 느껴지는 것으로 긴장감과 불안 등의 어려움을 겪는다.

스트레스의 정의는 생리적, 심리적, 사회 환경적인 상황들을 종합적으로 접근하여 정의해야 할 것이다. 스트레스란 환경에 적응하는 과정에서 겪는 불가피한 현상이라고 할 수 있는데, 환경자극에 대한 인간의 방어적인 태도와 긴장되는 심리적인 상태라고 할 수 있다. 변화와 위험 및 자극에 대한 불안 긴장, 두려움, 갈등과 같은 심리현상이라고 볼 수 있다.

1) 자극에 근거한 접근

자극으로서의 스트레스 정의는 행동주의 전통에서 비롯된 것으로, 스트레스를 인간에게 영향을 미치는 사건, 즉 하나의 자극으로 보는 입장이다. 개인은 스트레스에 대한 반응적인 존재이며 스트레스를 그대로 다 받는다는 전제를 갖는다. 스트레스를 객관적인 물리적 위험이나 심리적 위험이 존재하는 환경 조건으로 정의하려는 입장이다. 스트레스에 대한 용어를 처음으로 사용한 Selye는 스트레스란 신체에 가해진 어떤 요구에 대하여 신체가 항상 동일한 반응을 일으키는 자극으로 보고, 경고반응기, 저항기, 소진기로 나누었다(김청자 외, 2004). 그러나 스트레스를 자극으로 보면 동일한 자극이라도 개인마다 다르게 지각하고 반응하는가의 차이를 알 수 없다. 즉, 눈앞의 중요한 시험에 대해서도 어떤 사람은 해 볼만 한 도전으로 생각하는 반면 다른 사람은 심각한 위협으로 생각하기 때문이다. 관계적 관점에서 스트레스를 정의할 때는 객관적 자극의 성질로서의 스트레스와 개인의 주관적 평가 및 스트레스 반응을 함께 고려할 수 있다는 장점이 있다. 자극으로서 스트레스를 정의하는 관점은 사회학에서, 반응으로서 정의하는 관점은 의학에서 많이 사용되고, 관계적 관점으로서의 스트레스 정의는 심리학에서 많이 사용되고 있다.

2) 반응에 근거한 접근

생물학과 의학계에 널리 퍼져 있던 반응으로서 스트레스 정의는 스트레스하에 있는 상태, 스트레스에 반응하는 유기체, 스트레스 경험으로 인한 고통 등을 의미한다. 어떤 사건으로 인한 변화가 신체의 항상성을 무너뜨리게 되면 신체는 스스로를 보호하기 위하여 보유하고 있는 자원을 동원함으로써 내적인 반응태세를 취하게 된다고 보고 개인의 반응에 중점을 두는 입장이다.

유기체가 스트레스 자극을 받을 때는 스트레스에 따라 흔히 경험하는 증상들에 있어서 신체적인 반응으로 피로, 두통, 불면증, 빠른 맥박, 근육통, 땀 등이 있다. 행동적 증상으로는 안절부절, 손톱 깨물기, 과식, 흡연, 욕설, 폭력 등이 발생하고, 인지적 대표적 증상은 집중력 및 기억력 감소된다. 그리고 정서적 증상에는 불안, 예민해짐, 우울, 분노, 근심 등이 있다. 김광웅(2005)은 스트레스 반응 자극을 신체적·심리적 반응의 자극으로 나누어 설명하였다.

(1) 신체적 반응

Cannon(1932)은 인간이 분노와 공포 같은 정서를 경험하면 신체적인 변화로 혈당수준, 맥박, 호흡, 혈압 등이 증가하고 근육으로 보내는 혈액량이 증가하는 현상을 발견하였다. 스트레스를 받을 때, 즉 화가 많이 났을 때나 심하게 놀랐을 때, 심장이 빠르게 뛰고, 얼굴에 열이 달아오르거나 핏기가 없어지고, 근육이 저절로 긴장되거나 풀리는 경험을 하게 된다. 이것은 스트레스를 받을 때 발생하는 생리적 반응의 자극으로 교감신경계의 작용으로 심장은 빨리 뛰고 많은 양의 혈액이 근육으로 흘러 들어가기 때문이다. 이때는 호르몬 체계에도 영향을 미쳐 스트레스 호르몬을 분출하게 된다. 이것은 고혈압, 위궤양, 편두통, 천식 등과 같은 신체질병의 원인이 될 수도 있다.

(2) 심리적 반응

❶ 불안

불안은 스트레스로 인한 가장 흔한 반응이다. 스트레스로 인해 안절부절 못함, 쉽게 피로해짐, 집중곤란, 쉽게 화를 내거나, 과민한 기분상태, 근육긴장, 수면장애는 불안과 걱정으로 야기되는 부수적인 증상들이다. 그러나 불안에 대한 개인적인 반응이 적절한지에 따라 정상과 신경증으로 특정 지을 수 있다.

스트레스로 인한 신경증으로는 노이로제(neurosis)가 있다. 노이로제란 불안, 과로, 갈등, 억압, 억울 등의 감정적인 체험과 스트레스가 원인이 되어 발생하는 신체적인 병적 증상을 말한다(오강섭, 1995). 노이로제는 필요 이상으로 자기의 증상과 질병을 의식하여 어떻게 하지 않으면 안 될 것 같은 초조감이 있는 것이 특징이다. 그 증상은 사소한 일에 신경을 곤두세우고, 문이 제대로 잠겼는지, 불이나 가스를 끄고 나왔는지, 도둑이 들지는 않았는지 등의 불안 증세와 사람을 만날 때마다 무슨 말을 해야 할이지, 혹은 저 사람이 나에 대해 나쁜 생각을 하고 있지는 않은지, 부끄러움이나 창피를 당하지는 않을지 계속 생각하게 되는 강박 신경증세가 있다.

❷ 분노와 공격

스트레스를 경험할 때 대표적인 반응으로 분노가 있다. 많은 실험결과를 보면, 동물들은 기대한 보상을 제공받지 못했을 때 스트레스에 대한 반응으로 공격적인 행동을 보인다고 한다. 사람들도 종종 좌절을 경험하게 되면 분노와 공격적인 행동을 보인다. 이를 심리학에서는 좌절-공격가설(frustration-aggression hypothesis)이라고 하는데, 좌절이 공격을 유발한다는 것이다. 자신이 어떤 목표에 도달하려는 노력이 방해를 받게 되면 좌절을 일으키게 한 대상이나 다른 사람을 해하려는 공격충동이 생긴다. 그러나 좌절감을 경험하게 한 원천에 대한 직접적인 공격이 항상 가능한 것은 아니다. 종종 그 원천이 애매하거나 알 수 없을 때가 있다. 좌절의 원천에 대한 직접적인 공격이 차단되는 상황에서는 실제 좌절감을 준 대상 대신에 아무런 책임이 없는 제3의 대상에게 공격행동이 전위(轉位)될 수 있다. 우리나라의 속담, "종로에서 뺨 맞고 한강에 가서 눈 흘긴다.", "서울에서 매 맞고 송도에서 주먹질한다." 등으로 잘 표현되고 있다.

❸ 우울

동일한 상황에서도 사람들은 각기 다르게 반응할 수 있다. 좌절에 대한 적극적인 반응이 공격이라면 정반대인 반응은 위축이다. 스트레스 상황이 지속되면 사람들은 대처하지 못하고 우울 및 무기력 상태에 빠져들 수 있다.

Seligman(1975)은 동물실험에서 개에게 전기충격을 줘서 회피반응을 관찰하고, 환경을 통제하지 못하면 스트레스 반응을 보이게 되고, 결국 회피하고자 하는 노력조차 포기하는 것을 발견하였다. 이러한 심리적 반응을 그는 '학습된 무기력(learned helplessness)'이라고 하였다. 우울증에 걸린 사람들은 마치 개 실험에서처럼 적극적으로 문제해결을 하려는 동기가 없고, 만사 의욕과 흥미를 잃고 무기력해지기 쉽다는 것이다. 이러한 증상이 지속되거나 심각해지는 경우 알코올 중독 및 자살에까지 이르게 될 수 있다.

3) 상호작용으로서의 스트레스

상호작용으로서의 스트레스 정의는 환경과 인간간의 관계성을 강조한다. 스트레스를 환경과 개인 간의 복잡한 역동적인 상호작용으로 보고 심리과정에 초점을 두고 있다. 어떠한 환경적 사건도 개인의 지각이나 평가와 독립되어 하나의 긴장원으로 작용할 수 없다는 관계론적 입장에서 자극의 스트레스성 여부를 결정하는 것은 자극 혹은 그 반응자체가 아니고 유기체가 환경적 자극을 평가하고 요구에 대해 반응할 수 있는 대처자원을 해석하는 방법이라고 본다(장현갑·강성군, 1999).

스트레스를 유발할 수 있는 자극들이 누구에게나 동일한 의미로 지각되지는 않겠지만 어느 정도의 객관적 관점도 있다. 예를 들면, 전쟁이나 자연재난, 부부 사이의 갈등은 대부분의 사람들에게 스트레스가 될 것이다. 잠재적 스트레스 원인으로는 환경, 직업, 대인관계 및 생활사건 등을 들 수 있다.

02 스트레스의 원인

대부분의 사람들은 스트레스의 원인을 외부에서 찾으려고 하지만 깊이 성찰해 보면 스트레스를 받는 자신에게 문제가 있으므로 자신의 마음이 어떻게 진행되는지 이해하는 것이 선행조건이며 문제의 해결점을 자신에게서 먼저 찾아보는 것이 중요하다고 하겠다.

1) 스트레스의 생리적 요인

스트레스란 지나친 심리적, 육체적 요구에 대한 적응 반응으로 나타나는 정신적 긴장을 말한다. 인간의 신체는 주기성을 가지고 있어서 규칙적인 생활을 통한 생리학적 시간과 바이오리듬이 유지될 때 신체적 정신적 건강을 유지할 수 있지만 사회가 요구하는 사회적 시간 또는 경제적 효용성에 맞추어 살아가는 현대인들에게는 신체의 자연적 리듬이 파괴되고 스트레스가 높아진다.

셀리에(Selye)는 1930년대부터 사망할 때까지 스트레스의 개념 및 신체 질환과 스트레스의 관계를 연구하고 그 결과를 대중들에게 널리 알리는 중요한 역할을 했다. 스트레스 반응의 생물학적 측면에 초점을 맞추어 반응으로서 스트레스를 연구하는 대표적인 학자가 되었다. 1950년대에 들어서 그는 스트레스라는 용어를 유기체의 반응을 지칭하는 데 사용하기 시작했다. 셀리에는 스트레스 유발 자극에 대해서는 '스트레스원(stressor)'이라는 용어를 사용하고 스트레스 반응에 대해서는 '스트레스(stress)라는 용어를 사용했다.

셀리에는 스트레스를 '수많은 스트레스원에 의한 일반적인 신체적 적응반응'이라고 정의했다. 그는 스트레스 반응은 항상 동일한 과정을 거친다고 믿었다. 셀리에는 소의 난소에서 추출한 물질을 쥐에게 주사한 결과, ① 부신피질이 확장되고, ② 갑상선, 췌장, 림프절 및 모든 림프구조가 축소되고, ③ 위와 십이지장 상부의 출혈성 궤양이 나타나는 것을 발견했다. 이 연구에 이어 다양한 종류의 독성 자극(예: 더위, 추위, 전기쇼크, 약물 등)들도 실험동물들에게 위와 유사한 결과를 초래함을 발견했다. 이런 연구결과들에 기초해서 셀리에는 자극의 종류에 관계없이 스트레스 반응은 비특정적으로 발생한다고 주장했으며, 이런 반응을 일러서 일반적응증후군(general adaptation syndrome :

GAS)이라 불렀다.

셀리에는 일반적응증후군을 세단계로 설명하였다.

첫 번째는 경보반응 단계(alarm reaction stage)로 신체는 교감신경계를 주로 활용해서 긴급한 상황에 대비할 수 있는 일종의 전시 동원 체제를 마련한다. 에피네프린(일명 아드레날린)이 급속하게 방출되고 심장박동과 혈압이 증가하며 호흡이 빨라지고 혈액이 내장기관에서 골격근으로 몰리며 땀샘이 활성화되고 위장기관의 활동이 감소하는 등, 자신이 가진 힘을 총동원해서 위급 상황에 대해 '투쟁하거나 도피하는 반응(fight or flight reaction)'의 준비 태세를 갖추게 해 준다. 이런 반응은 신체가 위급한 상황에 단기적으로 대응하는 데는 적응적이지만 만성적으로 스트레스에 노출되는 현대인에게는 여러 가지 문제를 일으킬 수 있다.

두 번째는 저항 단계(resistance stage)로 유기체가 스트레스에 대하여 나름대로 적절한 반응을 보인다. 따라서 신체적으로 특별한 반응상태 없이 잘 적응하고 있는 것처럼 보인다. 그러나 스트레스가 지속되면 계속적인 신경계 및 내분비계의 변화를 가져오며, 이는 질병이나 죽음이라는 대가를 지불하게 한다.

마지막으로 소진 단계(exhaustion stage)는 적응에너지의 고갈이 특징이다. 인간이 소유하고 있는 적응에너지는 무한하지 않기 때문에 지속적인 스트레스로 적응에너지는 소진된다. 이 단계에서는 부교감신경계가 활성화된다. 정상적 상황에서의 부교감신경의 활성화는 고갈된 에너지를 회복시켜서 신체를 균형 상태에 이르게 한다. 그러나 소진 단계에서는 앞서 발생한 비정상적으로 높은 수준의 교감신경 활성화를 보상하기 위해 비정상적으로 높은 수준의 부교감신경 활성화가 일어난다. 셀리에는 이런 단계에서 신체의 자원이 새로 보충되지 않거나 추가로 스트레스원이 발생하면 인체는 질병이나 죽음에 이르게 된다고 보았다.

2) 스트레스의 상황적 요인

예측할 수 없는 천재지변이나 각종 돌발사고 그에 따른 생활의 변화 등과 같은 외부 상황적 요인이 개인의 스트레스를 발생시키는 하나의 원인이 될 수 있다. 천재지변이나 예측 불가능한 돌발사고 등 갑작스러운 재난은 엄청난 스트레스 자극이 된다는 것이다. 재난에는 지진이나 태풍에 의한 자연재해 뿐 아니라 각종 교통사고 및 대형 참사, 화재 등과 같은 인간에 의한 재난도 있으며 강도, 폭력 등에 의한 충격적인 개인적 재난을 당하는 경우도 많다. 재난을 당한 피해 당사자들은 불안이나 우울증을 경험하거나, 스트레스장애, 적응장애, 심지어는 죄책감에 시달리기도 한다. 이런 경우의 스트레스는 부정적 생활사건과 관련된 고통이란 용어로 표현된다(최미례, 2000).

3) 스트레스의 사회 심리적 요인

(1) 결핍(deprivation)

결핍이란 개인의 욕구를 만족시킬 수단이 박탈되거나 제거된 상태를 말한다. 식욕이나 성욕처럼 생리적인 욕구든 인간의 자아실현과 존엄에 대한 욕구처럼 추상적이거나 심리적인 것이든 간에 원하는 욕구가 충족되지 않았을 때 인간은 스트레스를 받게 되며 소외나 고립 등을 통해서도 심리적·사회적 결핍을 느낀다. 사실 결핍이란 주관적 사실임에도 불구하고 타인과의 비교, 자신의 기대치, 과거의 경험 등에 비추어 현재의 상황이 부족하다고 느끼게 되면 상대적 결핍과 주관적인 불행을 느끼게 되고 반대로 자신보다 더 못한 처지의 사람과 비교함으로써 스트레스를 완화 할 수도 있다. 많은 사람들은 자신의 상황을 타인들과 비교해 보고 그 결과를 가지고 주관적인 판단의 만족과 불만족을 스스로 결정한다.

(2) 욕구좌절(frustration)

욕구좌절은 자기가 하려고 원하는 목표를 달성하는데 방해를 받거나 실패하게 되면 나타난다. 이러한 좌절을 겪게 되면 정서적으로 분노나 공격감정이 나타나는데, 이것이 스트레스로 작용하기도 하고 무력감에 빠져 자신을 무가치하게 생각하게 만들기도 한다(정선욱, 2002). 개인적인 목표지향 행동이 장애에 부딪혔을 때 좌절로 나타나므로 좌절이란 지극히 개별적인 경험이라고 말할 수 있다.

좌절을 일으키는 장애의 요인으로 첫째는 물리적 장애 요인으로써 생활상의 사소한 일, 예컨대 날씨가 더운데 창문이 열리지 않는다든가 열쇠를 분실했다든가 하는 일로부터 크게는 지진으로 소중한 피해를 입어 좌절을 한다든가 태풍으로 한 해의 농사를 망친다든가 해서 소득을 얻고 싶은 욕구를 좌절시키는 것까지 다 포함된다. 둘째 사회적 장애로서 꼭 배워야 할 것들을 가정에서 배우지 못한다거나 경제적 여건 때문에 갖고 싶지 않은 직업을 선택한다거나, 사회적으로 여성차별을 받는다든가 하는 모든 사회적 장애들이 포함된다.

03 스트레스의 증상

1) 신체적·생리적 반응

신체가 스트레스 인자(stressor)들을 만나면 증상이라는 모양으로 스트레스 반응을 나타낸다. 이러한 반응은 몸이 어떠한 위험 상황에서 스트레스 인자와 싸워서 극복하거나 멀리 도망갈 수 있도록 하기 위해 아드레날린 등의 스트레스 호르몬을 분비하게 만들며 정신적으로는 감각기관이 예민해지고 근육이 긴장하며 호흡이 빨라지고 심장 박동이 빨라져 혈압이 올라가게 만든다.

이러한 스트레스 반응이 지속되면 신체적으로 피로감, 두통, 가슴이 두근거리는 심계항진 안면홍조, 불면 등의 양상이 나타나고 짜증을 내거나 난폭해지기도 하며 공포증, 신경성 위장병, 신경성 피부병, 고혈압, 심장병 등과 같은 질환을 가져온다. Friedman과 Roseman은 A유형의 성격이 심장병에 걸릴 확률이 높다고 주장했다(장현갑 외, 1999).

2) 심리적 반응

스트레스를 받게 되면 불안, 초조, 공포, 우울, 의기소침, 짜증 등과 같은 심리적 반응이 나타난다고 한다. 실제로 미국 9·11 테러사건이나 대구 지하철 참사 등 커다란 사건을 겪은 사람들은 외상 후 스트레스장애(post traumatic stress disorder : PTSD)에 시달리고 있으며 이를 방치할 경우에는 심각한 정신건강 위기에 직면하게 될 것이라고 정신보건 전문가들은 경고한다(이규태, 1997).

스트레스를 받으면 우울하고 의기소침한 감정을 갖게 되어 매사에 싫증을 느낀다거나 식사에 무관심하거나 불면증에 시달리거나 절망감에 빠지는 등의 현상을 보이고 심할 경우에는 자살로 이어지기도 한다.

특히 청소년의 경우 급속한 신체적 발달과 이차 성징의 발현, 생식기능의 성숙 등 생물학적 측면이 특징적이다. 그리고 정신과 신체의 불균형이 극단화되기 쉬운 것도 이 시기이다. 성적인 공상과 현실과의 차이에서 나타나는 갈등, 내면에서 솟아오르는 성충동의 고조는 새로운 스트레스 상태를 야기하고, 행동화하기 쉽다. 이와 함께 시험경쟁이나 그에 수반하는 요인에 따라 심신의 피로는 더욱 심해진다. 이 결과 신경성 식욕부진을 비롯한 정서장애, 신경증, 행동이상이 속출하게 된다.

또한 청년기 전기는 고교생 시기에 해당되며, 의존과 독립의 갈등, 자아정체감의 위기에 직면하는 시기이다. 청년기 후기는 취직, 결혼이라는 인생의 전환을 맞는 단계이나, 자아정체감의 확립이 불충분한 상태에서는 스트레스가 병으로 반영되기 쉽다.

3) 성격요인

성격적 요인이 스트레스 상태를 일으키는 경우는 많다. 일반적으로 신경증적 성격요인으로는 정서적으로 불안정하고, 스트레스에 대한 내성이 약하고, 사회부적응의 경향을 들 수 있다. 심신증의 성격특성에는 성실하고, 일에 열심이고, 모범적이라는 식으로 오히려 자기 자신을 희생하면서까지 환경에 잘 순응하려는 과잉적응의 경향이 강한 것으로 지적되고 있다(설기문, 2000).

스트레스에 불리한 부정적인 성격성향이 강한 사람들은 자신의 성격을 완전히 바꾼다는 것이 불가능하다는 점을 인식해야 하는 것도 중요하다. 또한 역할을 수행하는데 있어서 일시적 퇴행이 도움이 되는 경우가 있다. 성인의 퇴행적 행동은 미숙하고 부적응적 행동으로 취급하나 일시적 퇴행이 부정적인 것만은 아니다. 심한 스트레스 상황이나 신체질병으로 인한 스트레스일 경우 독립적인 역할을 계속하기보다는 일시적으로나마 타인에게 의존하는 것은 도움이 될 수도 있으므로 융통성을 가져야 한다.

A형 유형의 성격은 정열적이고 완벽주의자이고, 일이나 여가에 있어서도 항상 앞을 다투고, 시간에 쫓기는 유형이다. 또 공격적, 지배적, 야심적, 긴장감이 강하고, 완고한 성격의 특징을 들고 있다. 이런 성격의 사람들은 스트레스에 대한 관리가 특히 필요한 성격이다.

성격유형을 측정하기 위하여 정현갑과 강성군(1996)이 번안한 Girdan-o와 Everly(1979) 및 Dusek(1990)의 Hart Type A척도를 사용하였다. 총 10문항으로 구성되어 있으며 4점 척도로 평가한다. 각 문항에 대한 반응점수를 합산하여 10~23점 사이이면 A형 성격 기질이 전혀 없고, 24~40점이면 결정적인 A형 성격기질이 있다고 해석한다. 이러한 해석방법을 기초로 총점이 24점 이상이면

A형 성격, 24점 미만이면 B형 성격으로 구분하였다. A형 성격은 공격적이고 조급하며 경쟁심이 강한 성격이고, 반대로 느긋하고 여유 있는 성격은 B형 성격이라 한다.

〈표 8-1〉 Hart Type A 척도

번호	문 항 내 용	전혀 그렇지 않다	별로 그렇지 않다	대체로 그렇다	매우 그렇다
1	나는 약속시간에 늦는다든가 또는 일이 느리게 진행되는 것을 참지 못한다.	1	2	3	4
2	나는 줄을 서서 기다리는 것을 싫어한다.	1	2	3	4
3	사람들은 내가 쉽게 흥분한다고 말한다.	1	2	3	4
4	나는 나의 일과 오락을 경쟁적으로 하려고 한다.	1	2	3	4
5	나는 내가 해야 할 일을 이루고 잠시 쉬고 있을 때에 죄의식을 갖는다.	1	2	3	4
6	나는 대화에서 다른 사람들의 말을 가로챈다.	1	2	3	4
7	나는 심한 압력 하에 있을 때 쉽게 흥분하고 화를 낸다.	1	2	3	4
8	나는 시간을 정해 놓고 강박적으로 일을 한다.	1	2	3	4
9	나는 내가 하고 싶은 일이 다른 사람에 의해 좌우되는 것을 싫어한다.	1	2	3	4
10	나는 현실적으로 그렇게 할 필요가 없을 때에도 나 자신을 몰아세운다.	1	2	3	4

4) 스트레스 척도

스트레스는 어떤 자극에 대한 각성반응이며, 각성반응을 일으키는 자극은 우리 일상생활에서 경험되어진다. 우리는 주변에서 일어나는 여러 가지 자극으로부터 영향을 받고 있지만 어떤 스트레스를 받는지 모를 때가 있다. 스트레스에 적절하게 대처하기 위해서는 일상생활에서 경험하는 스트레스의 항목과 정도를 이해할 필요가 있다.

현대사회의 다양한 변화와 요구는 각 개인에게 엄청난 스트레스로 다가오고 있다고 해도 과언이 아니다. 최근 많은 연구는 생활환경의 변화가 스트레스를 유발하는가에 초점을 맞추고 있다.

Holmes와 Rahe(1967)는 일반인들을 대상으로 생활사건이 얼마나 재적응하기 어려운지를 평정하게 하는 방식으로 생활사건 변화척도를 표준화하였다. 여러 가지 생활상에 잠재적인 스트레스를 야기하는 생활사들을 중심으로 사회적 적응 평가지수를 제시하였다. 기쁜 일, 괴로운 일 모두가 생활변화를 의미하는 한 스트레스가 되며 생활사건의 심각성이 아니라, 그 사건들의 전체 영향, 즉 생활변화량이 중요하다. 이 검사는 지난 한 해 동안 어떤 생활사건이 자신에게 일어났는지를 살펴보고 이에 대한 평정척도 점수를 합산하여 스트레스의 양을 측정하는 것이다. 표에서 제시된 지난 1년간의 스트레스 생활사건 총점이 150 이하이면 생활환경변화에 근거한 당신의 스트레스 수준은 낮은 편이고, 150~199인 사람은 경미한 생활위기에 처해 있으며, 200~299는 견딜 만한 위기라고 할 수 있다. 그러나 300이 넘는다면 심각한 위기에 놓여 있다고 할 수 있으며 스트레스에 관련된 생활환경 변화 수준이 높기 때문에 다른 변화들을 없애야 할 것이다.

척도에서 주목할 것은 매우 긍정적인 사건도 스트레스가 될 수 있다는 사실이다. 즉, 결혼, 임신, 승진, 휴가 등과 같은 긍정적인 생활 사건들도 어느 정도 재적응과 조정을 요구한다는 것을 알 수 있다.

〈표 8-2〉 사회재적응 평정척도(Holmes&Rahe, 1967)

사회재적응평정척도

지난 1년 동안 당신이 경험한 사건들을 체크해 보십시오. 당신이 체크한 사건들의 생활변화 단위 점수를 더하면 지난 1년간 당신이 경험한 스트레스 강도를 알 수 있습니다. 그 점수가 300점 이상이면 당신의 건강은 매우 높은 위험에 처해 있고, 점수가 150~299점 사이에 있다면 상당한 위험 수준에 처해 있다고 해석할 수 있습니다.

순위	주요생활사건	생활 변화 단위
1	배우자의 사망	100
2	이혼	73
3	부부의 별거	65
4	교도소에 수감	63
5	가족의 사망	63
6	자신이 다치거나 질병에 걸림	53
7	결혼	50
8	실직	47
9	부부간의 화해	45
10	은퇴	45
11	가족 구성원의 건강의 변화	44
12	임신	40
13	성생활에서의 문제	39
14	새로운 식구가 생김	39
15	사업상 재적응 상황	39
16	경제적 지위(재정 상태)의 변화	38
17	친한 친구의 사망	37
18	직장 부서의 변화	36
19	배우자와의 다툼 횟수의 변화	35
20	1만 달러 이상의 저당이나 융자	31

순위	주요생활사건	생활 변화 단위
21	저당권 상실	30
22	직장에서 책임의 변화	29
23	자녀의 출가(예: 결혼이나 대학 입학 등)	29
24	시댁이나 처가와의 갈등	29
25	두드러진 개인적 성취	28
26	아내가 직장에 나가기 시작하거나 중단함	26
27	학교를 다니기 시작하거나 그만둠	26
28	생활환경의 주요 변화	25
29	개인적 습관의 변화	24
30	상사와의 갈등	23
31	직장에서 작업 시간이나 조건의 주요 변화	20
32	거주지의 변화	20
33	학교에서의 변화	20
34	취미 활동에서의 변화	19
35	교회 활동의 수나 유형의 변화	19
36	사회 활동의 수나 유형의 변화	18
37	1만 달러 이하의 저당이나 융자	17
38	수면 습관의 변화	16
39	가족 모임 횟수의 변화	15
40	식사습관의 변화	15
41	휴가	13
42	크리스마스	12
43	사소한 법률 위반(예: 교통 위반 등)	11

04 스트레스 대처방안

1) 스트레스를 대처하는 마음가짐

스트레스는 생활방식과 밀접한 관계가 있다. 실제적으로 스트레스성 질환 중 심장병과 뇌졸중의 제일 중요한 원인을 제공하는 고혈압의 예방과 치료에는 스트레스를 포함한 생활습관이 중요한 요소로 관여한다는 사실은 이미 잘 알려져 있다. 즉, 스트레스는 생활방식과 밀접한 관계가 있으며, 스트레스 상황이 생기면 이에 대처하기 위해 생활방식을 바꾸는 경우가 많다.

스트레스 유발 요인에는 외부적 요인도 있지만 자신의 내부에서 스스로 만들어지는 내부적 요인도 있으므로 스트레스를 대하는 태도를 긍정적으로 가지는 것이 가장 중요하다고 할 수 있다(이무석, 1999).

스트레스에 효과적으로 대처하는 두 가지 접근방식으로는 첫째, 문제 상황에 대한 대처 능력을 향상시키는 차원에서 예방적인 준비를 하는 것이고, 둘째는 특정한 스트레스 상황에 대처하는 방법을 익히는 것이다. 스트레스란 스트레스로 작용하는 사건 자체보다는 사건에 대한 개인의 주관적인 해석에 의해 더 많이 좌우 된다는 점에 주의할 필요가 있다. 스트레스를 대할 때 다음과 같은 마음자세를 가지는 것이 필요하다.

첫째, 스트레스를 인생의 불가피한 일부로 받아들이는 것이다. 회피할 수 있는 경우도 있겠지만 회피할 수 없는 경우가 훨씬 많다는 것을 수용해야 한다. 스트레스가 없는 삶은 변화와 발전이 없으며 무의미하고 죽음을 의미한다.

둘째, 스트레스를 해결할 수 있는 문제로 보는 것이다.

셋째, 스트레스를 성장을 위한 도전으로 받아들이는 것이다. 스트레스는 부정적으로 위협적이긴 하지만 성장을 위한 기회가 되는 것도 사실이다. 그것을 극복함으로써 자신의 잠재력을 개발하고 성취감을 경험할 수 있다.

넷째, 자신의 스트레스를 잘 파악하고 이해해야 한다. 자신이 느끼는 스트레스 감정이 분노, 긴장, 불안, 초조 중 어느 것인지, 자신의 스트레스 상황에 대해 전반적으로 파악하는 것이 도움이 된다.

다섯째, 지금까지 익숙한 비효과적인 스트레스 대처방안을 바꾸려고 결심하고 새로운 방식을 배워야 한다(원호택, 1991).

2) 스트레스 유형과 대처방식

스트레스에 대한 효과적인 대처중의 하나는 예견되는 스트레스에 미리 대비하는 것이다.

첫째, 직면으로 대처하는 것이다. 이는 상황을 바꾸고자 하는 공격적인 노력을 말한다.

둘째, 스트레스로부터 스스로 멀어지려고 노력한다.

셋째, 자기통제는 자신의 감정과 행동을 조절하는 것이다.

넷째, 사회적지지 추구는 정보추구 및 실제적이고 정서적인 지지를 얻기 위해 노력하는 것이다.

다섯째, 책임감 수용은 스트레스 문제에서 자기역할을 인정하는 것이다.

여섯째, 도피나 회피는 스트레스를 피하거나 이를 회피하려는 행동을 말한다.

일곱째, 계획적인 문제해결은 상황을 변화시키기 위한 신중한 문제 중심의 노력과 문제해결을 위한 분석적 접근을 말한다(이인혜, 2000).

Folkman과 Lazarus(1984)는 스트레스 대처방식을 적극적 대처와 소극적 대처로 나누었다.

첫째, 적극적 대처는 문제 중심적 대처와 사회적지지 추구로 구분했는데, 문제 중심적 대처는 스트레스가 유발되는 문제를 직면하여 스트레스의 근원을 변화시키려는 노력을 말한다.

사회적지지 추구의 대처는 스트레스 사건이나 상황을 해결하기 위하여 누군가의 도움을 요청하는 방식이다.

둘째, 소극적 대처는 소망적사고 대처와 정서중심 대처로 구분되는데, 소망적사고 대처는 스트레스나 그것을 유발하게 되는 상황과 사건에 거리를 두고 바람직한 상황을 생각하거나 상상하는 것을 말한다.

정서중심 대처는 스트레스와 관련되거나 스트레스로부터 초래되는 감정 상태를 통제하려는 대처방식을 말한다.

(1) 행동적 대처

스트레스는 생활방식과 연관이 있다. 스트레스가 생기면 이것을 대처하기 위해 생활방식을 바꾸는 경우가 있는데, 고혈압 예방진단 치료의 연구에 의하면 예방으로 과일과 야채, 저지방 우유제품, 포화지방이 적은 음식을 권고하고 있다. 유산소 운동을 권장하며, 알코올을 적게 섭취할 것과 하루에 30~40분 정도를 활기차게 걷는 것을 권하고 있다. 신체질환으로 인한 스트레스는 반대로 신체활동을 삼가고 수면을 충분히 취하고 저염식 음식을 섭취 하도록 한다. 또한 흡연은 심장질환을 비롯한 다른 부분의 건강에도 악영향을 끼치는 것으로 금연을 하도록 한다. 또한 여러 가지 비타민제나 보조식품의 경우 지나치게 확신하지 말 것을 권고한다. 스트레스 예방과 건강을 위하여 약물을 섭취하기 보다는 적당한 운동과 신체조절을 통한 행동적 대처가 필요하다.

(2) 인지적 대처

스트레스에 인지적으로 대응하는 전략적 방법으로는 지나치게 생각하거나 또는 의도적으로 생각을 피하는 것을 들 수 있다. 긍정적인 사고의 전환을 필요로 하는 긍정적인 자기인식, 자부심, 자기통제력, 자기동기, 자기기대감, 자아상, 자기계획, 자기수련, 자기자원, 자기투사 등 열 가지 특징이 스트레스를 극복하고 성공적인 삶을 살 수 있음을 데니스(Dennis Waitley)는 그의 저서에서 안내하고 있다. 또한 인지적 대처는 스트레스와 관련된 사건에 대해 자세한 정보를 습득하는 것으로 자신이 부딪치는 일에 대하여 충분한 지식이 있다는 것은 스트레스를 줄이고 일을 해결하는 것에 긍정적인 전략이 될 수 있다.

(3) 정서적 대처

스트레스 상황에 정보를 제공하며 이해를 해주는 정서적 자원이 될 수 있는 사람들과의 좋은 관계는 심리적인 지원과 정보와 안내를 받아서 문제를 극복하는데 도움이 되는 사회적 자원이다.

또한 웃음은 긴장을 이완하는 효과가 있으며 스트레스에 효과적인 방법의 하나로 인식되고 있다. 유머와 웃음은 긍정적인 감정과 면역에 도움이 되는 호르몬을 분출해서 우리가 스트레스 상황에서 견딜 수 있는 힘을 갖도록 한다.

정서적 대처에서 특히 분노에 대한 내용을 잘 다루게 된다면 스트레스를 극복하는 대처방안에 크게 영향을 미칠 것으로 연구한 마이어스와 낸스(1991)는 분노유발 요인을 다음과 같이 설명하고 있다.

첫 번째, 의존성이 있는 경우인데, 의존성이 있으면 화를 쉽게 낼 수 있다고 하며, 누군가에게 의존하기보다는 여러 가지 방법을 선택할 수 있는 방안에 대해 설명해주고 자율성과 독립성을 가지고 스스로 선택 할 수 있도록 한다.

두 번째, 대인관계에서 권위 의식적인 의사소통 방식은 스트레스를 겪게 된다. 민주적이며 긍정적인 의사소통으로 스트레스를 줄이도록 한다.

세 번째, 문제를 해결하는 데 있어서 한계를 설정하는 것은 불분명하고 혼란스런 상황에서 분노를 줄이고 업무를 수행 할 때에 도움이 된다.

네 번째, 복잡하고 혼란스런 상황에서 우리는 화를 내기 쉽다. 그러므로 복잡한 과정을 쉽고 단순하게 분류하는 것은 일처리를 복잡한 상황에서 벗어나

쉽게 과제를 이행하여 스트레스를 피할 수 있게 한다.

다섯 번째, 미해결 과제나 갈등은 분노의 원인이 될 수 있다. 모든 것에 완벽을 기울이지 말고 해결 가능한 부분을 중심으로 해결을 하도록 하는 방법을 갖도록 한다. 그러면 모든 것을 해결하려는 상황에서 분노를 줄이고 스트레스를 덜 받게 된다.

여섯 번째, 관점이 다르거나 이해관계의 차이에서 손해를 보는 경우에는 분노를 일으킬 수 있다. 그러므로 여러 가지 상황이나 갈등요인은 가능하면 해결되도록 적절한 대처방안을 적용해야 한다.

(4) 기타 스트레스를 이완하는 방법

❶ 복식호흡

복식호흡은 많은 산소가 폐로 흡수되어 부교감 신경이 활성화 되어 근육 이완으로 안정감을 준다.

❷ 명상법

명상은 교감신경기능으로 산소소비, 대사기능, 심장박동 등을 감소시키고 뇌파의 알파파와 세타파를 증가시키고 편안한 감정을 증가시킨다는 것이 알려졌다.

〈표 8-3〉 건강과 장수에 이르는 11가지 수칙(Roizen, 1999, 현대심리학에서 재인용)

1. 비타민을 복용하라.	2. 담배를 끊어라.
3. 혈압을 관리하라.	4. 치아와 잇몸을 관리하라
5. 규칙적으로 운동하라.	6. 안전벨트를 매라.
7. 단일한 상대와 건전한 성생활을 즐겨라.	8. 정기적으로 건강검진을 하라.
9. 호르몬 대체요법을 받아라.	10. 평생 공부하는 자세를 가져라.
11. 스트레스를 관리하라.	

〈표 8-4〉 당신의 전인적 건강을 지키기 위한 지침(Roizen, 1999, 현대심리학에서 재인용)

1. 기본에 충실하라 : 규칙적으로 운동하고, 충분히 자고, 신선한 음식을 적당히 먹어라.
2. 열심히 일하라, 그러나 즐거움을 잃지 않는 수준에서 열정적으로 일하라.
3. 일하거나 놀 때, 권태와 안일을 피하라. 언제나 새로운 탐색과 실험의 여지를 마련하라.
4. 배우는 것을 멈추지 마라.
5. 즐거운 여가 시간을 가져라.
6. 창조적인 무언가를 하라. 완벽한 무엇이 아니라 당신을 표현할 수 있는 즐거운 무언가를 하라.
7. 놀 때나 일할 때 웃음을 달고 다녀라. 웃을 수 있는 한 많이 웃어라.
8. 필요할 때 울어라. 울어서 기분이 나아지리라고 생각될 때 울어라.
9. 자기 신뢰를 쌓는 시간을 가져라. 다정한 친구가 나에게 하듯 나를 따뜻하게 대하라.
10. 스트레스를 줄여라. 15분 일찍 일어나고, 약속 시간에 10분 일찍 가고, 자동차 열쇠는 지정 장소에 두고, 가끔 전화 코드를 뽑고 따뜻한 물로 목욕하고 낮잠도 자고 명상도 하라.
11. 줄이기 어려운 스트레스는 다른 방법으로 조절하라. 이완하라 : 운동, 호흡 훈련, 목욕이나 사우나, 요가, 명상 등 여러 방법으로 신체적·정서적 긴장을 풀어라.
12. 애완동물을 가까이 하라.
13. 스트레스를 새로운 관점에서 바라보라. 스트레스와 인생은 승부만이 아니다. 즐거운 게임이기도 하다.
14. 교회나 절에 나가는 등 종교 활동을 하라.
15. 세상과 사람들에 대한 분노와 적대감을 줄여라.
16. 사랑하라 : 사람, 일, 세상, 작은 것들을 사랑하라. 사랑에는 실패가 없다.
17. 다른 사람을 돕는 일에 관여하라.
18. 이웃과 지역사회 일에 참여하라.
19. 속마음을 털어놓을 수 있는 사람을 만들어라. 다른 사람의 지원을 받아라.
20. 일기를 써라. 당신 인생의 대소사에 대한 자신의 감정과 태도를 내용이나 글씨에 신경 쓰지 말고, 연필 가는 대로 자유롭게 적어보라.
21. 불확실성과 아픔이 함께 있는 세상을 희망을 가지고 직면하라.
22. 나 자신에 대해(비)웃어 보는 유머를 배우라.
23. 이 세상에 대해 포기하지 않는 감투정신(fighting spirit)을 가져라.
24. 기도하라.
25. 신념을 가져라.

응용문제

1 사회재적응평정척도를 해보고 나누시오.

2 자신에게 스트레스가 되는 것은 주로 어떤 것인가에 대하여 생각해보시오.

3 효과를 경험한 스트레스 대처방법에 대하여 설명하시오.

CHAPTER 09

상담과 심리치료

현대는 스트레스가 증가하면서 정신건강의 어려움을 호소하는 사람들이 늘어나고 있다. 사별, 걱정, 상실, 불안, 직장조기퇴직 및 은퇴 등의 다양한 문제들이 예고 없이 개인의 삶에 불청객으로 찾아온다. 그러므로 이들에 대한 전문적인 상담활동의 요구가 급증하고 있다.

이장호(1986)는 상담을 "도움을 필요로 하는 사람(내담자)이 전문적 훈련을 받은 사람(상담자)과 대면관계에서 생활과제의 해결과 사고, 행동 및 감정 측면의 인간적 성장을 위해 노력하는 학습과정이다."라고 정의하였다. 이는 상담이 단순히 문제해결을 하여 적응적인 삶을 회복하는 과정 뿐만 아니라 성장을 지향하는 과정이라고 볼 수 있다.

상담 및 심리치료 이론들은 내담자의 심리적 문제의 원인이 무엇인지, 이를 해결하기 위한 접근들은 어떤 것이 있는지에 대해서 각기 다른 관점에서 설명하고 있다. 인간의 심리적 문제는 다양하므로 이를 설명해 주는 단일한 이론적 모델이 없으며, 각각의 이론은 내담자의 문제를 이해하는데 유용한 측면이 있다. 이 장에서는 심리치료 이론에서 가장 널리 알려진 정신역동적 접근, 인지행동적 접근, 인본주의적 접근에 대해 살펴본다.

01 정신역동적 심리치료

정신분석은 무의식적 정서 및 동기가 심리적 장애의 근원이라고 보는 접근으로, Sigmund Freud(1856~1939)는 인간의 알 수 없는 정신세계를 무의식이라 하며 인간이해에 대한 새로운 관점을 제시하여 후대의 정신분석은 물론, 다양한 상담이론이 체계화되는데 기초를 마련하였다. 프로이트의 정신분석이론은 창시된 이래로 현대에 이르기까지 다양한 변화를 하고 있다. 아들러의 개인심리학, 융의 분석심리학 및 현대 정신분석 이론인 자아심리학, 대인관계 심리학, 대상관계이론, 자기심리학 등을 포함하고 있다.

1) 정신분석

프로이트는 자신의 임상경험을 토대로 어린 시절의 심리성적 갈등이 인간의 성격형성에 매우 중요한 역할을 한다고 보았다. 정신분석은 자유연상과 꿈의 해석 및 저항, 전이를 활용하여 무의식적인 갈등과 방어를 다루는 통찰 중심의 치료이다. 통찰(insight)이란 환자가 자신의 무의식적인 동기에 대한 이해가 주어져서 증상의 원인을 찾을 수 있게 되는 것을 말한다. 자유연상은 환자의 생각, 심상, 느낌을 떠오르는데로 모두 표현하게 하여 검열이나 억제가 개입되지 않도록 하는 것이다. 프로이트는 꿈을 '무의식에 이르는 왕도'로 보았는데 이는 환자의 핵심적인 갈등과 원망, 충동에 접근하도록 해주기 때문이다. 전이는 환자가 과거에 중요한 인물에게 느꼈던 감정이 현재의 치료자와의 관계에서 재현되는 것으로 정신분석의 치료에서 핵심을 이룬다. 전이란 환자가 분석가를 있는 그대로 보는 것이 아니라 부모처럼 인식하고 부모에게 느꼈던 감정이나 갈등을 다시 느끼는 것을 의미한다. 저항은 치료에 비협조적인 환자의 자세로 예를 들면, 치료시간을 어기거나, 치료를 중도에 그만두거나 혹은 치료

장면에서 침묵으로 일관하는 등 다양한 형태로 나타난다. 환자가 저항을 보일 때는, 그 주제가 내담자의 핵심 문제 일 수도 있다는 점에서 저항이 해결의 실마리가 될 수도 있다.

프로이트를 추종하던 많은 사람들이 그의 생물학적이고 결정론적인 인간관에 반대하며 결별한 후 자기 나름대로의 이론적인 입장을 발전시켜 나갔다. 대표적인 인물로는 융, 아들러, 호나이, 프롬, 설리반 등이 꼽힌다. 여기서는 프로이트로부터의 이탈이 가장 두드러진 아들러의 입장과 융의 입장을 간략하게 살펴보도록 하겠다.

2) 아들러(Alfred Adler)의 개인심리학

알프레드 아들러
(Alfred Adler)

최근에 많은 관심을 모으고 있는 알프레드 아들러(Alfred Adler, 1870~1937)의 개인심리학은 프로이트의 견해와는 많은 차이가 있다. 개인심리학에서 강조되는 개념들로는 열등감, 보상, 목적, 생활방식, 사회적 관심 등이 있다. 아들러에 따르면 인간은 본질상 사회적 소속을 원하고 타인에 대한 관심을 가지고 있다. 또한 동시에 인간은 우월감이라는 목표에 도달하려고 하고, 이 과정에서 자신의 생활방식을 발전시킨다. 아들러는 초기에는 인간의 열등감과 그에 따른 보상적 욕구에 초점을 맞추었지만, 후기에는 사회적 환경에 대한 적응에 있어서 개인의 창조적인 측면을 더 강조하였다. 치료 면에서 개인심리학은 개인의 생활방식과 목표를 다루면서, 개인이 자신을 이해하고 또 자신의 인생에 대해 보다 더 현실적이고 공동체적인 견해를 갖도록 돕고자 한다.

아들러는 프로이트보다 인간에 대해 더 낙관적이었다. 그는 유아기의 심리성적 발달, 거세불안, 오이디푸스 콤플렉스 등 프로이트가 중시한 많은 요소들에 대해서 거의 관심을 두지 않았다. 아들러와 프로이트의 주요한 이론적 차이점은 다음과 같다. 첫째, 프로이트가 자신의 이론적 토대를 생물학적인 것에 둔 반면, 아들러의 이론은 일종의 사회심리학적인 기초를 가진다. 그는 생물학적인 본능보다는 사회적 관심을 더욱 중요시하였다. 둘째, 프로이트는 성격형성에서 인과론, 혹은 결정론을 강조하였지만, 아들러는 목적론을 강조하였다. 셋째, 프로이트의 이론은 환원주의적이라고 할 수 있다. 즉, 인간을 원초아·자아·초자아, 의식 대 무의식, 성본능 대 죽음의 본능과 같은 서로 상반되는 부분들로 나누어서 보았다. 그러나 아들러의 이론은 총체주의적이다. 개인은 통일된 존재이기 때문에 나누어질 수 없다는 의미에서 자신의 이론을 '개인심리학(Individual Psychology)'이라 칭하였다. 여기서 개인이란 내담자 한 사람에게 초점을 맞춘다는 뜻이 아니며, 라틴어에서 따온 나눌 수 없는(in-divide) 전체성의 의미를 지닌 개인(individium)을 뜻한다. 넷째, 프로이트에게 있어 인간에 대한 연구는 주로 개인내적, 심리내적인 것에 집중되어 있지만, 아들러는 인간을 사회적인 존재로 보고 인간은 오직 대인관계를 통해서만 이해될 수 있다고 생각하였다. 다섯째, 프로이트는 신경증이 주로 성적인 원인을 갖는다고 보았으나, 아들러는 신경증을 학습의 실패이며, 왜곡된 지각의 산물이라고 보았다. 여섯째, 프로이트에게 있어서는 정신내적인 조화를 이루는 것이 상담 혹은 심리치료의 이상적인 목표이다. 즉, '원초아이던 것이 자아가 되게' 하여 확장된 자아를 중심으로 심리구조가 조화를 이루도록 하는 것이 상담의 목표이다. 반면 아들러에게 있어서 이상적 목표는 개인의 확장, 자기실현 및 사회적 관심의 고양이라고 할 수 있다(이장호, 2001).

아들러는 신프로이트학파 뿐아니라, 엘리스와 같은 인지치료 이론가들과 매슬로와 같은 인본주의 이론가에도 많은 영향을 끼쳤다.

3) 융(Carl Gustav Jung)의 분석심리학

칼 구스타브 융
(Carl Gustav Jung)

분석심리학의 창시자 융(Carl Gustav Jung, 1875~1961)은 초기에는 프로이트와 뜻을 같이하여 정신분석에 심취하여 무의식적 동기의 개념을 발전시키기 위해 노력했다. 프로이트는 융을 그의 황태자, 즉 그의 후계자로 보았으나 융은 프로이트의 무의식에 대한 환원주의적이고 심리성적인 견해에 반대하면서 두 사람은 결별하였다. 융은 프로이트의 무의식을 개인무의식으로 이해하였고 종족기억이라고도 불리는 집단무의식 개념을 제안하였다. 집단무의식은 보편적인 진화 경험의 저장소로서 정신의 가장 접촉하기 어려운 가장 깊은 수준에 존재하며 개인의 정신의 토대가 된다고 보았다. 예컨대, 우리의 원시 조상들이 어두움을 두려워하였고 그리하여 우리는 그와 같은 방식으로 행동하는 하나의 소인을 물려받게 된다. 이는 우리 각자가 자동적으로 어두움을 두려워하는 인간으로 성장한다는 것을 뜻하는 것이 아니라 밝은 것을 두려워하기보다는 어두움을 두려워하는 것이 보다 쉽게 학습된다는 뜻이다. 이처럼 인간 정신의 기초를 형성하는 집단무의식의 기본 구조는 원형으로 융은 이러한 구조를 생물학적으로 기초가 되면서 타고난 것이라고 믿었다. 집단무의식은 직접적으로 의식화되지는 않지만, 인류 역사의 산물인 신화, 민속, 예술 등이 지니고 있는 영원한 주제의 현시를 통해 간접적으로 관찰될 수 있다.

융은 프로이트가 주장한 심리성적 발달과 인생 초기에 성격이 결정된다는 결정론에 반대하면서, 자신의 이론을 분석심리학이라고 칭하였다. 융은 아동기 경험의 중요성에 대해 프로이트와는 다른 견해를 갖고 있다. 그는 초기 경험이 인간의 성격에 영향을 미치지만 전적으로 인간의 성격형성을 좌우하지는 않으며, 인간은 중년기의 경험 및 미래에 대한 희망과 기대에 의해서 보다 많은 영향을 받는다고 보았다.

융에 의하면 인간 성격의 목적은 개성화(individuation), 혹은 자기실현(realization of the self)에 있다. 개성화의 과정은 자신답게 되는 것 또는 자기실현으로 해석될 수 있다. 그는 성격의 성숙은 평생에 걸쳐 진행되며 생의 후반기에 개성화 과정에서 가속화될 수 있다는 것이다. 융은 인간이 살아가면서 다양한 역할을 수행하며 많은 가면을 쓰게 되는데 이를 페르소나(persona)라고 표현하였다. 이는 본래 배우가 극중에서 다른 얼굴이나 특정한 역할을 관객들에게 표현하기 위해서 쓰던 가면을 가리키는 말이다. 융은 다른 사람들이 자신에게 기대한다고 생각되는 방식으로 역할 가면을 쓰기 때문에 페르소나를 '외적 인격'으로 보았다. 이에 반해 아니마(anima)와 아니무스(animus)는 '내적 인격'으로 심리학적인 면에서 모든 사람은 남성적 혹은 여성적 방식으로 행동할 수 있으므로 아니마를 남성 안에 있는 무의식적 여성성으로, 아니무스를 여성 안에 있는 무의식적 남성성으로 이해하였다. 융에 의하면 자기(Self)는 아니마와 아니무스와 같은 정신의 갈등적 측면들을 통합한 정신의 측면이다. 융은 자기 발달을 인생의 궁극적 목표라고 생각했다. 자기는 정신의 모든 측면의 통일성, 통합성 및 전체성을 향해 노력하는 것을 말한다. 자기가 발달되었을 때 그 사람은 자기와 세계가 조화되어 있다고 느낀다. 그러나 완전한 자기 인식이나 자기실현은 어렵고도 힘들고 시일이 오래 걸리는 과업이며 완전히 성취하기는 거의 불가능하다. 인간은 대부분 그것을 위해 끊임없이 노력을 하지만 거의 도달할 수 없는 삶의 목표다.

02 인지행동적 심리치료

정신분석치료가 주로 장기적 상담이라면, 인지행동치료는 대체로 단기적 상담이 주를 이룬다. 인지행동적 심리치료는 인간의 잘못 학습된 부적응적인 행동을 수정하는 것을 목표로 한다. 행동주의 치료자들은 무의식적 동기나 갈등을 다루는 대신, 구체적인 행동을 치료하는 것에 중점을 둔다. 학습이론에 근거하여 행동을 직접적으로 수정하는 데 초점을 둔 행동적 접근과 행동을 수정하기 위해서는 인지의 변화가 선행되어야 한다는 인지적 입장은 문제의 원인에 대한 관점은 다르지만 학습의 기본 원리를 사용하여 구체적인 행동을 치료하기 위해 두 절차를 통합하여 인지행동치료라는 이름이 더 많이 사용되고 있다. 인지행동치료의 가장 대표적인 A. Ellis와 A. Beck의 관점을 살펴보면 다음과 같다.

1) 합리적 정서행동치료

앨버트 엘리스
(Albert Ellis)

앨버트 엘리스(Albert Ellis, 1913~2007)에 의해 창안된 합리적 정서행동치료(rational emotive behavioral therapy)는 인간을 이루는 세 가지 핵심 영역인 인지, 정서, 행동이 서로 상호 작용하는 과정에서 인지가 핵심이 되어 정서와 행동에 영향을 준다고 강조한다. 문제를 가진 대부분의 사람은 당위적·과장적·비하적 사고 등의 비합리적 신념을 지니고 있으므로 비합리적 신념체계를 보다 합리적이며 효율적인 사고를 선택할 수 있도록 도와야 한다.

이 이론은 1955년 '합리적 치료(rational therapy)'로 시작하였으나 '합리적(rational)'이라는 용어가 많은 사람에게 합리주의와 무슨 관계라도 있는 것처럼 혼돈을 주어서 1961년 Ellis는 인간의 정서적 측면을 중시한다는 것을 알리기 위해 '합리적 정서적 치료(rational emotive therapy)'로 개명하였다. 그 후 1993년 행동적 측면이 이론에 중요한 부분을 차지하므로 Corsini의 의견을 받아들여 공식 명칭을 '합리적 정서행동치료(rational emotive behavioral therapy)'로 바꾸게 된다.

Ellis는 일상적으로 많이 생각하고 심지어 좋고 올바른 생각이라고 간주하는 상념 내지 신념이 실제로 신경증, 정신병 또는 성격장애나 비행을 일으키고 있다는 사실을 발견하였다. 경험적으로나 이론적으로 보면 비논리적이고 비현실적인 일상적 신념은 사람에 따라서 다르지만, 많은 사람들이 비슷한 비합리적 신념을 가지는 경향이 있다.

엘리스에 의하면 비합리적인 신념들은 부모에게서 배우고 사회기관들에 의해 계속 강화되며, 결국 사람들의 정서적 장애를 유발하게 된다고 주장한다. 그렇기 때문에 내담자에게 심리적인 문제가 왜곡된 지각과 비합리적인 생각으로 인해서 생긴다는 것을 보여 주고 이러한 지각과 생각을 합리적이고 현실적이며 또한 논리적이고 융통성 있는 신념으로 재조직하도록 내담자를 교육하는 것이 필요하다.

합리적 정서행동치료는 흔히 ABCDE모형으로 설명되는데, A는 선행사건(activating event)로서 시험을 잘 보지 못했다든지, 부부싸움과 같은 어떤 감정의 동요나 행동에 영향을 끼치는 사건들을 의미한다. B는 신념체계(belief system)로서 선행 사건에 대해서 각 개인이 가지게 되는 태도, 또는 신념체계나 사고방식이라고 볼 수 있다. C는 선행사건을 경험한 뒤 개인의 신념체계를 통해 선행 사건을 해석함으로써 주어지는 정서적, 행동적 결과(consequence)를 의미한다. 비합리적 신념체계로 인한 불안과 우울, 분노, 수치심 같은 것이 된다. D는 내담자의 왜곡된 사고와 신념을 논박하는 것(dispute)을 의미한다. E는 논박 후 긍정적인 정서와 적응적인 행동(effect)을 의미한다. 이 과정을 그림으로 나타내면 다음과 같다.

A (선행 사건) → B (신념 체계) → C (결과) → D (비합리적 신념에 대한 논박) → E (효과)

A : 사건 "시험에 불합격"

⇩

B : 비합리적 신념체계

비합리적 신념
시험에 불합격하다니 얼마나 끔찍한가? / 나는 이러한 일을 참을 수가 없어. 시험에 불합격하다니 나는 쓸모없는 인간이야. / 나는 항상 시험에 떨어질 거야.

⇩

C : 정서적, 행동적 결과

바람직하지 않은 정서적 결과	바람직하지 않은 행동적 결과
극심한 우울, 분노, 불안, 무가치함	다음에 또 떨어질 것이라고 생각하여 시험공부를 하지 않음

⇩

D : 비합리적 신념에 대한 논박

1. 논리성 : "시험에 불합격한 것이 그토록 끔찍한 일인가?", "시험은 한 번에 합격해야 하는 법이라도 있나?", "시험에 떨어진다고 해서 무가치한 인간이라는 말이 이치에 맞나?"
2. 현실성 : "모든 사람들이 시험에 다 합격하는가?", "시험에 떨어지는 사람은 나밖에 없나?"
3. 효용성 : "시험에 한 번 떨어졌다고 자포자기해서 공부를 하지 않는다면 나에게 어떤 이득이 돌아오나?"

⇩

E : 비합리적 신념에 대한 논박의 효과

논박의 인지적 효과 (합리적 신념)	논박의 정서적 효과 (적절한 느낌)	논박의 행동적 효과 (바람직한 행동)
• 시험에 떨어지는 것이 편한 일은 아니지만 그렇다고 해서 끔찍할 것까지는 없어. • 조금 실망하긴 했지만 시험에 떨어지는 일이 나를 쓸모없는 인간으로 만드는 것은 아니야.	• 슬프나 우울해 하지 않는다. • 다음 시험에 대해 조금 염려가 되기는 하지만 불안하지는 않다.	• 시험공부를 열심히 한다.

[그림 9-1] ABCDE 모델

REBT에서 사용되는 많은 방법들의 중요한 목표는 내담자의 중요한 자기 패배적 견해의 극소화와 더 실제적이고 관대한 인생철학을 습득하는 것이다. 또 다른 중요한 치료 목표는 인생에서 잘못된 것에 대해 자신 또는 타인을 비난하는 경향을 감소시키고 미래의 어려움을 효과적으로 다루는 방법을 내담자에게 가르치는 것이다.

REBT는 주로 내담자의 가장 기본적 가치관 중의 일부(장애를 일으키는 가치관)를 검토하고 변화시키기 위해 고안되었다.

2) Beck의 인지치료

인지치료의 창시자인 아론 벡(Aaron T. Beck, 1921~)에 의하면 사람들이 경험하는 대부분의 심리적 문제는 스트레스 상황을 경험했을 때 자동적으로 떠올리는 부정적 내용의 생각들로 인해 발생한다. 자신의 의지와는 상관없이 자발적으로 일어나는 자동적 사고(automatic thoughts)들은 대부분 부정적 내용들로 심리적인 문제와 직접적인 관련 있게 된다. 흔히 심리적 문제를 가진 사람의 자동적 사고는 왜곡되어 있거나, 역기능적인 내용이 대부분이다. 자동적 사고는 자발적 경험으로 당위적이면서 극단적인 경향들로 구성되어 있다.

아론 벡
(Aaron T. Beck)

벡은 우울증 환자를 치료하는 과정에서 이들이 부정적인 사고를 많이 지니고 있음을 발견하였다. 그러므로 벡의 인지치료는 우울증과 같은 심리적 장애를 지닌 사람들의 부적응적 인지를 변화시키는 작업이다. 즉 심리적 장애를 가진 사람이 내면적으로 소지하고 있는 부정적인 자동적 사고나 역기능적 신념을 자각하도록 도와주고, 이러한 부적응적인 사고와 관련된 인지적 오류를 보다 적응적인 현실적 사고와 신념으로 대체하도록 도와주는 것이 상담목표이다.

인지적 오류의 몇 가지만 소개하면 다음과 같다.

- 이분법적 사고(흑백논리) : 사건의 의미를 이분법적인 범주 중의 하나로 해석하려는 오류로, 사건을 흑백논리로 사고하고 해석하거나 경험을 극단으로 범주화하는 것이다. 타인에 대해 나를 좋아하느냐 미워하느냐의 둘 중 하나로만 생각할 뿐 중립적인 면을 인정하지 않는 경우이다.
- 임의적(자의적) 추론 : 어떠한 결론을 내릴 때 충분한 증거가 없음에도 불구하고 최종적인 결론을 성급히 내려 버리는 오류다. 친구가 여러 가지 바쁜 상황으로 인해 자주 연락을 못하게 되면 '나를 피하는구나'라고 결론을 내리는 경우가 해당된다.
- 과잉일반화 : 한두 번의 단일 사건에 근거하여 극단적 신념을 가지고 일반적 결론을 내려 그와 무관한 상황에도 그 결론을 적용하는 오류다. 한두 번의 실연으로 항상 실연을 당할 것이라고 생각하는 경우이다.
- 선택적 추상화(정신적 여과) : 상황이나 사건의 주된 내용은 무시하고 일부 특정 정보에만 주의를 기울여 사건 전체의 의미를 해석하는 오류다. 이는 사건의 일부나 세부 사항만을 기초로 결론을 내리게 되어 전체 맥락 중의 중요한 부분을 간과하는 것이다. 대중들 앞에서 강의 후 다수의 긍정적 반응보다는 소수의 부정적 반응에만 선택적으로 주의를 기울여 실패한 강의로 단정 짓는 경우이다.
- 극대화 및 극소화 : 사건의 의미나 중요성을 지나치게 과장하거나 축소하는 오류다. 흔히 사람들은 자신의 실수나 결정 혹은 개인의 재능을 바라볼 때는 실제보다 좀 더 큰 것처럼 보기도 하고, 자신의 장점이나 타인의 문제들을 대할 때 축소하기도 한다. 결국 자신을 타인들보다 열등하다고 생각하거나 우울하다고 느끼게 된다.

벡의 인지치료는 내담자로 하여금 역기능적인 사고와 신념을 자각하고 변화하게 한다는 점에서는 합리적 정서행동치료와 유사하다. 그러나 합리적 정서행동치료는 매우 지시적인 데 비해, 인지치료는 내담자가 자신의 잘못된 신념을 대화를 통해서 발견할 수 있도록 도와준다.

03 인본주의적 심리치료

인본주의적 심리치료는 인본주의 철학, 현상학, 실존주의에 바탕을 두고 있으며, 개인의 주관적인 내적 경험을 중시한다. 사람들은 선천적으로 자기실현을 추구하려는 경향성이 있다는 것을 가정하면서 치료자는 내담자가 자기를 실현할 수 있도록 촉진자의 역할을 하는 것이 중요하다고 보았다. 인본주의적 심리치료에는 인간중심치료, 게슈탈트치료 등이 있다.

1) 인간중심치료

칼 로저스 (C. R. Rogers)

인간중심치료는 칼 로저스(Carl Rogers, 1902~1987)가 1940년대에 개발한 인간 성장과 변화에 대한 접근이다. 즉, 로저스는 인간을 지속적으로 변화하고 성장하려는 동기를 지닌 선한 존재로 보았다. 로저스의 건설적이며 미래지향적인 인간관은 그의 치료과정과 상담자의 태도에서 잘 나타나있다. 이 접근법의 중심가설은 도와주는 사람이 진실성, 배려, 그리고 매우 민감한 비판단적 이해를 경험하고, 이런 태도를 내담자에게 전달하는 관계 속에서 개인의 성장적인 잠재력이 방출된다는 것이다(김정희 외, 1992). 그는 인간이 자신을 실현하려는 경향성을 가지고 있으므로 상담자는 각 개인이 이러한 자기실현의 경향을 밟아 가도록 촉진적 환경을 제공하는 역할을 해야 한다고 보았다.

로저스는 상담자의 진실성의 태도를 중시하였다. 그는 관계 안에서 진솔해질수록 상담에 더 도움이 된다는 것을 발견했다. 상담자 자신이 먼저 직업적인 모습이나 개인적인 가면을 벗고 상담자 자신이 되어 자신 안에 존재하는 다양한 감정과 태도를 말과 행동으로 기꺼이 그렇게 되기를 바라고 표현하는 것을 의미한다. 상담자가 자신 안에 있는 참된 진실을 제공하면 그에 따라 다른 사람이 성공적으로 그 안에서 진실을 발견할 수 있게 된다. 상담자는 이를 위해 내담자 앞에서 자신을 투명하게 만들 필요가 있다(김춘경 외, 2012).

진실성의 개념과 공감적인 이해의 개념은 서로 밀접하다. 자기 자신의 인간됨에 충실한 치료자는 내담자 내부의 세계를 경험하기 위하여 내담자의 감정세계에 몰두하려고 애쓴다. 치료자는 내담자의 감정 뿐아니라 그 감정에 대한 자신의 내적 반응도 적극적으로 경험한다. 이 과정을 통하여 그는 흔히 내담자가 말로 표현한 것을 넘어서 내담자의 자각의 가장자리에 있는 함축된 감정들을 알 수 있다. 내담자에 대한 공감의 기초는 그의 개별성에 대한 비소유적인 배려나 수용으로서 무조건적인 긍정적 존중이라고 불린다. 이 태도는 부분적으로는 내담자가 실현화 과정에서 보이는 내적 지혜에 대한 치료자의 신뢰와 내담자가 스스로 자원 및 성장의 방향을 발견할 것이라는 치료자의 믿음으로부터 나온다. 치료자의 배려는 충고나 지시의 형태를 취하지 않는다. 치료자는 때때로 자신이 내담자 개인의 개별성을 존중하고 있음을 직접적으로 전달하는데, 흔히 무비판적인 이해나 솔직한 반응을 통해서 그것을 전달한다(김정희 외, 1992).

로저스는 이처럼 그 시대 중심을 이루던 정신분석이나 지시적 상담과는 다른 치료적 입장을 표방한 것이다. 그는 1942년에 상담에서의 지시적 접근이나 전통 정신분석적 접근에 대한 반발로 '비지시적 상담'이라는 용어를 제시했다. 비지시적 상담이란 상담자의 온화함과 반응성, 감정이 자유롭게 표현될 수 있는 허용적인 상담관계를 중시한다. 1951년 로저스는 내담자 자신안의 성장유발 요인들에 초점을 둔 긍정적인 측면을 부각시키기 위하여 '내담자 중심 치료'라는 용어로 그의 접근명을 변경하였다. 후에 그는 이를 다시 '인간중심상담'으로 변경하여 내담자의 현상학적 세계에 초점을 두어야 한다고 강조했다.

로저스의 초기 저술들에서부터 일관성 있게 지속된 주제는 내담자의 성장을 촉진하는 존경과 신뢰의 분위기만 갖추어지면, 내담자는 건설적인 방향으로 발전할 수 있는 능력이 있다는 믿음이다. 그는 사람은 자기 자신을 이해하고 자기개념, 기본적인 태도, 자기 주도적인 행동을 변화시킬 수 있는 방대한 자원을 자기 안에 가지고 있으며 촉진적이고 심리적인 토양이 제공되기만 한다면 그 자원을 일깨울 수 있다고 보았다. 인간은 신뢰할 수 있는 자원을 만드는 존재이고, 자기 이해와 자기 지시적 능력을 갖고 있으며, 건설적인 변화를 일으킬 수 있으며, 효율적이고 생산적인 삶도 영위할 수 있다는 것이다(Cain, 1987).

인간은 이러한 자기실현의 경향성을 토대로 계속 성장해 가는 존재이다. 인간중심 상담에서는 인간이 자기실현의 경향을 발휘하기 위해 항상 노력하고 도전하고 어려움을 극복하며 진정한 한 사람으로 성숙해 간다고 보고, 상담자는 이러한 유기체의 경향성을 발휘할 수 있도록 촉진적 환경을 제공하는 데 역점을 두어야 한다고 본다.

한편 로저스는 자기개념을 강조하였는데, 이는 현재 자신이 어떤 존재인가에 대한 개인의 개념으로서 자신에 대한 자기상(self image)이다. 자기는 현재 자신의 모습에 대한 인식인 현실의 자기(real self)와 앞으로 자신이 어떠한 존재가 되어야 하며, 어떤 존재가 되기를 원하는지에 대한 인식인 이상적 자기(ideal self)로 구성되어 있다. 그는 현재 경험이 이러한 자기구조와 불일치할 때 개인은 불안을 경험한다고 보았다. 이와 같이 로저스는 자기구조와 주관적 경험 사이의 일치가 매우 중요하며, 양자가 일치될 경우에는 적응적이고 건강한 성격을 갖게 되는 반면, 양자 간의 불일치가 심할 경우에는 부적응적이고 병적인 성격을 갖게 된다고 보았다.

로저스는 자기가 사용하는 기본적 방어기제로서 왜곡과 부인을 제시하고 있다. 경험의 왜곡은 받아들이기 어려운 경험을 자신의 현재 자기상과 일치하는 형태로 변형하여 받아들이는 것을 의미한다. 부인은 위험한 경험이 의식화되는 것을 회피함으로써 자기구조를 유지하는 것을 말한다. 경험과 자기의 인식 사이에 부조화를 감소시키려는 방어를 발동하게 하여 걱정이 줄어드는 것이다.

인간중심 상담은 이처럼 상담의 초점을 기법에서 상담관계를 중시하는 쪽으로 옮겨 놓았을 뿐만 아니라 상담자, 심리학자, 사회사업가, 그외 인간조력 전문가들을 훈련하는데 있어서 경청, 배려, 이해의 중요성을 강조했다.

2) 게슈탈트 심리치료

프리츠 펄스
(Fritz Perls)

게슈탈트 치료(gestalt therapy)의 창시자인 프리츠 펄스(Fritz Perls, 1893~1970)는 게슈탈트는 패턴이며 윤곽이고, 전체를 형성하는 개별 부분들이 조직되는 특정한 유형이라고 하였다. 즉 개체에 의해 지각된 유기체의 욕구나 감정을 뜻한다. 개체는 자신의 욕구나 감정을 하나의 의미 있는 전체로 조직화하여 지각한다. 건강한 유기체는 삶에서 매 순간 분명하고 강한 게슈탈트를 형성할 수 있으며, 지각한 욕구나 감정을 해결해 나갈 수 있는 능력이 있다. 그러나 개체가 게슈탈트 형성에 실패하거나 형성된 게슈탈트를 상황적 여건으로 해결하지 못할 경우 미해결 과제로 남게 되며, 새로운 게슈탈트가 형성되는 것을 방해하고 심리적·신체적 장애를 겪게 된다.

게슈탈트 치료는 내담자의 감정을 충분히 표현하도록 도와서 자각의 확장과 책임감의 수용 및 개인의 통일을 중시한다. 내담자로 하여금 자신이 가지고 있는 잠재력을 어떻게 실현할 수 있는가를 깨달아 순간순간을 신선하고 풍요롭게 살도록 하는 데 있다. 게슈탈트 치료 목표는 자각을 얻는 것으로 내담자가 현재 무엇을 하고 있는지, 어떻게 하는지를 자각하게 하는 동시에 자신을 수용하고 존중하는 것을 배우게 하는 것이다. 자각을 통해 내담자는 자신의 존재에서 부정되었던 부분을 직면하고 수용할 수 있게 되며, 주관적 경험과 실제를 만나게 되고, 통일된 전체로서 존재하게 된다.

치료자의 주요 과제는 내담자로 하여금 지금-여기에 존재함을 충분히 경험하도록 도와주는 것이다. 이 치료에서는 해석을 하지 않으며 내담자 스스로 자기 행동의 의미를 찾도록, 그리고 과거에 미해결된 일을 현재 직접적으로 경험하도록 격려한다. 내담자들은 과거의 상황들을 마치 지금-여기에서 그 상황이 일어나고 있는 것처럼 재경험함으로써 끝내지 못한 일을 다루게 된다.

게슈탈트 상담에서는 게슈탈트의 형성을 전경과 배경의 개념으로 설명한다. 게슈탈트를 형성한다는 말은 어느 순간에 가장 중요한 욕구나 감정을 전경으로 떠올린다는 것이다. 예를 들어, 남편과 싸우고 직장에 출근한 아내는 갈등이 전경으로 떠오르고, 그때 하던 다른 일들은 배경으로 물러나게 된다는 것이다. 이와 같이 관심의 초점이 되는 부분을 전경(figure)이라 하고, 관심 밖에 놓여 있는 부분을 배경(ground)이라고 한다. 게슈탈트 상담에서는 개체가 대상을 인식할 때 관심을 갖는 부분은 지각의 중심 부분으로 떠올리지만 나머지 부분은 배경으로 보낸다는 점을 지적한다. 예를 들어 [그림 9-2]에서도 보는 관점에 따라 귀부인 그림 또는 늙은 할머니 그림이 될 수 있다. 이는 동일한 대상을 보더라도 보는 사람의 관점과 지각 또는 심리적·정서적 상태에 따라 전혀 다른 모습으로 인식할 수 있음을 말해 주고 있다.

[그림 9-2] 맥락의 중요성

건강한 개체는 매 순간 자신에게 중요한 게슈탈트를 선명하고 강하게 형성하여 전경으로 떠올릴 수 있다. 반면에 그렇지 못한 개체는 전경을 배경으로부터 명확히 구분하지 못한다. 이런 경우 자신이 진정으로 하고 싶은 일이 무엇인지 잘 몰라 행동이 불분명하고 매사에 의사결정을 잘하지 못한다(Zinker, 1997). 개체가 전경으로 떠올렸던 게슈탈트를 해소하고 나면 그것은 배경으로 물러나고, 또다시 새로운 게슈탈트가 형성되어 전경으로 떠오르면 그 역시 해소되어 배경으로 물러난다. 이처럼 유기체의 삶을 게슈탈트의 형성과 해소의 끊임없는 순환과정으로 볼 때, 개체가 자신의 유기체 욕구나 감정을 지각한 다음 게슈탈트를 형성하여 전경으로 떠올리는 행위가 ‘알아차림(awareness)’이고, 전경으로 떠오른 게슈탈트를 해소하기 위해 환경과 상호작용하는 행위, 즉 에너지를 동원하여 실제로 환경과 만나는 행위는 ’접촉‘이다. 폴스터(Polster, 1987)가 접촉을 “성장을 위한 생명수”라고 표현할 정도로 게슈탈트 상담에서 접촉은 중요하다.

게슈탈트 치료과정에서 치료자는 내담자의 자각에 장애가 되고 있는 습관적인 행동을 다양한 방법을 통해 자각시키고, 환경과의 접촉을 통해 해소할 수 있도록 한다. 내담자는 상담자의 상담기법이나 해석보다는 두 사람 사이의 진실한 접촉에 의해 성장이 이루어진다. 게슈탈트 치료에서는 ‘불완전한 게슈탈트’, 다시 말해 현재의 행동에 영향을 미치는 미해결 과제나 갈등의 잔여물을 다루도록 돕는다.

응용문제

1 정신역동적 심리치료와 인간중심치료의 인간이해에 대한 관점을 기술하여 비교해 보시오.

2 정신역동적 심리치료와 인지행동심리치료를 비교하여 설명해 보시오.

3 인간중심상담의 기본 원리는 치료적인 기술보다 치료자의 태도를 중시한다. 로저스가 강조한 치료자의 3가지 태도를 설명해 보시오.

CHAPTER 10

긍정심리학(행복심리)

01 긍정심리학의 개념

1) 긍정심리학의 정의

긍정심리학은 인간의 긍정적인 심리적 측면을 과학적으로 연구하고 인간의 행복과 성장을 지원하는 학문으로 인간이 나타낼 수 있는 최선의 기능 상태에 대한 과학적 연구로 '보통 사람들(평범한 사람들)'이 지니는 강점과 덕성에 대한 과학적인 연구이다.

또한 긍정심리학은 '평범한 사람들'에게 있어서 그들이 잘 기능하고, 올바르게 행동하며, 그들의 삶을 향상 시키도록 만드는 것이 무엇인지를 찾아내려고 연구하는 학문이다.

즉 평범한 사람들이 타고난 적응능력과 학습한 기술들을 성공적으로 활용하면서 효율적으로 잘 살아가는 특징은 무엇인가? 여러 가지 역경에도 불구하고 목적의식을 가지고 의연하게 살아가는 많은 사람들의 삶을 어떻게 심리학적으로 설명할 것인가? 하는 물음에 대해 연구하는 학문을 말한다. 이런 점에서 긍정심리학은 심리학자들로 하여금 인간이 지니고 있는 잠재력, 동기 그리고 능력을 좀더 열린 마음으로 높이 평가하는 관점을 취하도록 촉구한다(Sheldon, 2000: 24-32).

이처럼 긍정심리학은 인간의 강점, 재능, 미덕, 덕목과 같은 긍정적 특성의 발달에 관심을 두고 있으며, 특정 성품과 가치관을 지녔을때 나타나는 삶의 결과를 탐구하고 함양하는 것에 관심이 있다.

2) 긍정심리학의 인간관

긍정심리학의 인간관은 인간의 본성이 선할 뿐 아니라 무한한 능력을 지닌 것으로 보는 긍정적인 인간관을 지지한다. 이러한 긍정적 인간관은 인도주의적 입장을 취하는 학자들에 의하여 적극적인 지지를 받고 있다. 그리고 모든 인간은 행복하고 생산적인 삶을 영위하기에 충분한 여러 가지 소질과 능력을 소유하고 있으며, 멋있고 유능하고 아름다운 본성을 가지고 있다는 인간관이다.

때로는 인간이 욕심, 불안, 비행, 무능, 불신, 자포자기, 질병 등 여러 가지 부정적인 측면을 나타낼 때도 있다. 하지만 긍정심리학에서는 인간은 그가 지니고 있는 본성을 제대로 실현 할 수 있을 때 신체적으로나 정신적으로 더 생산적이고 행복한 삶을 살아 갈 수 있다고 본다. 그러므로 긍정심리학의 인간관에서는 대부분의 사람들은 자기가 행복해지려고 결심한 만큼 행복해질 수 있다고 본다(전광, 2007: 19).

행복한 사람은 실제 일어났던 일보다 좋은 일이 훨씬 더 많았다고 생각하고 나쁜 일은 대개 잊어버린다. 그러나 우울한 사람은 좋은 일이나 나쁜 일이나 모두 정확하게 기억한다(Seligman, 김인자 역, 2007: 73). 이렇게 사람들은 성공과 실패에 대해 자신에게 유리한 쪽으로 생각하는 경향이 크다.

도덕적으로 선악을 초월한 선함, 불안과 고뇌에서 해방될 수 있는 정서적인 초탈함, 현실을 있는 그대로 정확하게 지각하고 수용하는 지혜, 모든 일을 능수능란하고 우아하게 처리하는 예능성, 타인과 자연에 대하여 개방적이며 그들을 사랑하고 친교를 나눌 수 있도록 발전시키는 초인적인 능력을 발휘할 수 있는 적극적이며 긍정적인 인간관이 긍정심리학에서의 인간을 바라보는 관점이다(김형태, 2003: 272).

3) 긍정심리학의 행복관

긍정심리학에서 말하는 행복관에는 몇 가지 행복한 삶의 조건들이 있다. 그 조건들에는 첫째, 즐거운 삶, 둘째, 적극적인 삶, 셋째, 의미 있는 삶이 있다 (Seligman, 2002: 53).

(1) 즐거운 삶(pleasant life)

행복한 삶의 조건에서 즐거운 삶이란 과거, 현재, 미래에 대해 긍정적인 감정을 느끼며 살아가는 삶을 말한다. 과거의 삶에 대해서는 수용과 감사를 통해 만족감과 기쁨을 느끼고, 현재의 삶에서는 '지금 이 순간'의 체험에 대한 적극적 참여와 몰입을 통해 유쾌함과 즐거움을 경험하며, 미래의 삶에 대해서는 도전의식과 낙관적 기대를 통해 희망과 기대감을 느끼며 살아가는 삶이다. 또한 긍정적 정서를 최대화하고 부정적 정서를 최소화하는 삶으로 행복에 대한 쾌락주의적 입장을 반영 한다는 점에서 긍정심리학은 행복을 주관적 안녕, 삶의 만족, 긍정적 정서의 증가와 부정적 정서의 감소라는 관점에서 정의하고 있다.

(2) 적극적인 삶(engaged, good life)

적극적인 삶은 매일의 삶에서 자신이 추구하는 활동에 열정적으로 참여하고 몰입함으로써 자신의 성격적 강점과 잠재력을 최대한 발휘하며 자기실현을 이루어 나가는 삶이다.

적극적인 삶을 통해 진정한 행복(authentic happiness)을 맛보며, 적극적인 삶으로 자신의 강점(signature strengths)을 찾아내고 계발하여 일, 사랑, 자녀양육, 여가활동과 같은 일상생활에서 잘 활용하는 것은 매우 중요하다.

(3) 의미 있는 삶(meaningful life)

의미 있는 삶은 삶과 행위로부터 소중한 의미를 발견하고 부여할 수 있는 삶을 말한다. 삶의 의미는 자신보다 더 큰 것과의 관계에서 발견되며, 자신보다 더 큰 것을 위하여 공헌하고 있다는 인식으로부터 도출되는 것이다.

긍정심리학에서의 행복관은 개인과 사회의 밀접한 관계를 중시하며, 개인이 타인과 사회를 위해 봉사하고 기여할 때 더 큰 행복을 경험할 수 있을 뿐만 아니라 사회적 환경의 개선을 통해서 자신의 행복이 증진될 수 있음을 강조한다(권석만, 2008: 35-78).

이와 같이 긍정심리학에서 말하는 행복관은 이 세 가지를 모두 가졌을 때 충만한 삶이 되며, 진정으로 행복한 삶을 살 수 있다고 강조한다.

당신은 스스로 얼마나 행복하고 불행하다고 느끼는가? 평소에 느끼는 행복을 가장 잘 설명해주는 항목 하나를 골라 ○표 하라.

10 극도로 행복하다(말할 수 없이 황홀하고 기쁜 느낌).
9 아주 행복하다(상당히 기분이 좋고 의기양양한 느낌).
8 꽤 행복하다(의욕이 솟고 기분이 좋은 느낌).
7 조금 행복하다(다소 기분이 좋고 활기에 차 있는 느낌).
6 행복한 편이다(여느 때보다 약간 기분 좋을 때).
5 보통이다(특별히 행복하지도 불행하지도 않은 느낌).
4 약간 불행한 편이다(여느 때보다 약간 우울한 느낌).
3 조금 불행하다(다소 가라앉은 느낌).
2 꽤 불행하다(우울하고 기운이 없는 느낌).
1 매우 불행하다(대단히 우울하고 의욕이 없는 느낌).
0 극도로 불행하다(우울증이 극심하고 전혀 의욕이 없는 느낌).

이제 당신의 감정에 대해 더 생각해보자. 평균해서 몇 퍼센트나 되는 시간을 행복 하다고 느끼는가? 또 몇 퍼센트나 되는 시간을 불행하다고 느끼는가? 행복하지도 불행하지도 않은 중립적인 시간은 어느 정도인가? 당신이 측정한 시간의 정도를 아래 빈칸에 %로 적어라. 세 가지의 합계가 100%가 되어야 한다.
평균적으로,
행복하다고 느끼는 시간 : %
불행하다고 느끼는 시간 : %
보통이라고 느끼는 시간 : %

—Fordyce 박사의 행복도 검사(www.authentichappiness.org)

02 긍정심리학의 발달과정

긍정심리학은 1996년 마틴 셀리그만(Martin Seligman)이 미국심리학회 차기 회장으로 선출됨으로 인해 태동되었다. 그 당시 정신건강의 질병모델에 회의적이었던 그가 심리학계에 활기와 생동감을 불어넣을 수 있는 새로운 관점이 필요하다고 생각하여 예방에 관심을 갖고 있었다.

그는 차기 회장에 선출 된 몇 개월 후 만 5세인 어린 딸 니키(Nikki)와 정원에서 잡초를 뽑으면서 학회 수뇌부 구상에 몰두하고 있었다. 그러면서 자신의 경험을 다음과 같이 고백했다.

고백하건대 나는 아이들에 관한 책과 논문을 여러 편 썼지만, 정작 아이들에 대해서는 아는 게 거의 없다. 할 일은 많고 늘 시간에 쫓기다 보니, 정원에서 잡초를 뽑을 때조차 여유 부릴 새가 없다. 그러나 니키는 잡초를 뽑아 하늘 높이 던지기도 하고 노래하며 춤을 추기도 했다. 딸애의 그런 모습이 하도 어수선해서 냅다 고함을 지르자, 니키는 집안으로 들어가 버렸다. 조금 뒤 다시 정원으로 나온 딸애가 내게 다가와 말했다. "아빠, 드릴 말씀이 있어요." "무슨 말인데 니키?" "아빠는 제가 다섯 살이 되기 전까지 어땠는지 기억하세요? 그때 제가 굉장한 울보였잖아요. 날마다 징징거릴 정도. 그래서 다섯 번째 생일날 결심했어요. 다시는 징징거리며 울지 않겠다고요. 그런데 그건 지금까지 제가 한 그 어떤 일보다 훨씬 힘들어요. 만일 내가 이 일을 해내면 아빠도 신경질 부리는 일을 그만두실 수 있을 거예요." 고작 다섯 살밖에 안 된 딸이 나도 미처 몰랐던 내 문제점을 정확하게 짚어 내다니! 나는 망치로 머리를 한 대 맞은 듯한 충격을 받았다. 딸의 이 말은 내게 큰 깨달음을 주었다. 사실 나는 정말로 신경질쟁이였다. 50여 년 동안 내 마음에 내리는 비를 고스란히 맞고 지냈고, 지난 수년 동안은 찬란한 햇살이 가득한 집안을 오락가락하는 먹구름 같은 존재였다. 그럼에도 불구하고 나는 운이 좋았다.

그 후부터 나는 내 자신을 고치기로 결심했다. 그보다 더 중요한 것은, 아이를 키운다는 건 그 아이가 지닌 단점을 고치는 게 아니라는 사실을 깨달았다는 점이다. 니키는 스스로 해 나갈 능력이 있다. 아버지로서 내가 할 일은 니키의 조숙함을 강점으로 계발해주는 것이다. 학습용어로 사회적 지능이라 부르지만, 내가 '상대방의 영혼을 들여다보기'라고 하는 이런 강점이 딸애의 삶에 밑거름이 되게 도와주는 것이다. 자신의 강점을 완벽하게 계발한다면, 그것은 자신의 약점이나 세상살이의 험난함을 이겨낼 수 있는 힘이 될 것이다. 나는 비로소 아이를 키울 때 아이의 단점이나 약점을 고치는 것보다 훨씬 더 중요한 일이 있다는 사실을 깨달았다. 그것은 바로 자녀의 강점과 미덕을 간파하고 계발해 줌으로써 아이가 자신에게 알맞은 일을 찾아 긍정적인 특질을 최대한 발휘하게끔 이끌어 주는 것이다. 사회구성원들이 자신에게 꼭 알맞은 자리를 찾아 저마다 강점을 최대한 발휘할 때 사회 전체의 이익을 이룰 수 있다고 한다면, 심리학의 임무는 더없이 막중하다고 할 수 있다. 그렇다면 과연 심리학이 우리를 최상의 삶으로 이끌어 줄 수 있을 까? 이러한 의문을 가진 셀리그만은 긍정심리학에 대한 계속적인 연구를 하게 되었고, 미하이 칙센트미하이(Mihaly Csikszentmihalyi), 레이 파울러(Ray Fowler)를 비롯한 몇몇 학자들이 참석하여 며칠간 숙식을 함께 하며 심리학의 과거와 미래에 대해 논의하면서 긍정심리학이 발달할 수 있는 계기가 되었다.

1998년 마틴 셀리그만이 미국심리학회장으로 취임하면서, 그동안 심리학자들이 망각하고 있던 사명을 상기시키면서 심리학의 새로운 입장과 방향을 제시 하였다. "심리학은 인간의 약점과 장애에 대한 학문만이 아니라 인간의 강점과 덕성에 대한 학문이기도 해야 한다. 진정한 치료는 손상된 것을 고치는 것만이 아니라 우리 안에 있는 최선의 가능성을 이끌어 내는 것이어야 한다.”며 이를 긍정심리학이라 명명하였다.

에드 다이너(Ed Diener), 크리스토퍼 패터슨(Christopher Peterson) 등도 긍정심리학의 발전에 크게 기여하였다. 1998년 마틴 셀리그만이 미국심리학회에서 한 연설을 계기로 ‘긍정심리학’이라는 용어가 공식적으로 사용되었다. 1999년 긍정심리학을 주제로 한 최초의 학술대회가 개최되었다.

1999년 행복에 관한 논문이 5,000편 이상으로 증가 하였고, Journal of Happiness Studies, Journal of Positive Psychology가 생겼으며, 펜실베이니아대학 심리학과를 비롯한 여러 대학에서 긍정심리학 학위과정이 개설 되었다.

2002년 『진정한 행복(Authentic Happiness)』 발간은 긍정심리학을 확산시키는 계기가 되었다.

미국심리학회의 공식학술지 American Psychologist는 2001년 1월, 2001년 3월 긍정심리학 특집호 논문을 소개하였다.

2002년 10월 국제 학술대회 개최, 2008년 국제긍정심리학회(International Positive Psychology Association. www.ippanetwork.org)가 창설되었고, 초대 회장으로 에드 다이너(Ed Diener)가 선출 되었다. 2009년 6월 국제긍정심리학회 주최 제1회 학술대회가 개최되었다.

우리나라에서는, 2007년 5월 한국상담심리학회 학술대회 주제 ‘행복의 재발견: 상담심리학자들과 함께 하는 행복 찾기’로 다루어질 정도로 긍정심리학이 관심을 받는 주제가 되었다.

2007년 10월 24~25일 한국심리상담연구소(소장 김인자) 주최로 몰입에 관한 강연회가 개최되었고, 미하이 칙센트미하이(Mihaly Csikszentmihalyi) 박사가 몰입과 창의적인 인간상 등을 주제로 네 차례 강연을 했다.

고 이형득 교수의 예방과 발달상담 운동은 인간의 긍정적인 발달을 꾀하는 상담, 정상인을 위한 상담의 중요성을 연구하기 위해 1982년부터 발달상담연구회 라는 이름으로 이 영역을 구축하고 있다(김창대 외 2인 역, 2007: 18-34).

"문제해결 또는 심리치료적 접근에 근거한 상담활동은 극소수의 사람들에게만 도움을 줄 뿐, 대다수의 사람들에게 외면당하는 문제점을 지니고 있다. 상담활동은 대다수의 정상인들에게는 아무런 영향을 주지 못하였을 뿐 아니라, 많은 사람들로부터 불필요한 것으로 잘못 인식되기에 이르렀다. 이와 같은 현실을 염려한 저자는 새로운 대안의 시도로 예방과 발달운동을 전개하기 시작했다(이형득, 2003: 56)."

03 긍정심리학의 기본적 견해

1) 인간의 긍정적 동기

긍정심리학에서 추구하는 기본적인 취지는 인간은 누구나 근본적으로 행복과 성장을 추구하는 존재라고 가정한다. 그럼에도 불구하고 인간이 불행해지는 이유는 이러한 동기를 효과적으로 추구하지 못하거나 부적절한 목표와 방법을 통해서 추구하기 때문이라고 본다.

긍정심리학자들은 과거의 심리학이 인간을 성욕이나 공격성에 의해 지배되거나 환경적 영향에 의해 결정되는 존재, 또는 타고난 기질과 유년기 경험에 의해 형성 되는 무의식적 갈등이나 습관에 의해 살아간다고 가정하기도 했으나, 인간의 긍정적 동기를 주장함으로써 그러한 것에 반론을 제기하였다. 그리고 긍정심리학자들은 많은 사람들이 인생의 난관과 역경을 극복하고 성공적인 삶을 성취한다는 점에 주목하면서 이들의 성취과정과 심리적 요인을 탐구하면서 인간은 누구나 행복하고 밝은 쪽으로 성장하려는 긍정적 동기가 있다는 것을 밝혔다.

2) 인간의 긍정적 정서와 부정적 정서의 관계

긍정심리학자들은 인간에게 있는 긍정적 정서와 부정적 정서가 서로 독립적이라는 사실을 중시하고 부정적 정서의 제거로 긍정적 정서가 자동적으로 유발되는 것은 아니라는 사실을 알아냈다.

인간의 행복감을 증진시키려면 비관주의를 약화시켜 부정적 정서를 감소시킬 뿐만 아니라 낙관주의를 강화하여 긍정적 정서를 고양시켜야 한다는 것이다. 그것은 부정적 정서의 감소와 긍정적 정서의 증진은 독립적인 과정이기 때문이다. 비관주의를 약화시키면 부정적 정서는 감소되지만 긍정적 정서가 증가하지는 않는다(Peterson, 2000: 217-221).

대부분의 심리학들이 병리적인 우울, 불안, 스트레스 등을 다루는 측면에 집착하여 연구되어 왔던 것에 반해 긍정심리학은 인간들의 심리적 안녕, 행복, 만족 등 긍정적인 경험을 하는 데 초점을 두었다. 따라서 긍정심리학에서는 부정적인 면을 수정한다는 입장보다는 긍정적인 면을 강화하여 장점과 능력을 체계적으로 육성하는 것이 문제의 예방에 기여할 수 있다는 것을 강조하고 있다(정선녀, 2006: 6).

실례로 98세까지 장수한 세실리아 수녀는 "참으로 행복하다.", "크나큰 기쁨" 등 활기 넘치는 표현들을 자주 사용했다고 한다. 그러나 59세에 뇌졸중으로 사망한 마거리트 수녀는 자기소개서에서 긍정적 정서가 깃든 단어를 전혀 사용하지 않았다. 수녀들의 수명에 관해 연구한 자료에 따르면 활기차게 지낸 수녀집단들은 90%가 85세까지 산 반면 무미건조하게 지낸 수녀집단에서는 34%만이 85세까지 살았다고 보고되었다(Seligman, 김인자 역, 2007: 79-81).

3) 긍정적 정서의 다양성

긍정심리학은 긍정적 정서의 다양성을 인정한다. 긍정적 정서는 색조, 강도, 지속기간, 유발요인 등이 다양하다. 긍정심리학은 기분을 일시적으로 좋게 만드는 쾌락지향적인 노력이 아니라 지속적인 행복감 속에서 성장과 자기실현을 이루는 삶을 지향한다.

긍정적 정서에는 쾌락(pleasure)과 즐거움(enjoyment)이 있다.

쾌락은 음식, 성행위, 휴식에 대한 생물학적 욕구나 타인의 칭찬과 같은 사회적 욕구가 충족될 때 느끼는 긍정적 정서로 유쾌한 심리상태지만 항상 심리적 성장이나 발달로 이어지는 것은 아니다. 쾌락을 지속하기 위해서는 반복적인 경험이 요구 되며 활기 넘치는 생활이 유지되어야 한다.

즐거움은 목표 달성, 기대의 충족, 뜻밖의 심리적 체험이나 창의적 성과에 의해 경험되는 긍정적 정서로 즐거움은 그 자체로 성취감과 생동감을 주며, 영향이 지속적이고, 우리의 가능성과 잠재력을 확장시켜 새로운 것을 창조하는 데 기여한다.

그러므로 칙센트미하이(Csikszentmihalyi)는 쾌락과 더불어 좀 더 생산적이고 성장촉진적인 즐거움을 많이 체험하는 방법을 연구하는 것이 긍정심리학의 중요 과제라고 주장하였다.

4) 부정적 정서에 대한 견해

긍정심리학자들은 인간의 삶에 다양한 부정적 측면이 존재함을 부인하지 않으며(Compton, 2005: 420-426), 부정적 측면을 제거하고 개선하려는 노력의 소중함을 부인하지 않는다. 부정적 정서가 적절한 수준에서는 적응적인 기능을 하며 인생의 비극적인 측면을 통해 우리의 삶이 깊이 있고 풍성해질 수 있기 때문에 부정적 정서를 완전히 제거하는 것이 바람직하지도 않다고 본다. 다만

인간에게는 행복하고 만족스러운 삶을 추구하는 욕구가 더 보편적이며 중요하다고 보는 것이다

우울한 사람은 자신의 능력이 얼마나 되는지 정확하게 판단하는 반면, 행복한 사람은 다른 사람들의 평가보다 자신의 능력을 훨씬 더 높게 평가하는 경향이 있다. 행복한 사람은 실제 일어났던 일보다 좋은 일이 훨씬 더 많았다고 생각하지만, 나쁜 일은 빨리 잊어버린다. 반면 우울한 사람은 좋은 일이나 나쁜 일이나 모두 정확하게 기억한다. 행복한 사람은 성공과 실패에 대해 자기에게 유리한 쪽으로 생각하는 경향이 커서 어떤 일에 성공하면 자신이 그 성공을 이룩해 냈다고 생각하며, 실패할 경우에는 그 원인이 다른 사람에게 있고 금방 만회할 수 있다고 생각한다.

그러나 우울한 사람은 자신의 성공과 실패를 객관적이고 공정하게 평가하며, 자신의 능력이 다른 사람들이 평가하는 것보다 낮다고 생각한다.

5) 긍정심리학의 연구 과제

(1) 긍정 상태(positive states)

인간이 주관적으로 경험하는 다양한 긍정적 심리상태를 연구하는 것으로 인간이 느끼는 행복감, 안락감, 만족감, 사랑, 친밀감 등과 같은 긍정적 정서에 대해 연구한다. 또 미래에 대한 낙관적 생각과 희망, 열정, 활기, 확신 등 인간에게 주어진 긍정 상태의 구성요소와 유발요인, 삶에 미치는 효과, 증진방법 등을 연구과제로 삼는다.

(2) 긍정 특질(positive traits)

개인의 긍정적인 성격특성과 강점을 연구 과제로 하며 일시적인 심리상태가 아니라 개인이 지속적으로 나타내는 긍정적인 행동양식이나 탁월한 성품과 덕

목을 연구한다.

주로 인간 심리의 6개 범주(지혜와 지식, 용기, 사랑과 인간애, 정의감, 절제력, 영성과 초월성)에서 24개 강점을 도출해 낸다.

(3) 긍정 기관(positive institutions)

긍정기관에서는 자신이 속해 있는 집단 구성원의 행복과 자기실현을 지원하는 긍정적 기관에 관심을 두고 연구하며 긍정심리학자들의 근본적인 질문들인 '잘 산다는 것'은 무엇을 의미하는가? 행복한 삶이란 어떤 것인가? 행복에 영향을 미치는 요인은 무엇이며, 어떤 심리적 과정을 통해서 행복감을 느끼는가? 행복을 증진하기 위해서는 어떻게 해야 하는가? 인간의 긍정적 성품과 덕성에는 어떤 것들이 있는가? 지독한 고난과 난관을 극복하게 만드는 인간의 특성은 무엇인가? 뛰어난 성취를 이루거나 성숙한 인격을 지닌 사람들은 어떤 심리적 특성을 지니며, 어떤 심리적 과정을 통해 이런 상태에 이르는가? 인간은 어떤 상황에서 자신의 긍정적 성품과 능력을 가장 잘 발현하는가?

학교나 기업체는 '구성원들이 좀 더 행복하게 각자의 강점과 미덕을 더 잘 발휘하도록 어떻게 도울 수 있는가?'에 대한 답을 연구한다.

04 긍정심리학을 적용한 상담

1) 긍정주의 상담

긍정주의 상담은 긍정심리학을 토대로 발전된 상담 분야로 볼 수 있다. 긍정심리학은 '긍정적인 사고(Positive Thinking)'에서 비롯된 용어로 1952년 처음으로 그 당시 사람들에게 많은 영감을 주었던 미국 작가 노먼 빈센트 필

(Norman Vincent Peale)에 의해서 대중에게 알려졌다. 그 이후로 개인의 학습과 자기 계발에 대한 관심이 높아지면서 전 세계적으로 이런 주제와 관련된 수많은 책들이 쏟아져 나왔다.

그러면서 이 용어는 완전한 변화를 통해 '긍정적인 정신태도(Positive Mental Attitude)'와 '최적의 사고(Optimal Thinking)'라는 파생어를 만들어 냈다. 이 파생어들은 개인적인 성장과 관련해서 널리 쓰이게 됐다(Douglas Miller, 이정아·이요셉 역, 2007: 16).

이후 긍정심리학적인 접근을 통해 얻어진 긍정주의 상담은 사람들의 더 나은 행복과 삶의 만족을 위해서 내면에 잠재되어 있는 강점의 향상과 계발을 돕는 일에 영향을 주고 있다. 또한 20세기 초에는 풍성한 삶을 추구하는 프로이트(Freud)와 그의 제자들에 의해 안녕을 증진하는 방법들이 논의되어 왔으나 대부분이 고대 그리스 시대부터 존재해 왔던 생각들을 다루는 정도였다(Cpmpton, 2007: 30). 이에 비해 긍정주의 상담에서는 개인과 지역사회, 나아가 사회를 번영하게 만드는 특성들을 탐색했다. 그리고 모든 사람들의 행복과 안녕, 풍성한 삶을 위한 긍정적이고 주관적 상태와 긍정적 특성, 긍정적 상황에 대한 연구가 활발히 이루어지고 있다.

2) 긍정주의 상담의 목적

슐러(Schuller)는 그의 책에서 "자존감에 대한 충족되지 못한 욕구가 모든 행위의 기초가 된다."고 강하게 주장하며, "자존감이 오늘날 인류가 직면한 가장 큰 한 가지 욕구이다."라고 말한다(강인한, 1998: 35). 긍정주의 상담에서는 이러한 욕구를 충족시키기 위하여 적극적인 사고를 할 수 있도록 긍정적인 측면을 부각시켜 주는데 상담의 목적이 있다. 적극적인 사고는 긍정적인 측면을 가지고 있으며, 거기에서 나오는 마음은 희망을 갖게 된다. 뿐만 아니라 적극적인 마음은 염세주의적 사고에서 떠나도록 해 주며 삶의 압박감에 대처할 수 있도록 도와서 긍정적인 행동을 하도록 한다.

인간은 '어버이' 상태에 있으므로 자신의 부모가 사용했거나 현재 사용하고 있는 같은 말투, 생각, 몸짓에 의해서 자신을 나타내고 행동한다(유성희, 2002: 14). 그러므로 자신을 양육한 부모의 언어나 행동이 긍정적이었다면 자녀도 따라서 긍정적인 행동을 할 수 있다는 것이다. 즉, 청소년기의 자녀가 부모와의 의사소통을 개방적이고 긍정적이라고 지각할수록 청소년들의 인생태도는 긍정적인 것으로 나타난다는 것이다(이재승, 2004: 18).

이러한 면에 근거하여 긍정주의 상담에서는 부모, 자녀와의 관계나 대인관계에 있어서 긍정적이고 적극적인 사고와 의사소통을 하도록 도와서 내담자의 자존감을 회복시킴으로 인류가 직면한 욕구가 충족되어 진정으로 행복하고 편안한 삶을 살 수 있도록 돕는 것이 긍정주의 상담의 목적이다.

3) 긍정주의상담 과정과 방법

(1) 상담의 목표설정

상담자가 갖고 있는 유능함과 자신감은 상담의 목표를 설정하고 그것을 달성하는데 결정적인 요인으로 작용한다. 목표를 지향하고 그 목표를 잘 수행할 수 있는 사람은 긍정적인 평가를 받을 뿐만 아니라, 자신의 능력을 개발하고 향상시키기 위하여 노력하기 때문이다. 그리고 상담 장면에서 상담자와 내담자 사이에 상호 신뢰감과 편안함, 호감 등 긍정적인 유대감을 갖는 것은 상담 목표를 합의하는 데 도움이 되고 상담의 만족도를 높이게 된다.

긍정주의 상담의 목표는 우선 내담자로 하여금 마음이 밝아지고 평화로워져야 하며 근심 걱정은 줄어들고 낙천적으로 생각할 수 있도록 설정되어야 한다. 이로 인해 정신 건강은 물론 신체 건강까지도 좋아지고 건강하게 장수할 수 있는 성격의 소유자로 변할 수 있어야 한다. 그렇게 목표가 설정되고 그 목표가 달성되면 내담자는 생활에 활기가 넘치고 희망적이며 무엇이든 잘되고 있다는 마음으로 자신감이 넘치게 된다. 긍정적 생각이 긍정적인 마음과 긍정적인 행동을 유발하는 기폭제이므로 긍정적인 사람은 행복하고 마음이 평화롭고 너그럽게 된다. 그리고 더 많은 일을 성취하게 되고 긍정적 비전을 가지고 목표를 향해 최선을 다할 수 있도록 긍정주의 상담의 목표가 설정되어야 한다(플러스 명상센터, 2007: 26-27).

(2) 긍정주의 상담 진행방법

긍정주의 상담에서는 적극적인 칭찬을 통하여 내담자의 성격, 태도, 행동, 인지 등과 같은 표면적인 수준의 긍정적인 면을 발견하여 이를 부각시키는 상담의 기술 보다 좀 더 적극적인 방법으로 '긍정의 발굴(김계현, 1996: 183)'이라는 방법을 쓴다. 이것은 적극적 칭찬 보다 더 깊은 곳에서 내담자의 긍정적인 면을 발굴하여 이를 부각 시키는 방법으로 내담자가 상담 장면에서 새로운 경험을 하도록 하는 것이다. 긍정적인 시각화와 더불어 긍정적인 사고는 삶의 목표달성에 도움을 주고 인생을 개선하는데 필요한 합리적인 말과 이미지를 창조할 수 있게 한다(Albert Ellis & Robert, 2007: 333).

내담자는 상담 과정에서 자신의 수동적인 태도를 발견하면서 점차 이런 태도가 줄어드는 것을 경험하게 하고, 직장에서도 자기 스스로 서게 되며, 다른 일을 찾아서 하게 되는 경험을 하게 한다. 내담자가 자신의 기대를 충족하지 못했을 때 문제 행동을 보이며 그 행동은 그들의 환경에 대한 사회적으로 용납할 수 없는 방법으로 반응을 보이는 것이다(전상희, 2003: 24).

'안 돼'라는 말은 내담자의 삶에서 매우 중요한 말인데 이 말에는 제한과 위험이라는 의미가 내포되어 있기 때문이다. 그러므로 '안 돼'라는 말을 듣고 자란 내담자는 새로운 환경에 다가설 때마다 '안 돼'라는 말이 먼저 떠올라 위축되고 자신감을 잃는다. 그러나 '예스'라는 말을 많이 듣고 자란 사람은 긍정적인 사고가 형성되어 항상 활기차고 행복한 삶을 살 수 있다. 그것은 부정적인 상황에 관심을 기울이면 부정적인 에너지가 증가하고 긍정적인 상황에 관심을 기울이면 긍정적인 에너지가 증가하기 때문이다(Patricia J. Crane, 2004: 191).

그러므로 긍정주의 상담에서는 무엇보다 내담자에게 긍정적인 사고를 경험하도록 도와주는 것이 중요하다. 이 세상에서 긍정적인 격려가 얼마나 큰 능력을 발휘하는지는 많은 사례들을 통하여 알 수 있다. 미소, 낙관적이고 희망적인 말 한 마디, 난관에 처했을 때 "너는 할 수 있어" 라는 한 마디 말이 내담자에게 긍정적인 사고를 할 수 있는 계기를 만들어 줄 수 있다는 것이다(Karol Ladd, 2006: 58). 내담자에게 긍정적인 사고를 할 수 있도록 하나의 명령을 주고 나서 상담자가 원하는 긍정적인 반응이 나왔을 때 확실하게 보상을 해 주면 다른 명령에도 즉각 긍정적인 반응을 보이게 된다(Karuen Prier, 2006: 129).

그리고 때로는 징계의 경험도 필요하다. 징계를 받는 내담자에게 그것이 긍정적으로 받아들여 질 수 있다면 그 징계는 내담자로 하여금 성취된 삶을 살 수 있도록 효과적으로 가르치고 훈련시키는 사랑의 행위가 될 수 있다.

내담자는 상담자에게 솔직하게 도움을 청할 수 있어야 한다. 도움을 청한다는 것은 상대방의 비판과 견해, 조언을 인정한다는 표현이며 경의와 믿음을 보여주는 것이다. 상담자를 신뢰함으로 그에게 기쁨을 안겨 주고 도움을 받으면서 서로 자신감과 자긍심을 키우는 경험을 하게 되는 것이다(Peter F. Kinauer, 2007: 166).

진정한 변화는 누군가의 명령을 받거나 제도적으로 강제되어 이루어지는 것이 아니다. 개인이 늘 겉으로 드러나지 않게 자기 혼자서, 상담자와의 관계 속에서 제 자신을 바꿔 나가는 경험을 하는 것이다(소노아야코[曾野綾子], 2007: 254).

긍정주의 상담 진행과정에서 특히 고려해야 할 사항들은 다음과 같다.

❶ 긍정적 메시지

긍정주의 상담 진행과정에 있어서 우선시 되어져야 할 부분은 상담자로부터 내담자에게 전달되는 긍정적 메시지라고 할 수 있다. 그 긍정적 메시지는 무엇보다 내용이 긍정적이어야 한다. 모든 상황을 긍정적 시각에서 해석 할 뿐 아니라 메시지의 내용이 낙천적이고 적극적이며 희망적이어야 한다. 그리고 내용이 밝고 즐거워서 내담자로 하여금 자신감을 고취시키고 행복한 마음을 가질 수 있어야 한다(플러스명상센터, 2006: 20).

예를 들어, 자신감이 없이 어깨를 축 늘어뜨리고 상담실에 들어서는 내담자에게 상담자가 밝은 미소를 보이며, "어서오세요, ○○님! 오시느라고 힘드셨죠? 자! 이쪽으로 앉으세요. 이거 제가 ○○님을 위해서 준비한 차인데 드시면 힘이 나실 겁니다." 이렇게 밝고 명랑한 모습으로 내담자를 맞이하면 자신을 반갑게 대하는 상담자로부터 환영받았다는 느낌을 받은 내담자는 희망을 갖게 되고 자신감을 회복하게 될 것이다(유옥, 2013: 109-110).

"할 수 있다고 믿는다면 일은 성사된다. 그러나 할 수 없다고 생각한다면 절대로 성공할 수 없다."고 자동차 왕 헨리 포드(Henry Ford)는 말 했고, 강철 왕 앤드류 카네기(Andrew Carnegie)는 "착상과 믿음만 있으면 불가능은 없다."고 말했다. 이렇게 긍정적인 생활을 하는 사람에게는 결코 좌절이나 절망이 없고 성공과 승리만 있을 뿐이다(한영훈, 2005: 191-192). 라는 긍정적 메시지를 내담자들에게 들려줄 때 상처로 아파하고 희망을 잃었던 그들은 다시 삶의 의욕을 회복하여 희망적인 삶을 살아 갈 것이다.

❷ 긍정적 사고

긍정적인 사고로 낙심을 물리친 성경에 나오는 인물 다윗의 예를 들어보자. 골리앗이 이스라엘 군 앞에 나타났을 때 병사들은 하나같이 생각했다. "저렇게 거대한 자를 어떻게 죽일 수 있을까?" 다윗도 골리앗을 보았으나 그는 이렇게 생각했다. "저렇게 크니 절대 빗맞을 일은 없겠군."(이병훈, 2007: 11) 긍정적으로 생각한 다윗은 물맷돌로 거대한 다윗을 쓰러뜨렸다.

장수하는 사람들은 대부분이 긍정적인 사고를 가지고 살아간다. 그들의 사고는 긍정적이고 사교적이며 낙천적이다. 그런 사람들은 다른 사람에게서 거절당했거나 일을 빼앗겼을 지라도 "그럴 수도 있지, 앞으로 나에게는 기회가 많아, 어디 내가 할 일이 이것뿐이겠어?"라고 생각하며 역경에 도전하고 불행에 굴복하지 않는다.

뿐만 아니라 다른 사람들에게 먼저 베풀어서 더 많은 것을 얻는 지혜를 발휘한다. 부정적이고 비관적인 사고를 갖고 있는 사람들은 자신에게 좋지 않은 일이 일어날 때마다 최악의 경우를 예상하지만, 긍정적인 사고를 가진 낙관주의 자들은 불행한 일이 생기더라도 그 영향을 최소화해서 생각하고, 그런 일들은 극복할 수 있는 일이며, 인생의 역경은 오히려 도전거리를 만들어 준다고 생각한다(이민규, 2007: 64).

그리고 자신감이 부족한 분야가 본인의 전체적인 사고를 지배하지 못하도록 하고 가능하면 긍정적인 측면에 초점을 맞추고 자신감이 넘치는 면을 부각시키며 살아간다(Miller, 2007: 114). 매사에 긍정적이고 낙관적이었던 백화점 왕 워너메이커는 그의 입술에서 흘러나오는 말들 중에 자신의 삶을 불평하거나 남을 비판하거나 "나는 할 수 없다."는 등의 부정적인 말들은 찾아볼 수 없었다. 그는 "할 수 있다."라는 긍정적인 태도로 그의 지경을 무한대로 넓혀 놓았다(전광, 2007: 134).

상담실을 찾는 내담자들 중 많은 경우 자신이 처한 현실보다 더 부정적이고 비관적인 시각으로 문제를 보는 경향이 있다. 상담의 한 사례로 교회봉사에 열심인 부인이 남편의 신앙을 고민하여 상담실을 찾았다.

- 상담사 1 : 접수기록부를 보니 남편의 신앙문제로 상담을 신청하셨는데 구체적으로 남편의 신앙생활에서 어떤 면이 걱정되시나요?

• 내담자 1 : 저의 남편이 좀 더 예배참석과 교회 봉사에 열심이었으면 좋겠어요.

• 상담자 2 : 지금은 남편분이 교회에서 어떤 봉사를 하고 계시는데요?

• 내담자 2 : 직분이 집사인데 완전히 엉터리 집사에요. 봉사는커녕 주일 낮 예배만 겨우 참석하고 저보고 빨리 집에 가자고 하는 거예요. 저는 오후예배도 같이 드리고 싶고 남편이 차량봉사라도 했으면 하는데, 전혀 그럴 생각을 하지 않아요.

• 상담자 3 : ○○님의 생각에는 남편이 낮 예배는 물론 오후 예배에도 같이 참석하시고 봉사도 하시기를 원하시는군요. 그런데 만약 남편분이 ○○님의 생각과는 전혀 다르게 직장 생활하느라 지치고 힘 드는데 주일만이라도 집에서 하루 종일 푹 쉬고 싶으니 교회에 가지 않겠다고 하시면 뭐라고 하시겠어요?

• 내담자 3 : 글쎄요……저는 전혀 그런 생각을 해본 적이 없는데요.

• 상담자 4 : 그러셨군요. 그럼 남편이 평소에 얼마나 힘드셨는가에 대해서도 생각하지 않으셨어요?

• 내담자 4 : 별로요. 다른 남자들도 다 그런 거 아닌가요?

• 상담자 5 : ○○씨는 다른 남자들도 다 직장생활을 하니까 그건 당연한 일이라고 생각하시는군요. 그럼 다른 남자들도 주일날 다 교회에 가서 예배드리고 봉사하고 그러는가요?

• 내담자 5 : (고개를 숙이고 한참을 골똘히 생각한 후) 네, 선생님의 말씀을 듣고 보니 참 그러네요. 제가 너무 생각이 짧아 남편의 힘든 부분을 전현 생각하지 못한 것 같네요. 사실 생각하면 주일성수 잘하는 것만 해도 고마운 일인데요……(유옥, 2007: 318).

내담자는 남편에 대한 부정적인 생각으로 상담실을 찾았으나 아주 짧은 시간이지만 상담을 통해 자신의 생각을 긍정적으로 돌리자 남편에 대한 불만 보다는 고마운 마음을 갖게 되었다.

"모두가 행복한 장향숙입니다."라는 슬로건을 내 걸고 홈페이지를 개설한 1급 여성 장애인 국회의원은 언제나 엎드린 채 세상을 바라보며 두 발로 서서 보는 세상과 엎드려 보는 세상은 분명히 다르다고 말하는 그녀는 엎드린 사람은 지구의 진동을 더 가깝게 느낄 수 있다(장향숙, 2006: 14)고 말한 정치인 장향숙의 글을 통하여 긍정적인 사고란 참으로 위대한 힘을 가지고 있다는 것을 실감하고, 이러한 긍정적인 사고를 활용하여 상담에 적용한 결과 인생의 역경은 오히려 도전거리를 만들어 주고, 긍정적인 태도는 지경을 무한대로 넓혀 놓는다는 사실을 알 수 있다.

❸ 감사하는 마음

긍정주의 상담에서 강조하는 감사하는 마음이란 행복해서 감사하는 것이 아니라 감사하기 때문에 행복해 하는 마음이다. 또 감사하는 마음은 가슴속에서 피어오르는 아지랑이와 같아서 맑은 청정지역의 밝은 햇빛 아래 아지랑이가 피듯 맑고 밝은 마음을 가질 때 가슴속에서 우러나오는 것이다. "세상에서 가장 지혜로운 사람은 배우는 사람이고 세상에서 가장 행복한 사람은 감사하며 사는 사람이다(전광, 2007: 18-20)."라고 전광 목사는 자신의 저서에서 말했다.

현재에 만족할 줄 모르고 감사할 줄 모르는 사람과 지난날을 좋은 추억으로 간직할 줄 모르는 사람에게는 미래가 없다. 성공하는 삶을 사는 사람들은 올바른 믿음과 항상 감사하는 마음을 갖는다. "지금도 좋다. 하지만 미래는 더 좋아진다. 필요한 사람은 필요할 때 반드시 찾아와 나를 위해 일할 것이며 도와 줄 것이다."라는 믿음을 가지며 감사한다(사토 도미오[佐藤富雄], 2006: 68-69).

감사하는 사람은 행복하다. 영어 단어 'thank(감사하는)'는 'think(생각하는)'에서 유래되었다고 한다. 감사할 일이 별로 없는 것 같지만 곰곰이 생각하면 할수록 감사할 조건이 너무도 많다(강갑산, 2007: 160)는 것이다.

이와 같이 긍정주의 상담자들은 상담 현장에서 만나는 내담자들에게 어려움 중에서도 감사할 수 있는 마음을 가질 수 있도록 상담을 이끌어 가야 한다. 그러기 위해서는 상담자 자신이 먼저 항상 감사하는 생활을 할 수 있어야 하고 상담과정 중에서도 내담자의 어떤 행동과 말에도 감사를 표현할 수 있어야 한다.

부부 상담을 할 경우 감사하는 마음에 대해 특히 강조해야 할 것은 감사하다고 생각하면 그것을 부부가 서로 나눌 수 있도록 분위기를 조성해 주어야 한다. 감사하다고 생각하면서 그것을 표현하지 않는 것은 선물을 포장만 하고 주지 않는 것과 같다(전광, 2007: 64)고 한다.

④ 내담자와 상담자와의 관계

내담자와 상담자와의 관계에서 일차적으로 상담자는 내담자에 대해 책임이 있다. 그러나 내담자가 외부 활동이나 다른 사람들과의 접촉으로 인해 영향을 받기 때문에 상담자와 내담자의 상황을 지각하는 차이로 인해 책임의 갈등 문제가 생길 수 있다. 그렇기 때문에 미국의 심리학회에서는 "심리학자는 임상이나 상담관계에서 내담자에게 유익하지 못하다는 판단이 분명히 설 때에는 그 관계를 종결해야 한다."라고 서술하고 있다(김형태, 2003: 366). 긍정주의 상담에서도 마찬가지로 상담자가 내담자에게 전문적으로 도움을 줄 수 없다고 판단되면 상담자는 상담관계를 종결해야 한다. 또 내담자가 상담자의 제안을 거절한다거나 상담에 적극적인 협조를 하지 않는 경우에도 상담을 계속해서는 안 된다. 이러한 경우 상담자는 내담자가 자신을 위해 상담에 적극적인 협조를 하지 않는다는 것과 상담이 별 도움이 되지 않는다는 것을 직면시키고 논의 한 후 분명하게 자신의 태도를 나타내고 상담 관계를 종결해야 한다.

그 밖에 상담자가 능력 부족으로 내담자와의 관계를 계속할 수 없다고 판단될 때와 내담자가 상담 받아야 할 유형과 시간이 서로 달라 다른 상담자에게 의뢰해야 한다고 판단 될 때에도 상담 관계는 종결되어야 한다.

❺ 긍정적인 인간관계형성

주변 사람들과 긍정적인 관계를 형성하려면 사람들과 서로 의견을 주고받아야 한다. 사람들의 진솔한 의견을 들을 수 있다면 우리의 주변에서 일어나는 일과 하는 일을 향상시킬 수 있는 방향에 대해 명백한 정보를 얻을 수 있기 때문이다.

또 긍정주의 상담에서 자기 성장을 위한 프로그램을 진행하는 경우가 있다. 이 프로그램을 진행하는 목적은 첫째, 자신을 현실적으로 이해하고, 둘째, 자신을 있는 그대로 수용하며, 셋째, 남에게 그대로의 나를 개방함으로써 자신의 말과 행동에 책임을 질 수 있고 긍정적이고 생산적인 인간관계를 발전시킬 수 있도록 돕기 위한 것이다(장인자, 1996: 25).

인간관계에 있어서 트집 잡기란 “저 사람을 부정해야 해.”라는 자세를 말한다. 처음부터 상대의 좋은 점을 보려 하지 않고 심술궂은 눈으로 상대를 노려보는 것이다. 그것은 화제에 오른 사람을 깎아 내리고 약점을 찾으려 하는 부정적인 자세를 말한다. 이런 사람은 다른 사람의 어두운 부분, 즉 질투나 분노에는 민감해도 다른 사람의 사랑이나 선의, 배려 등의 태도에는 매우 둔감하다(이와츠키 겐지[岩月謙司], 2006: 219).

긍정주의 상담에서는 무엇보다 솔직하고 성실한 자세와 주위 사람들과 조화를 이루고, 아랫사람을 배려하며, 관용을 베푸는 마음은 모든 사람들에게 좋은 이미지로 남게 된다는 사실을 부각시켜서 긍정적인 인간관계를 형성할 수 있도록 내담자들을 인도할 수 있어야 한다.

❻ 과거로부터의 탈출

인간은 현재라는 시간 속에 살면서 과거와 미래를 한꺼번에 가질 수 있는 특수한 존재이다. 그러기에 인간은 누구에게나 과거에 대한 애수와 회상이 있고 동시에 미래에 대한 꿈과 이상과 소원이 있다(정진경, 2006: 78).

내담자들이 과거에 사로잡혀 현재의 삶을 힘들게 하는 요인들을 가지고 있다면 그 요인들로부터 탈출시켜야 한다. 부정적인 과거로부터 탈출하지 못한 내담자들은 현재를 긍정적으로 받아들이는 데 많은 어려움을 겪고 있기 때문이다. 부정적인 과거의 영향을 극복할 수 있고, 과거로부터 탈출하는 방법은 다음과 같다.

첫째, 과거가 어떤 면에서는 좋은 쪽으로 큰 영향을 미쳤다는 점을 인정하도록 한다. 둘째, 과거의 실수를 솔직하게 인정하되 그 때문에 자신을 비난하지 말도록 한다. 셋째, 목표를 방해하는 과거의 경험에 압도되어 그 영향에서 벗어나지 못할 때에는 과거에 보였던 반응을 억제하도록 한다. 넷째, 부정적인 버릇을 바꾸기 위해서는 깊이 생각하고 행동도록 한다. 다섯째, 합리적이고 정서적인 이미지를 상상해 보도록 한다. 여섯째, 무엇보다 과거는 흘러가 버렸다는 점을 기억하도록 한다(Albert Ellis & Robert, 2007: 264-266).

이러한 방법을 시도함으로써 현재를 힘들게 하는 과거로부터 탈출하여 부정적인 생각들을 긍정적인 생각으로 바꿀 수 있도록 해야 한다.

또 과거의 부정적인 생각들이나 경험들로부터 비롯된 우울증에서 벗어나기 위해 시도할 수 있는 대책들을 살펴보면 다음과 같다.

첫째, 삶이 언제나 공정하지 않다는 사실을 받아들여야 한다. 둘째, 하필이면 왜 내게... 라는 생각에서 벗어나야 한다. 셋째, 운동을 한다. 넷째, 좋아하는 일에 몰두한다. 다섯째, 즐겁고 희망찬 사람들과 어울린다. 여섯째, 사소한 일에도 감사한다(이민규, 2007: 21-23).

이러한 방법을 시도한다는 것이 우울증 환자에게는 매우 힘들겠지만 긍정주의 상담을 하는 상담자들은 긍정적이고 적극적인 태도로 내담자들을 도와 그들이 우울증으로부터 벗어날 수 있도록 인도해야 한다.

인간의 생존과 행복에 도움을 주는 네 가지 기본적인 작용은 다음과 같다(Albert Ellis. Robert, 2007: 37).

첫째, 지각하거나 감지한다(시각, 후각, 청각, 미각, 촉각).

둘째, 느끼거나 감정을 표현한다(사랑, 미움, 두려움, 기쁨, 슬픔).

셋째, 움직이거나 행동한다(걷기, 먹기, 수영, 등상, 유희).

넷째, 판단하거나 생각한다(기억, 상상, 가정, 결론, 문제해결).

이러한 면에서 볼 때 사람들의 행복과 불행을 결정짓는 것은 외부 환경이 아니라 환경에 대응하는 그들의 태도와 느낌이므로 행복한 사람은 모두 비슷한 이유로 행복하지만 불행한 사람은 저마다의 이유로 불행하다. 그러므로 과거로 인해 불행을 느끼는 내담자들이 긍정주의 상담을 통해 과거로부터 탈출하여 행복한 느낌을 느낄 수 있는 이유를 찾을 수 있어야 한다(유옥, 2007: 321-322).

또 "내 인생에서 가장 커다란 긍정적 포기는 하나님의 품에 깊게 안긴 것이었음을 두 줄기 눈물로 고백합니다."(이장선, 2006: 9)라는 이장선 목사의 글을 통하여 삶에 있어서 어떤 것을 포기하는 것조차 긍정적으로 포기할 수 있어야 한다. 부정적인 과거로부터 탈출하여 감사하는 마음을 가질 때 행복해 질 수 있다는 것이다. 나폴레옹은 이렇게 말했다. "마음에 품고 믿는 바를 우리는 성취할 수 있다." 그리고 랄프 왈도 에머슨은 "인간의 모습은 그가 하루 종일 어떤 생각을 하는지에 따라 결정된다."라고 말했고, 로버트 콜리어도 "이 세상에 가질 수 없는 것은 아무것도 없다. 자신이 가질 수 있다는 사실을 마음으로 받아들이기만 **한다면**"이라고 했다. 이러한 말들은 결국 헨리 포드가 "당신이 할 수 있다고 생각하든 할 수 없다고 생각하든 당신의 생각이 옳다!"라고 말한 것과 같은 성공의 열쇠들이다.

"자신의 모습은 자신이 생각하는 대로 된다(Jeff Keller, 2006: 38-39)." 그렇다. 긍정주의 상담에서는 이러한 점을 강조하고 자신의 모습이 행복하고 참된 모습으로 변할 수 있도록 모든 내담자들에게 희망과 용기를 줄 수 있어야 한다.

응용문제

1 긍정심리학에서의 행복관을 자세히 설명하시오.

2 긍정주의 상담에서 특히 고려해야 할 사항들은 무엇인가?

3 긍정주의 상담의 목적을 서술하시오.

CHAPTER 11

사랑과 성

01 사랑의 정의

인간의 신비한 능력 중 하나는, 사랑을 하고 다른 사람과 감정적으로 깊은 유대를 맺고 이타적인 사랑으로 그것을 수행하는 것이다. 역사적으로 문학과 예술은 사랑의 힘을 묘사해 왔다.

사랑에는 부모간의 사랑, 형제간의 사랑, 친구와의 사랑, 신에 대한 사랑 등 다양한 사랑이 있으며 그 어느 것이나 모두 인간의 삶을 질적으로 풍성하게 만드는 필수적인 요건들이다. 이 중에서도 남녀간의 사랑, 즉 이성간의 사랑은 인간의 성(sex)과 결혼의 문제와 연관을 맺고 있는 것으로서 행복의 중요한 변수가 되고 있다.

여러 사회심리학적인 연구 보고에 따르면, 일반적으로 우리가 행복의 요소라고 생각하는 경제적 부, 사회적 지위, 명예, 건강 등은 실제 행복과 별반 상관 관계가 없는 것으로 나타나고 있다.

에리히 프롬(Erich From)에 의하면 '사랑은 수동적인 감정이 아니라 활동이며 주는 것'이라고 했다.

주는 것이란 어떤 것을 의미하는가? 가장 널리 퍼져 있는 오해는 '준다는 것은 그 어떤 것을 주어 버리는 것, 즉 빼앗기고 희생하는 것'이라고 생각하는 것이다. 받기만 하고, 모으는 데만 급급한 사람은 주는 행위를 이런 식으로 체험한다. 장사속이 밝은 사람은 즐겨 주지만, 단지 받은 것에 대한 교환으로서만 준다. 그에게 있어서 받지는 않고 주기만 하는 것은 사기를 당하는 것과 같은 것이며, 주는 것을 가난해지는 것으로 안다. 그러므로 이런 유형의 사람들은 주기를 거부한다.

생산적인 성격의 사람에게 준다는 것은 전적으로 다른 의미를 가진다. 준다는 것은 힘의 가장 높은 표현인 것이다. 행동에 의해서 힘을 경험하는 것이다. 고양된 정력과 능력을 경험하는 것은 자신을 기쁨에 가득 차게 만드는 것이다.

많은 철학자, 소설가, 시인 등이 사랑에 대해 이야기를 했지만 사랑이 무엇이라고 명확하게 정의를 내리기는 쉽지 않다. 그러나 일반적으로 수많은 문학작품에서 그려지고 있는 사랑은 다음과 같은 몇 가지 특징을 갖고 있다.

첫째, 사랑은 행복만을 추구하는 것이 아니다.

사랑하는 사람 없이 행복을 누리기보다는 사랑하는 사람과 더불어 불행을 나누고 싶어하기 때문이다. 한 남자가 한 여자를 사랑할 때 그가 원하는 것은 바로 그 여인 자체이지, 그 여인이 그에게 줄 쾌락만이 아니다.

둘째, 사랑은 운명처럼 다가온다.

행복을 무시한 채 완전히 자신을 던지는 헌신으로 인해 사랑은 주체 못할 욕정이나 한가한 감상이 아니라 하늘에서 내려온 숭고한 초월적인 메시지처럼 우리에게 다가온다. 따라서 사랑은 종종 한 남자나 한 여자를 놓고 벌이는 종교행위에 비유될 수 있다.

셋째, 사랑에는 아무런 이유가 없다.

이것은 '사랑한다(love)'를 '좋아한다(like)'와 구분하여 생각해 보면 명확해진다. 일반적으로 우리말에서는 '사랑'과 '좋아함'이 동의어처럼 사용되고 있지만 좋아함과 사랑은 분명 다른 의미를 지닌다. 내가 어떤 사물이나 어떤 사람을 좋아한다고 할 때는 그것을 좋아하는 나름대로의 이유가 존재한다. 그러나 사랑한다고 말할 때는 적절한 이유를 찾아볼 수가 없다. 그래서 희랍신화에서는 사랑에 빠지는 것을 큐피드의 화살을 맞는 것으로 묘사하고 있는데, 바로 이 같은 사랑의 성격 때문이다.

02 사랑의 3요소

사랑에 관한 심리적 연구들 중 가장 많은 주목을 받고 있는 이론이 미국의 심리학자인 로버트 스턴버그(Robert Sternberg, 1949~)의 사랑의 삼각형 이론이다. Sternberg는 사랑의 행동과 경험들을 연구한 자료 및 여러 이론을 근거하여, 사랑의 삼각형 이론을 제시하였다. 이 이론은 사랑을 삼각형으로 묘사하여, 세 가지 사랑의 구성 요소를 삼각형 위에 제시하는 것으로부터 시작된다.

스턴버그
(Robert Sternberg)

이 구성이론은 사랑이 친밀감, 열정, 신뢰감(헌신)의 세 가지 요소로 구성되어 있고 이것은 여러 가지 다른 형태들로 조합될 수 있다고 하였다. Sternberg는 이 세 요소 중 한 가지라도 결핍되면 사랑이 아니라고 말한다. 사랑의 삼각형 모형은 [그림 11-1]과 같다.

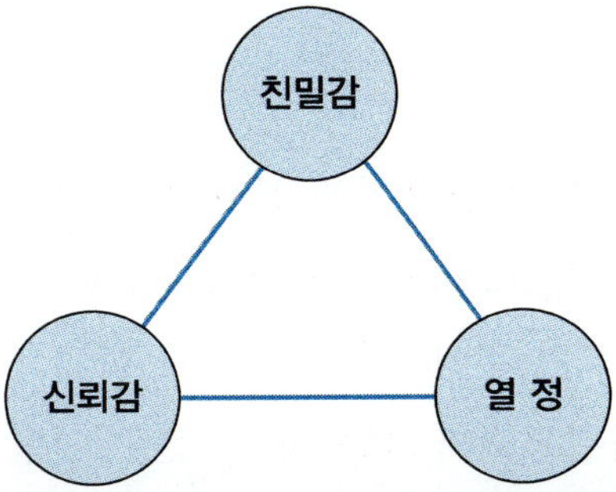

[그림 11-1] 사랑의 삼각형 모형

첫째는 열정으로, 열정은 육체적 매력과 성적 욕망을 일으키는 것으로 다른 사람과 낭만적 관계를 추구하도록 만든다. 열정은 하나가 되고자 하는 깊은 바람과 종종 성적으로 표현되는 자기존중, 돌보기, 지배, 종속 그리고 자기실현을 경험하도록 사람들을 몰고 간다. 열정은 사랑의 낭만적 형태를 규정하므로, 사랑의 요소 중에서 '열정'의 요소가 빠지면 부모애가 될 것이다. 열정은 낭만적 관계에 불을 붙이는 일등 공신이지만 가장 먼저 사그라지기도 한다.

두 번째는 친밀감으로, 친밀감은 누군가를 가깝게 느끼는 감정들, 연결되어 있다는 느낌, 그리고 사랑하는 관계에서 경험하는 따뜻함과 같은 느낌들이 포함된다. 관계를 맺는 것은 서로를 지지하고 도움을 주는 성숙한 이해의 감정적 지지, 또는 의사소통 등을 위한 감정적 투자다. 친밀함의 요소는 사랑에서 주는 사랑의 관계, 즉 부모-자녀, 혹은 형제애, 그리고 우정과 같은 것들을 이룬다.

세 번째는 신뢰감으로, 신뢰감(책임감)은 단기적으로는 누군가를 사랑할 지를 결정하게 하고 장기적으로는 그 사랑을 유지하게 하는 결정적 요인이다. 그 요소는 관계가 열정이나 친밀감 없이도 얼마 동안(혹은 영원히)은 지속되게 해준다.

03 사랑의 유형

사랑의 삼각형 이론은 사랑의 유형을 분류할 때 매우 흥미 있는 관점을 제공한다. 사랑의 3요소로 열정(passion), 친밀감(intimacy), 신뢰감/책임감(commitment)을 들고 이 3요소를 각각의 존재 여부에 따른 여덟 가지의 조합으로 나눌 수 있다. 즉, 여덟 가지 하위요소가 묘사하는 것은 사랑의 분류에 기초가 된다. 따라서 여덟 가지 사랑의 유형은 [그림 11-2]와 같다.

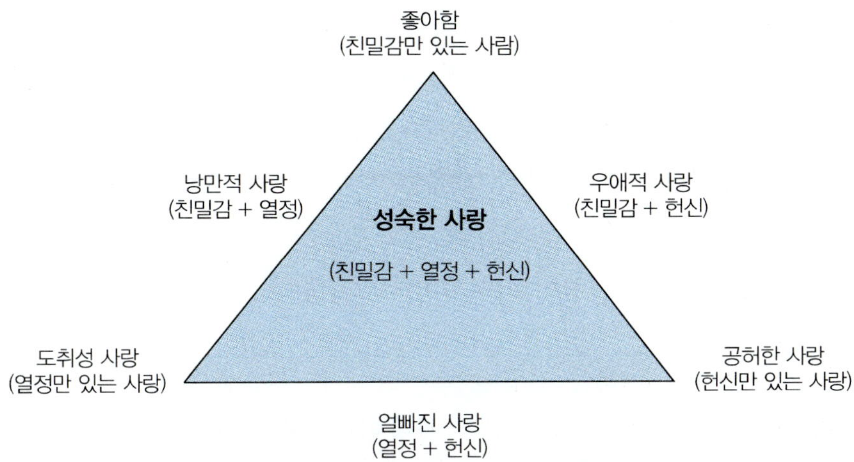

[그림 11-2] 사랑의 여덟 가지 유형(비사랑 포함)

즉, 여러 가지 사랑의 형태는 열정, 친밀감 그리고 신뢰, 이들 중 어느 하나가 관계 속에 있기도 하고, 없기도 하다. 이 세 요소 각각의 존재와 부존재에 따라 여덟 가지의 조합이 생길 수 있다. 그러나 이들 중 일곱 개는 최소한 하나의 요소를 포함한다. 여덟 번째에는 이들 요소가 전혀 존재하지 않는 경우이다. 즉, 비사랑이다. 문제는 어떤 사람의 삼각형이 다른 사람의 삼각형과 다를 때 일어난다. 이는 사랑의 세 요소 중 어느 하나가 더 많거나 더 적을 때 흔히 일어나는 일이다. 다음은 Sternberg가 제안한 사랑의 여러 가지 유형에 대한 설명이다.

1) 우애적 사랑

우애적인 사랑(companionate love)은 우리의 삶에 깊이 관여하여 사람에 대한 강한 사랑으로 진전되고 지속된다. 우애적인 사랑은 열정은 없이 친밀감과 책임감만이 존재하는 경우이다. 이런 사랑으로 결혼을 한 사람은 육체적 매력은 느끼지 못하나 일종의 우정을 약속하는 것과 같은 장기간의 관계를 갖는 형태이다. 성적인 열정과 강한 개인적 개입감 없이 친밀감만 있는 경우로서, 친구관계에서 느끼는 우정 같은 것이다. 친구들은 장기간 떨어져 있었더라도 마치 아무 일 없었다는 듯이 다시 관계를 시작할 수 있다.

2) 공허한 사랑

공허한 사랑(empty love)은 친밀감이나 열정이 전혀 없이 상대를 사랑하겠다고 결심함으로써 오로지 헌신만 있는 사랑이다. 몇 년 동안씩 서로 간의 감정적 몰입이나 육체적 매력을 전혀 느끼지 못하는 정체된 관계에서 나타나는 사랑이다. 공허한 사랑도 일방적인 사랑일 수 있으므로, 한 사람은 상대에게 친밀한 밀착과 유대를 유지하지만 다른 한 사람은 결심만을 느끼는 수가 있다. 하지만 관계들은 결심/헌신만으로 끝날 수도 있고 친밀감과 열정으로 발전시킬 수도 있다.

3) 얼빠진 사랑

눈먼 사랑(fatuous love)이라고 한다. 이는 바보 같고 어리석은 사랑을 의미한다. 얼빠진 사랑은 상대를 진정으로 알지 못하면서 열정과 헌신을 느끼는 사랑이며, 열정과 책임감/헌신은 가지고 있으나 친밀감은 없다. 이러한 관계는 두 사람을 이어주는 정서적인 요인이 존재하지 않기 때문에 사랑을 오래 지속하기 어렵다. 흔히 할리우드식 사랑이라고 하는데, 만난 지 얼마 되지 않아 열정을 느껴 약혼하고, 보름 만에 결혼하는 식의 사랑이다. 하지만 열정이 사라진 다음에도 책임 관계는 남기 때문에 상대방을 잘 아는 것이 중요하다.

4) 도취성(열정적) 사랑

열정만 있는 경우이다. 광적인 사랑(infatuated love)이라고도 하는데, 정서적 요소인 친밀감과 책임감/헌신과 같은 인지적 측면은 결여된 채 욕구를 포함한 생리적 요소인 열정만이 존재한다. 도취된 사랑은 짝사랑이라고도 하며 상대에 대한 신체적인 흥분과 성적 욕망을 불러일으키는 경우이다. 우연히 한 번 보고 어쩌다가 만난 사이에서 이런 사랑이 존재한다. '첫눈에 반했다.'라는 경우가 이 범주에 속한다. 전형적으로 도취된 사랑은 빨리 사라지고, 금방 다른 상대로 대체되곤 한다.

5) 낭만적인 사랑

낭만적 사랑(romantic love)은 친밀감과 열정요소가 결합되어 나타난다. 본질적으로 신체적 또는 다른 매력의 추가된 요소에 대한 좋아함이 나타나며 신체적·정서적으로 서로에게 이끌린다. 이는 사랑의 초기 장면에서 종종 있게 된다. 낭만적 사랑은 긴장되고 즐거운 경험을 갖게 한다. 낭만적인 사랑에 빠진 사람은 육체적, 감정적으로 빠져 있다. 그러나 결혼에 대한 약속은 없다. 흔히 첫사랑이라고 불리는 중·고등학교 시절에 많이 나타나는 사랑이다. 낭만적 사랑은 육체적, 감정적으로 빠져 있는 생리적 각성 이외의 또 다른 요인이 작용하기도 한다.

셰익스피어의 작품 『로미오와 줄리엣』에서 로미오와 줄리엣의 사랑에 대한 부모의 간섭이 두 사람의 사랑을 감소시키기는커녕 더욱 증가시키는 효과를 가져왔다. 즉, 외부의 간섭 때문에 생기는 현상을 'Romeo and Juliet effect'라고 한다. 연애를 하고 있는 젊은이들에게 부모의 간섭이 심하면 심할수록 그들의 사랑의 강도는 강해지며 간섭이 줄어들수록 사랑의 강도가 약해지는 것이다. 흥미롭게도 이 효과는 결혼한 부부에게는 적용되지 않는다. 즉, 결혼한 부부의 사랑과 부모의 간섭과는 아무런 상관이 없다.

6) 동반자적(좋아함) 사랑

동반자적 사랑은 장기적이고, 오랫동안 유지되어 온 우정에서부터 결혼했거나 혹은 장기간 커플 관계를 유지하여 서로에 대한 열정은 사그라진 사람들에 이르기까지 광범위하게 존재하는 사랑이다.

7) 비사랑

친밀감, 열정, 책임감 세 가지 구성 요소가 다 같이 결핍된 사랑으로 정말로 사랑하지 않는 거짓된 사랑(none love)이다. 이와 같은 관계는 사랑의 관계라기보다는 일반적 만남에 불과하며 사랑한다는 말을 한다면 이것은 거짓이다. 일반적인 관계에서 흔히 일어나며, 통상적인 상호관계는 사랑도 아니고, 우정도 아니다.

8) 완전한 사랑

완전한 사랑은 세 요소들이 전부가 갖춰진 사랑이다. 이런 종류의 사랑이 훌륭하지만 세 가지 요소가 가지는 깊이의 정도에 따라 사랑의 차이는 있다. 세 가지 요소는 시간의 흐름에 따라 변화되어 간다. 사랑이 계속되는 경우 인지적 요소인 의지는 사랑의 강도가 강할 때 최고조로 달했다가 안정을 유지하는 반면, 친밀감은 시간의 경과와 함께 서서히 자라나게 된다. 그러나 열정은 시간이 흐를수록 현저한 퇴조를 보이고 비교적 일찍 평정을 유지하게 된다.

Sternberg의 여덟 가지 사랑의 유형은 사랑의 3요소를 통해서 나타나는 것으로써, 각각의 상호작용과 힘을 통해서 사랑의 유형이 결정되어진 것이다. Sternberg의 완전(성숙)한 사랑은 흔히 말하는 아가페 사랑과 마찬가지로 사람으로서는 그 사랑을 완전히 이루기는 불가능하고 그 사랑을 지속시키는데 더욱 어렵다고 할 수 있다. 그러나 그 사랑으로 성숙하기 위한 노력은 끊임없이 이루어져야 한다고 본다.

Sternberg의 여덟 가지 사랑의 유형은 <표 11-1>에 제시된 것과 같이 'Sternberg의 애정형 척도검사'로 확인해 볼 수 있다.

〈표 11-1〉 Sternberg의 애정형 척도검사

전혀 아니다				상당히 그렇다				극히 그렇다
1	2	3	4	5	6	7	8	9

〈애정형 척도검사 채점점수〉

번호	내용	응답
1	나는 **의 행복을 위해서 적극적으로 지원한다.	1 2 3 4 5 6 7 8 9
2	나는 **과 따뜻한 관계를 맺고 싶다.	1 2 3 4 5 6 7 8 9
3	나는 힘들 때 **에게 의지할 수 있다.	1 2 3 4 5 6 7 8 9
4	**는 힘들 때 나에게 의지할 수 있다.	1 2 3 4 5 6 7 8 9
5	나는 **와 나의 모든 것을 공유할 의향이 있다.	1 2 3 4 5 6 7 8 9
6	나는 **으로부터 상당한 정서적 지지를 받고 있다.	1 2 3 4 5 6 7 8 9
7	나는 **에게 상당한 정서적 지지를 주고 있다.	1 2 3 4 5 6 7 8 9
8	나는 **과 말이 잘 통한다.	1 2 3 4 5 6 7 8 9
9	나는 내 인생에서 **를 매우 중요시한다.	1 2 3 4 5 6 7 8 9
10	나는 **와 친밀감을 느낀다.	1 2 3 4 5 6 7 8 9
11	나는 **와 편안한 관계를 느끼고 있다.	1 2 3 4 5 6 7 8 9
12	나는 **가 나를 정말 이해하고 있다고 느낀다.	1 2 3 4 5 6 7 8 9
13	나는 내가 **를 정말 신뢰한다고 느낀다.	1 2 3 4 5 6 7 8 9
14	나에 관한 개인적인 정보를 **와 공유하고 있다.	1 2 3 4 5 6 7 8 9
15	**와 나는 가깝게 맺어져 있다.	1 2 3 4 5 6 7 8 9
16	**를 보기만 해도 나는 흥분이 된다.	1 2 3 4 5 6 7 8 9

번호	내용	응답
17	나는 낮에도 **에 대해서 생각하는 나 자신을 자주 발견 한다.	1 2 3 4 5 6 7 8 9
18	**와 나의 관계는 정말 낭만적이다.	1 2 3 4 5 6 7 8 9
19	나는 **이 매우 매력적이라고 느낀다.	1 2 3 4 5 6 7 8 9
20	나는 **를 이상화하고 있다.	1 2 3 4 5 6 7 8 9
21	**처럼 나를 행복하게 만드는 사람을 상상할 수 없다.	1 2 3 4 5 6 7 8 9
22	나는 다른 어떤 사람보다도 **와 함께 있고 싶다.	1 2 3 4 5 6 7 8 9
23	**와의 관계보다 더 중요한 것은 이 세상에 없다.	1 2 3 4 5 6 7 8 9
24	나는 **와 신체적으로 접촉하는 것을 특히 좋아한다.	1 2 3 4 5 6 7 8 9
25	**와의 관계는 뭔가 '마법에 걸린 듯한' 데가 있다.	1 2 3 4 5 6 7 8 9
26	나는 **를 찬미한다.	1 2 3 4 5 6 7 8 9
27	나는 ** 없는 인생을 생각할 수 없다.	1 2 3 4 5 6 7 8 9
28	**와 나의 관계는 열정적이다.	1 2 3 4 5 6 7 8 9
29	낭만적인 영화나 책을 볼 때면 **를 생각하게 된다.	1 2 3 4 5 6 7 8 9
30	나는 **에 대해서 공상을 하곤 한다.	1 2 3 4 5 6 7 8 9
31	내가 **에 대해서 염려하고 있다는 것을 알고 있다.	1 2 3 4 5 6 7 8 9
32	나는 **와의 관계를 지속시키기 위해 최선을 다하고 있다.	1 2 3 4 5 6 7 8 9
33	다른 사람이 우리 사이에 끼어들지 않도록 나는 **에게 헌신할 것이다.	1 2 3 4 5 6 7 8 9
34	나는 **와의 관계가 흔들리지 않을 것이라는 점에 대해 자신감을 가지고 있다.	1 2 3 4 5 6 7 8 9
35	나는 어떤 난관에도 불구하고 **에게 헌신할 것이다.	1 2 3 4 5 6 7 8 9
36	**에 대한 나의 사랑은 남은 인생 동안 계속될 것이다.	1 2 3 4 5 6 7 8 9
37	나는 **를 위해서 항상 강한 책임감을 느낄 것이다.	1 2 3 4 5 6 7 8 9
38	**에 대한 나의 사랑은 확고한 것이다.	1 2 3 4 5 6 7 8 9
39	나는 **와의 관계가 끝나는 것을 상상할 수 없다.	1 2 3 4 5 6 7 8 9
40	나는 **에 대한 나의 사랑을 확신한다.	1 2 3 4 5 6 7 8 9
41	나는 **와의 관계가 영원히 지속될 것이라고 생각한다.	1 2 3 4 5 6 7 8 9
42	나는 **와 사귀는 것을 잘한 결정이라고 생각한다.	1 2 3 4 5 6 7 8 9
43	나는 **에 대한 책임의식을 느낀다.	1 2 3 4 5 6 7 8 9
44	나는 **와의 관계를 계속 유지할 작정이다.	1 2 3 4 5 6 7 8 9
45	설혹 **와 갈등이 생긴다 해도, 나는 여전히 우리 관계를 유지할 것이다.	1 2 3 4 5 6 7 8 9

첫째	친밀감 : 1번~15번까지의 합산점수
둘째	열정 : 16번~30번까지의 합산점수
셋째	책임감(헌신) : 31번~45번까지의 합산점수

출처 : 장성화 외 3인(2010). 생활 속의 심리학. pp.70-71 재인용.

04 사랑의 기술

사랑에도 기술이 필요하다. 서로의 사랑을 유지하기 위해 상대방의 정서적 욕구를 잘 알아두면 좋다. 남자와 여자는 사랑의 욕구는 물론이고 표현조차 다르다. 이들을 차이를 알아보기 위해 존 그레이(J. Gray)의 『화성에서 온 남자 금성에서 온 여자』에 실린 내용을 간략히 소개해 본다.

우리들은 남자, 여자 할 것 없이 자기가 상대에게 아무리 베풀어도 돌아오는 게 없다고 느낀다.

상대가 자기 사랑을 알아주지도 않고 받아들이지도 않는다고 생각한다. 사실 그들은 둘 다 사랑을 주고 있다. 그러나 그 방법이 효과적이지 않다.

예를 들어, 여자는 상대방을 보살피고 챙겨 주기 위해 이것저것을 물어 보고 그에 대해 염려하는 마음을 표현하면서 그것이 사랑이라고 생각한다. 이런 태도는 남자를 짜증스럽게 할 뿐이다. 그는 여자로부터 조종당하고 있다고 느끼고 거기에서 벗어나고 싶어 할지도 모른다.

여자는 만일 누군가가 자기에게 그런 염려를 해 주고 보살펴 준다면 정말 고마울 것임으로, 남자의 그런 거부반응에 혼란을 느낀다. 사랑을 베풀고자 하는 그녀의 노력이 상대로부터 무시당하는 것으로 끝나면 그나마 다행이고, 최악의 경우에는 상대를 짜증스럽고 화나게 만들기도 한다.

마찬가지로 남자들도 자기들은 사랑을 표현하는 것이라고 생각하겠지만, 그들의 사랑을 표현하는 방법은 여자의 감정을 무시하고 묵살할 경우가 많다. 예를 들면, 여자가 상심해 있을 때 남자는 문제의 중요성을 극소화하는 말을 함으로써 위로하려고 한다.

"걱정하지 마. 뭐 대수롭지 않은 일을 가지고 그래!"라고 말한다. 그는 도움이라고 생각 하지만, 이러한 태도는 무시당하고 사랑받지 못하고 있다는 생각을 하게 만든다.

우리가 느끼는 감정의 욕구는 거의 사랑에 대한 욕구라고 보아도 좋을 것이다. 남자와 여자에게는 제각기 그 중요성에 있어 독특한 사랑에의 욕구가 있다.

남자는 근본적으로 신뢰, 인정, 감사, 찬미, 찬성, 격려를 필요로 하고, 여자는 관심, 이해, 존중, 헌신, 공감, 확신을 얻고 싶어 한다. 배우자가 무엇을 원하는지 알아내는 작업은 이 열두 가지 상이한 사랑의 욕구종류를 이해하고 나면 무척이나 간단해진다.

남녀의 열두 가지 사랑의 욕구 종류를 순위로 나타내면 <표 11-2>와 같다.

〈표 11-2〉 남녀의 열두 가지 사랑의 욕구 순위

남자가 받고자 하는 것	여자가 받고자 하는 것
1. 신뢰	1. 관심
2. 인정	2. 이해
3. 감사	3. 존중
4. 찬미	4. 헌신
5. 찬성	5. 공감
6. 격려	6. 확신

출처 : 조수환 저(2008). 건전한 삶을 위한 정신건강.

여자들은 자기가 좋아하는 상대에게 자기가 필요로 하는 것을 주면서, 남자들이 무언가 다른 것을 원하리라는 것을 생각하지 못한다. 남자들 역시 그들이 필요로 하는 사랑이, 그들이 사랑하는 상대에게 반드시 도움이 되거나 적절한 것이 아님을 잊은 채 자기욕구에 초점을 맞추는 경향이 있다.

사랑에 대한 이 같은 새로운 이해가 가지고 있는 가장 강력하고 유용한 국면은 그것이 호혜적이라는 데 있다.

예를 들어, 남성이 배려와 이해를 보여 주면 여성은 자동적으로 이에 보답하게 되어, 그가 주로 필요로 하는 신뢰와 인정을 되돌려 주게 된다. 여성이 신뢰감을 표시할 때도 마찬가지여서, 남성은 여성이 필요로 하는 관심으로 보답한다.

남성과 여성의 열두 가지 다른 점을 자세히 파악해보면 다음과 같다.

1) 여성은 관심을, 남성은 신뢰를 원한다.

남자가 여자의 감정에 관심을 보이고 자신을 진심으로 염려해 주면, 여자는 그가 자기를 사랑하고 소중히 생각하고 있다는 느낌을 받는다. 이렇게 관심을 가져 줌으로써 여자는 욕구가 채워지므로 자연히 남자를 더욱 신뢰하기 시작할 것이며, 상대를 믿을 때 여자는 마음을 열고 그의 사랑을 받아들일 수 있게 된다.

여자가 자기를 향해 마음을 열고 사랑을 받아들이는 태도를 보이면, 남자는 여자로부터 신뢰를 받고 있음을 느낀다. 남자를 신뢰한다는 것은 그가 최선을 다해 노력하고 있음을 믿는 것이다. 여자의 반응에서 그의 능력과 진심에 대한 긍정적인 믿음을 읽을 수 있다면 남자는 첫 번째 욕구인 신뢰가 충족된다.

2) 여성은 이해를, 남성은 인정을 원한다.

여자가 자기감정을 표현할 때 남자가 그것을 비판하지 않고 공감과 호응으로 들어 주면, 자기를 이해하고 있다고 느낀다. 여기서 이해한다는 것은 상대로부터 들은 내용을 토대로 대화를 풀어 나가는 것을 의미한다. 누군가에게 이야기하고 싶고 이해받고 싶다는 그녀의 욕구가 충족되면 될수록 그녀는 그가 필요로 하는 인정받고 싶다는 그의 욕구를 채워 주기가 수월해진다.

여자가 남자를 변화시키려 하지 않고 있는 그대로의 그를 받아들일 때, 그는 그녀로부터 인정을 받고 있다고 느낀다. 그러나 그를 호의적으로 받아들이는 것이 그가 완벽하다고 생각한다는 뜻은 아니며, 단지 그가 자신의 향상을 스스로 이룩할 것이므로 그를 개선하려 들지 않을 것임을 분명히 하는 것이다. 자기를 인정받고 있다고 느낄 때, 남자는 이야기에 귀를 기울여 주거나 그녀가 필요로 하는 이해를 해준다.

3) 여성은 존중을, 남성은 감사를 원한다.

남자가 여자의 권리와 욕구와 바람을 인정하고 그 해결을 우선적으로 배려하는 태도를 보일 때, 그녀는 상대로부터 존중받고 있다는 느낌을 받는다. 그의 행동이 그녀의 생각과 감정을 고려한 것일 때, 그가 자기를 존중하고 있다는 확신을 얻는다. 꽃다발이나 기념일을 기억하는 등의 구체적이고 물질적인 표현은 여자들의 욕구인 존중을 충족시키는데 필수적인 것이다. 여자가 존중받고 있음을 느낄 때 여자가 그에게 감사를 표현하기가 훨씬 쉬워진다.

남자가 애를 쓴 덕분에 자기가 개인적으로 도움을 받고 이익을 얻었음을 여자가 인정할 때, 남자는 자신의 가치를 제대로 평가하며 고마움을 느끼고 있다고 생각하게 된다. 남자에게 고마움을 표시하면 그는 저절로 힘을 얻어 자기 배우자를 보다 존중할 의욕을 갖게 된다.

4) 여성은 헌신을, 남성은 찬미를 원한다.

남자가 여자의 욕구에 우선순위를 두고 그녀를 돕는 일에 긍지를 느끼면, 그의 사랑의 욕구인 헌신이 충족된 것이다. 여자는 자신이 특별한 존재로 숭배되고 있음을 느낄 때 눈부시게 피어난다. 남자가 그녀의 감정과 욕구를 중요시하며 일이나 공부, 취미생활과 같은 자신의 관심사보다 우위에 둘 때, 숭배의 대상이 되고 싶어 하는 여자의 욕구는 충족된다. 자기가 그의 인생에서 가장 중요한 존재임을 느끼는 여자는 자연히 그를 찬미하게 된다.

여자에게 남자의 헌신을 받고 싶은 욕구가 있듯이, 남자는 여자로부터 찬미의 대상이 되고 싶어 한다. 남자를 찬미한다는 것은 경이와 기쁨, 그리고 즐거움으로 그를 바라보고 인정해 주는 것이다. 그의 유머와 힘, 강한 의지, 정직성과 성실성, 로맨틱함, 친절, 애정과 이해심, 그 외의 케케묵은 미덕이라도 여자가 그것을 독특한 특성으로 받아들이고 재능으로 생각해 기뻐하면, 남자는 그녀가 자기를 찬미하고 있다고 느낀다. 남자는 자기를 찬미하는 상대에게 마음 놓고 모든 것을 바치며 숭배해 마지않는다.

5) 여성은 공감을, 남자는 찬성을 원한다.

남자가 여자의 감정에 이의를 제기하거나 시비를 걸지 않고 그 타당성을 기꺼이 인정해 주면, 여자는 다섯 번째의 주된 욕구가 충족되어 그로부터 사랑을 받고 있다는 느낌을 갖는다. 공감하는 태도란 여자에게 그렇게 느낄 권리가 있음을 인정하는 것이다. 여자로 하여금 자기의 이런 태도를 느끼게 할 수 있다면, 그는 자신의 주된 욕구 중 하나인 찬성을 보장받을 수 있다.

남자들은 마음속 깊은 곳에 자기 여자의 영웅이 되거나 빛나는 갑옷을 입은 멋진 기사가 되고 싶은 욕망을 지니고 있다. 그가 그녀의 시험에 통과했음을 보여주는 신호는 바로 그녀의 찬성이다. 여자가 상대를 승인하는 태도를 보인다는 것은 그의 좋은 점을 인정하고 그에게 전반적으로 만족하고 있음을 표현하는 것이다(남자에게 찬성을 표한다는 것이 반드시 둘 사이에 견해 차이 없이 일치한다는 의미는 아니다). 승인하는 태도란, 그가 어떤 행동을 했다면 거기에는 충분히 그럴 만한 이유가 있었을 것이라고 생각하고 믿어 주는 것이며, 여자가 이런 태도를 보일 때 남자 역시 그녀의 감정을 쉽게 인정할 수 있게 된다.

6) 여성은 확신을, 남성은 격려를 원한다.

남자가 자기 배우자에게 지속적으로 관심과 이해, 존중과 공감을 보여주고 기꺼이 헌신할 때, 확신을 얻고 싶어 하는 그녀의 기본 욕구가 충족된다. 남자의 이런 태도에서 여자는 그로부터 사랑받고 있다는 것을 느낀다.

남자가 흔히 저지르게 되는 실수는, 일단 상대의 주된 사랑의 욕구를 모두 충족시켜 주면 그녀가 마음 놓고 행복감에 젖을 것이며, 그 순간부터는 마땅히 자기가 사랑받고 있음을 알고 있으리라고 생각하는 것이다. 그러나 실은 그렇지가 않다. 그녀의 여섯 번째 사랑의 욕구를 충족시키려면 몇 번이고 되풀이해서 확신을 주어야 한다는 사실을 그는 명심할 필요가 있다.

그와 마찬가지로 남자들은 여자들로부터 격려 받고자 하는 주된 욕구를 지닌다. 상대를 격려하는 태도는 그의 능력과 인격에 신뢰를 표함으로써, 그에게 희망과 용기를 불어 넣어 준다. 여자가 남자에게 신뢰와 인정, 감사와 찬미, 찬성을 보여줄 때 그는 무엇이든 할 수 있다는 힘을 얻는다. 상대로부터 격려 받고 있음을 느낀 남자는 그녀가 필요로 하는 사랑의 확신을 줄 마음을 갖게 된다.

사랑의 욕구인 격려가 충만할 때 남자는 상대를 위해 전력 질주한다. 그러나 여자가 남자의 주된 욕구에 대해 알지 못하고 신뢰하는 사랑보다 염려하는 사랑을 준다면, 그녀는 자기도 모르는 사이에 그들의 관계를 망가뜨리고 있는 것이다.

이성인 상대방이 무엇을 중요하게 여기는지 모른다면 그것은 마치 배우자에게 숱한 마음의 상처를 입혀 놓고도 그것을 깨닫지 못한다는 사실과 같다. 우리는 남녀 모두가 가끔 비생산적일 뿐만 아니라 심지어 정떨어지게 만드는 대화를 주고받는 것을 볼 수 있다.

남자나 여자 모두 자신이 필요로 하는 사랑을 받지 못할 때 가장 마음의 상처를 받기 쉽다. 대개의 경우 자기가 얼마나 상대방의 마음에 상처가 되는 말을 하는지 알지 못한다. 남녀의 주된 사랑의 욕구와 관련해 흔히 범하게 되는 말의 실수를 다음 <표 11-3>과 같이 나열해 보았다.

〈표 11-3〉 **사랑의 욕구와 관련된 말의 실수(여자의 경우)**

	여자들이 흔히 저지르게 되는 실수
1	그의 행동을 개선하려 하거나 그가 청하지도 않은 조언을 해 그를 도우려 한다.
2	자신의 부정적인 감정이나 속상한 마음을 이야기해 그의 행동을 제어하거나 바꾸려고 한다(감정을 이야기 하는 것까지는 좋지만 상대를 조정하거나 징계하려고 해선 안 된다).
3	자기를 위해 해준 일을 인정하지 않고, 지금껏 그가 해 온 일에 대해 불평한다.
4	그의 행동을 수정해주고 마치 어린 아이에게 하듯 그가 할 일을 지시한다.
5	다음과 같이 간접적이고 수사학적인 표현으로 할 일을 지시한다. "당신 어떻게 그런 행동을 할 수가 있어요?"
6	어떤 일을 결정하거나 주도적으로 일을 처리하면 사사건건 이를 고치려 들고 비판한다.
	남자들이 사랑받지 못하고 있다고 느끼는 이유
1	자기를 더 이상 신뢰하지 않기 때문에 사랑받지 못하고 있다고 느낀다.
2	있는 그대로 자기를 인정하지 않기 때문에 사랑받지 못하고 있다고 느낀다.
3	자기가 해준 일에 고마워하지 않고 당연하게 여기기 때문에 그는 사랑받지 못하고 있다고 느낀다.
4	자기를 찬미하지 않기 때문에 사랑받지 못하고 있다고 느낀다.
5	자기 행동에 찬성하지 않기 때문에 사랑받지 못하고 있다고 느낀다.
6	그 스스로 일을 해결할 수 있도록 격려하지 않은 그녀의 행동에서 그는 자기가 사랑받지 못하고 있다고 느낀다.

출처 : 조수환 저(2008). 건전한 삶을 위한 정신건강.

남자들의 기본적인 욕구를 이해하지 못할 때 여자가 실수하기 쉽듯이 남자들 역시 여자의 욕구를 이해하지 못해 실수를 저지른다. 그들은 자기들이 여자를 무시하거나 하등의 위안이 되지 않는 말투를 사용하고 있음을 인식하지 못한다.

자기로 인해 불행을 느낀다는 것을 알고 있다 하더라도, 왜 사랑을 못 받고 있다고 느끼는지, 또 원하는 것이 무엇인지 모른다면 좀처럼 접근방법을 바꿀 수가 없다.

여자들이 어떤 사랑을 원하는지 이해함으로써 그녀의 욕구에 보다 민감해질 수 있고 그것을 존중할 수 있다. 여자의 주된 사랑의 욕구와 관련해 남자들이 저지르는 말의 실수는 이야기에 귀를 기울이지 않는다거나 듣더라도 건성으로 듣다가 이내 관심을 다른 데로 돌려버리는 일이다.

사람들은 부지불식간에 자기가 원하는 것을 상대에게 주기 때문에 종종 사랑을 그르친다. 여자의 주된 사랑의 욕구는 관심을 받고 이해받는 것이기에, 자연히 남자에게도 많은 관심을 기울이게 된다. 이 같은 보살핌은 남자로 하여금 자기를 믿지 못하고 있다고 느끼게 만든다. 남자가 받고 싶어 하는 것은 신뢰이지 보살핌이 아니다.

이렇게 되면 번번이 서로의 욕구를 충족시키지 못하는 악순환이 되풀이 되고, 관계가 지나치게 힘들어지면 서로가 포기한다. 그러나 상대방이 무엇을 원하는지 이해한다면 관계를 풀어 나가기가 한결 쉬워진다. 더 많은 것을 주는 것보다 꼭 필요한 것을 주는 것이 효율적이다. 상대를 만족시키고 싶다면 그 사람이 필요로 하는 사랑을 주는 방법을 터득해야만 할 것이다. 그래서 사랑에도 기술이 필요한 것이다.

05 사랑과 성의 관계

Freud는 성과 사랑을 불가분의 관계에 있는 것으로 본다. 프로이트는 『정신분석학입문』과 『꿈의 해석』 등을 통해서 꿈, 노이로제, 정신병 등을 상세히 해명하면서 성, 성적 충동(libido), 성도착, 사디즘과 마조히즘, 동성애 등에 관해서 설명한다.

Freud에 의하면 인간의 정신을 구성하는 요소들은 성적 본능이나 충동, 초자아 및 자아이다. 성은 남성과 여성으로 구분되지만 성적 충동은 남성이나 여성 모두 가지고 있는 하나의 본능적 힘이다.

Freud가 보기에 남녀의 성관계는 물론 쾌락을 추구하지만 그것이 자손출산(생식)을 목적으로 할 때 정상적인 것이고, 그렇지 않을 경우에는 비정상적인 것이다. 성도착, 사디즘, 마조히즘, 동성애 등은 모두 비정상적인 것이다. 성적 본능이 지나치게 억압당할 경우 비정상적인 정신상태가 형성되기 때문에 노이로제나 정신질환이 발생한다. 성적 충동은 마치 배고픔이나 갈증과 같아서 무한히 충족을 추구한다. 그러나 성적 충동이 충족되지 못하고 억압당할 때 정신은 비정상적인 상태로 되고 마는 것이다.

Freud의 정신분석학은 개인의 의식을 해석하는 핵심과제로 삼고 있으며, 인간정신의 밑바탕을 리비도로 보고 있다. 또한 Freud는 해부학, 병리학 및 신경생리학을 기초로 삼고 정신분석학을 정립하였으므로 그가 말하는 인간의 의식은 어디까지나 유물론적 입장을 대변한다.

『주역』이나 『노장』에서도 음양은 본래 태허(太虛)나 태극(太極)에서 나왔으니 모든 것의 근원은 태극에 불과하다는 일원론적 주장이 가능하며, 음양은 본질적인 것이 아니라고 말할 수 있다. 그러나 성의 형이상학적인 측면만 강조하다 보면 성의 현실을 등한시하기 쉽다. 무엇보다도 정보와 기술을 등에 업고 획일적 상업주의는 성마저도 상품화하고 있다. 출산을 목적으로 한 남녀의 성행위 이외에도 오로지 성적 쾌락만을 추구하려는 경향이 매우 강하다.

개방된 인간상을 획득하기 위해서 이제 우리들은 성에 관한 다각적인 담론을 전개할 필요가 있다. 생리학, 역사, 심리학, 사회학, 정신분석학에서 고찰하는 성의 담론들을 종합적으로 분석하고 비판하며 종합하는 담론을 형성할 때 우리들은 개방된 성의 가능성을 엿볼 수 있을 것이다.

많은 문인들이나 학자들은 사랑을 제각기 심리적, 문학적, 철학적으로 정의한다.

"사랑이란 상대방이 자기의 소중한 욕구를 충족시켜 주거나 자기가 소중하다고 여기는 아름다움, 능력과 지위 등과 같은 속성을 나타냈을 때 상대방과의 상호관계에서 경험하는 긍정적 감정이다."

"사랑이란 자신이 믿는 것을 상대방에게 알리고 행함으로써 상대방이 성장하도록 도와주며, 또한 공통된 목표, 꿈, 희망을 상대방과 함께하며, 어려운 일을 당했을 때 상대를 대신하여 기꺼이 상처를 받을 수 있는 감정을 의미한다." 등이다.

그러나 학자들이 내린 사랑의 정의와 별개로 일상생활 속에서 사람들이 말하고 느끼는 사랑은 사람마다 다양하며 극히 주관적이다. 또한 성(性)의 개념도 그것이 내포하고 있는 뜻에 따라 여러 가지로 구분할 수 있다. 성을 지칭하는 용어는 선천적으로 결정된 생물학적 성을 의미하는 '섹스(sex)'와 사회 문화적으로 남성다움과 여성다움의 성 역할을 상징하는 '젠더(gender)'가 있고, 이러한 생물학적이고 사회문화적인 개념을 포함하면서 전인적이고 인격적인 개념으로서의 성을 의미하는 '섹슈얼리티(sexuality)' 등이다.

'sexuality'란 용어는 인간의 성행동은 물론이고 개인이 지니고 있는 성에 대한 환상, 꿈, 태도, 사고 감정, 가치관, 신념, 이해심, 개인의 존재 의미 등의 모든 것을 지칭하는 표현이다(윤가현, 1990).

'gender'라는 용어는 개인이 출생한 이후 사회적·문화적·심리적 환경에 의해 후천적으로 학습된 남녀 역할 행동의 특성을 의미한다.

동양에서 사용하고 있는 성이라는 용어는 이러한 의미를 잘 반영하고 있다.

한자어의 성(性)은 원래 마음(心)과 몸(生)을 동시에 담고 있으며, 단순히 성행동이나 성적 쾌락만을 의미하는 것이 아니라 전체적인 인간 자체를 뜻한다. 그중에 성(sex)은 사랑과 밀접한 관계가 있다.

성적 매력과 성적 관계는 사랑에서 매우 중요한 부분이다. 친밀감은 사랑의 한 구성 요소이고 성교는 친밀감의 일면이다. 헐(Hull)에 따르면 생식과 성 충동은 인간에게 기본적이며 성교를 통해 서로의 욕구를 충족시킬 수 있다고 한다.

분명히 성행동은 사랑의 한 요소로 볼 수 있다. 그러나 성행동이 곧 사랑은 아니며 반드시 사랑의 표현이라고 할 수도 없다. 성행동은 대인간 유대를 표현하는 행동 중의 하나이다. 이 행동의 의미는 그것이 이루어지는 맥락에 따라 달라질 수 있다. 만약 두 사람이 서로를 배려하면서 부드러운 분위기에서 두 사람의 욕구를 충족시키기 위해 성행동을 한다면 성은 친밀감을 증가시키며 사랑을 촉진시킬 수 있다.

은밀한 관계의 다른 측면에서처럼 좋은 성관계는 인내와 배려를 요구한다. 역시 배려란 상대방의 욕구를 고려하고 자신의 욕구뿐만 아니라 상대방의 욕구를 만족시키려는 진정한 바람을 뜻한다. 만약 두 사람 모두가 상대방의 욕구를 배려하지 않은 채 자기의 만족만을 위해 성행동을 한다면, 그것은 오히려 사랑을 위축시킬 수 있다.

우리가 성(sex)을 언급할 때 성은 세 가지 관점에서 이해될 수 있다.

첫째, 다른 모든 동물들처럼 종족보존, 즉 생식을 위한 성행위가 있다.

둘째, 식욕과 같이 인간의 자연적이며 기본적인 욕구인 성욕을 채워 쾌락을 느끼기 위한 성행위가 있다.

셋째, 자신을 준다는 의미의 표현양식으로서의 성행위가 있다.

오늘날 우리가 성(sex)을 이야기할 때 그것을 사랑과 분리시켜 말하는 경우는 성을 두 번째 의미로 이해하는 것이고 사랑과 연관시켜 말하는 것은 성을 세 번째 의미로 이해하는 것이다. 그러나 사랑은 성과 별개의 것도 아니며 성과 동일한 것도 아니다.

인간에게 사랑은 정신적인 것과 육체적인 것으로 분리될 수 있는 것이 아니다. 인간은 지, 정, 의(知, 情, 意)의 합성체로서 이성과 감성 그리고 의지를 동시에 지닌 정신과 육체의 통합체임을 생각한다면, 인간의 전인성은 정신과 육체가 억눌림 없이 자유롭게 사용될 수 있을 때에만 발휘될 수 있다.

따라서 사랑과 성의 관계 역시 이러한 인간의 전 인성 안에서 고려되어야 한다. 다시 말해서 성관계가 사랑의 관계와 일치할 때 비로소 정신적 욕구와 육체적 욕구가 동시에 만족될 수 있는 인격적 관계를 형성하게 되는 것이다. 결혼에서 부부간에 갖는 성관계는 공식화되어 있으며 결혼을 사랑의 추구결과로 달성된 것으로 간주하는 한, 결혼에서의 성관계는 단순히 성적 쾌락의 수단으로 여겨지지 않는다. 부부간에 사랑으로 맺어진 결혼이라면 그들의 성관계는 주로 성적 쾌락 자체보다는 부부관계를 위한 정서적 기제로 기능하게 된다. 그러므로 성은 사랑에 대한 정서적 진지성을 준다는 점에서 사랑이 종교행위에 비유될 수 있고 성은 두 사람간의 계약을 새롭게 상기시키는 성례전적 의식으로 생각할 수 있는 것이다.

오늘날 우리 사회가 삶의 양식이 선진 유럽 사회를 닮아가면서 성과 사랑 그리고 결혼에 대한 의식 역시 선진국 형으로 빠르게 변화되어 가고 있다. 그 결과 상당수의 젊은이들은 비록 결혼하지는 않았을지라도 적어도 두 가지 관점에서 성관계를 생각한다. 하나는 식욕을 채우는 것이 인간의 행복추구의 기본권이듯, 성욕을 채우는 것 또한 그것이 상호합의에 의해 타인에게 누가 되지 않는다면 한다는 것이고, 다른 하나는 서로 사랑하는 사이라면 자신들의 사랑을 표현한다는 의미에서 성관계를 가질 수도 있다는 것이다.

최근 우리 사회에는 성도덕, 성질서의 파괴 현상이 나타나고 있다. 특히 신문, 잡지와 소설, TV드라마, 영화에서 불건전한 관계가 쉽게 다루어지고 있다. 이러한 내용들이 우리 관습, 우리 사회의 질서를 어지럽힌다.

건전한 성관계는 성도덕에 기초하고 개개인의 성장, 존중, 행복과 사회 질서가 지켜지는 가운데 이루어져야 한다. 성(sex)은 잘못 다루면 여러 가지 문제를 야기하므로 신중하고 아름답게 다루어져야 할 것이다.

응용문제

1 사랑에 대해 약술하시오.

2 사랑의 3요소에 대하여 설명하시오.

3 사랑의 유형에 대하여 기술하시오.

CHAPTER 12

이상행동과 적응

최근 뉴스의 사건사고 기사를 보면 사람들의 이상행동과 정신장애로 인한 사회적 문제가 꼭 빠지지 않고 등장한다. 사회구조가 복잡해지고 스트레스가 많으며 이를 효과적으로 대처하기 못하는 사람들은 이를 충동적이고 공격적으로 해결하기도 한다. 사회에 대한 불만을 우리나라 문화재에 방화를 함으로 해결하는 사람도 있고, 가상현실 세계에서 사람을 죽이는 게임에 몰입된 청년은 사람을 직접 죽이면 어떤 기분일지 궁금하다며 거리로 나와 '묻지 마 살인'을 저지르기도 한다. 이처럼 이상행동과 정신장애는 당사자는 물론이고 주변 사람들과 사회전반에 불안과 고통을 초래한다. 이러한 문제들이 점차 심각해짐에 따라 이미 정신장애 진단을 받은 사람들에게 집중되어 있던 정신건강 관련법의 대상을 온 국민으로 확대하고 이상행동의 잠재적 가능성을 지닌 사람들을 선별하여 관리하고자 국가의 시스템을 만들어 가고 있다. 이에 본 장에서는 이상행동과 정신장애의 정의와 이를 구별하는 기준, 그리고 최근 정신장애 진단 기준의 변화에 따라 DSM-5에서 말하는 주요 정신장애들에 대해 살펴보고자 한다.

본 장의 학습목표는 다음과 같다.

첫째, 이상행동을 구분하는 판별기준에 대해 이해한다.

둘째, 정신장애 분류진단체계(DSM-5)가 구분하는 정신장애의 유형과 그 특징을 이해한다.

셋째, 아동, 청소년기에 나타는 정신장애의 유형과 특징에 대해 이해한다.

넷째, 각 정신장애의 원인과 임상양상이 무엇인지, 예후 및 치료 방법에 대해 이해한다.

01 이상행동과 정신장애

1) 정의

사람의 행동이나 심리상태에 대해 이상이 '있다', '없다'를 구분하는 것이 판단자의 주관적 생각에 의해 결정되는 것은 아니다. 이상행동과 정신장애를 무엇이라 정의 할 것인가? 그리고 어떠한 기준에 의해 이상행동과 정상행동을 구분할 것인지 논의 되어야 한다.

권석만(2013)에 의하면 이상행동(abnormal behavior)은 객관적인 관찰과 측정이 가능한 개인의 부적응적인 심리적 특성을 의미하며, 이는 개인의 심리적 측면 뿐만 아니라 인지, 정서, 동기, 생리적 측면에서 부적응을 초래하는 특성을 보인다. 객관적으로 관찰, 측정하기 위해 우리는 심리평가를 하며 이를 통해 이상행동 여부를 판단한다. 정신장애(mental disorder)는 특정 이상행동의 집합체를 말한다.

〈사례 1〉
고3인 진만이는 머리가 복잡하다. 공부를 썩 잘하지 못해 자신과 부모님이 바라는 목표에 도달하기는 너무나 멀고, 이러한 상황에 대해 자신을 비난(진작 공부 좀 하지! 게임 그만하고 공부 좀 하라고 그렇게 말했건만 꼴~ 좋다!)하는 부모님한테 너무 화나고 짜증난다. 그러던 어느 날, 학원에서 만난 지수와 친해지게 되었고, 공부도 못하는 나를 너무나 좋아해 준다. 세상을 다가진 기분이고, 전교 1등도 할 수 있을 것 같다. 그렇게 하루하루 행복하게 지내던 진만이에게 청천병력 같은 카톡 한 통이 날아 왔다. 그만 만나자는 지수의 거절문자였고, 세상에 아무도 날 좋아해 주는 사람이 없다는 생각에 친구를 불러내 술을 마시다가 술병을 깨서 손목을 그었다.

〈사례 2〉
대학생 소미는 요즘 학교를 다니기 힘들다. 버스 정류장 사람들, 거리를 지나다니는 사람들, 캠퍼스 내 학생들 모두 자신을 바라보고 뭔가 수군대는 것 같아 집밖을 나오기가 힘들다. 심지어 버스를 타고 가는 초등학생들도 뭔가 자신을 이상한 눈초리로 바라보고, 욕을 하는 것 같다. 옷이 이상한가? 뭐가 묻었나? 수십 번을 살펴봐도 꺼림칙하고 불안하며 사람들과 부딪히기 두렵다. 동아리에서도 사람들에게 책잡히지 않기 위해 사람들의 요구를 모두 들어주는 편이고, 그들이 요구하지 않아도 내가 알아서 그들의 필요를 읽어 비위를 맞추는 편이다. 사람들은 내가 참 싹싹하고 세심하고 배려를 잘한다고 칭찬을 하지만, 그들이 뒤에서 나에 대해 좋지 않은 이야기를 할 것이라는 생각이 쉽게 사라지지 않는다.

► 사례 1과 사례 2에서 이상행동으로 보이는 생각이나 행동, 정서, 동기 등 부적응적 심리적 특성을 모두 찾아보시오.

2) 이상행동과 정신장애 구분

이상행동 여부를 판단하기 위해 관찰과 측정이 가능한 부적응적 심리적 특성의 구분 기준이 필요하다. 이러한 기준을 제시한 여러 학자들(Davison & Neale, 2001; Nevid, Rathus, & Greene, 2000)의 의견을 종합하여 이상행동과 정신장애의 판별 기준을 제시해 보고자 한다.

(1) 보편성

일반적으로 사람들이 생각하고 행동하는 방식에 보편적인 특성이 있다. 보통 '상식(common sense)'이라고 하면 사람들이 모두 갖고 있거나 갖고 있어야 할 지식과 판단력을 말하는데, 이러한 상식과 보편적 특성에 위배되는 행동을 할 때 우리는 이상행동으로 판단할 수 있다. 예를 들어 사례 1에서처럼 남자 혹은 여자 친구와 헤어지게 되면 일반적으로 사람들은 충격을 받고 일정기간 슬픔, 무기력 등 정서적으로 우울감을 경험한다. 이러한 강도와 기간은 서로 교제한 기간이나 감정의 정도에 따라 차이는 있을 수 있지만, 실연이나 교제 관계에서 거절을 경험한 사람들이 보편적으로 자살을 하지는 않는다. 이러한 보편성은 문화에 따라 상대적이기 때문에 고려해서 적용해야 한다.

(2) 부적응

우리는 살아가면서 고통스럽고 힘겨운 고민과 삶의 과제들을 해결하기도 하고 회피하기도 하고, 수용하기도 하면서 겪어 내고 있다. 이러한 삶의 위기를 경험하면서도 또 우리에게 처해진 상황에서 해야 할 일들, 요구되는 일을 해내면서 살고 있다. 이처럼 이상행동은 현재 자신이 처한 상황에서 요구되는, 혹은 해야 할 일들을 하지 못하고 부적응하도록 만드는 행동이다. 사례 2에서 소미는 대학생으로서 전공하는 학업에 대한 지식도 쌓아야 하고, 취업을 위한 진로준비와 방학을 이용한 인턴십 과정, 스터디, 동아리활동, 이성 관계를 위한 소개팅 등 대학생활에서 해야 할 여러 과제들을 수행하는데 현재 사람들의 시선을 받는다고 지각하여 집밖으로 나오기 힘들고, 소수의 관계에서 사람들의 비위를 완벽하게 맞추기 위해 노력하는 행동은 대학생활 적응을 방해하는 이상행동으로 볼 수 있다.

(3) 사회적·규범적 일탈

사회는 구성원들이 따라야 하는 규범과 규칙이 존재한다. 또한 다양한 삶의 상황마다 자신의 역할에 따른 행동규범이 존재한다. 사례 1에서 진만이가 학생으로서의 행동규범에 잘 적응하지 못하고 위배되는 행위를 지속할 경우 이를 이상행동으로 본다. 진만이가 계속 술을 마시고, 학교를 무단결석하며, 친구들을 때리고 자신을 거절한 지수를 찾아가 복수하기 위해 스토킹을 하는 등의 행동을 한다면 이상행동으로 볼 수 있다.

(4) 주관적 고통과 불편감

개인이 주관적으로 느끼는 고통과 불편감은 직접 관찰되고 느낄 수 있으며 이를 유발하는 행동을 이상행동으로 볼 수 있다. 주관적 고통을 호소하는 사람들은 자신의 삶의 터전에 잘 적응하기 어렵다. 사례 2의 소미도 '사람들이 널 쳐다보는 게 아니라고 생각해라. 다른 사람들을 의식하지 말라'는 친구들의 조언을 들었지만 자신도 모르게 신경을 쓰면서 심적으로 고통스럽고, 아침에 학교에 오는 길이 너무 괴로워서 1교시 수업은 들어가지 못하고 혼자 조용한 빈 강의실에 가서 쉬어야 할 정도로 주관적 고통을 유발한다면 이는 이상행동으로 볼 수 있다.

(5) 현실 검증력

우리는 주변 환경에 대해 여러 감각기관을 통해 지각하고 인지과정으로 해석한다. 그러나 현실검증 과정에 문제가 있는 사람은 겨울에 추운 것을 못 느끼고, 여름에 덥다고 못 느낀다. 또한 다른 사람들을 듣거나 보지 못하는 것을 듣고 보는 현실세계와 다른 세계관을 갖고 있는 경우 이상행동으로 구분할 수 있다.

(6) 통계적 규준 이탈

이상행동은 관찰과 측정이 가능한 부적응적 심리현상으로 측정을 통한 심리평가 결과 개인의 특정 행동이 비슷한 다른 사람들의 평균과 비교해서 일탈되어 있다면 이는 이상행동으로 볼 수 있다. 통계적 규준이 적용되기 위해서는 표준화되어 있는 검사(지능검사, MMPI 등)를 사용해야 하고, 통상 우리가 하는 행동의 보편적인 통계 기준에 이탈되는 행위를 이상행동으로 볼 수 있다. 보통 사람들이 하루에 손을 씻는 횟수를 보면 아침, 저녁, 화장실 다녀와서, 양치후 등으로 보았을 때 10회 내외로 볼 수 있다. 그런데 창민이는 하루에 100회 이상 손 씻는 행동을 한다면 이는 이상행동으로 볼 수 있다.

3) 이상행동과 정신장애의 분류와 진단

우리는 특정 이상행동의 집합체를 정신장애라고 정의하였다. 이상행동을 집합으로 분류하고 이를 평가하여 그러한 현상의 원인과 치료방법, 예후 등을 제시하여 보다 체계적으로 이상행동과 정신장애를 이해하고자 한다.

(1) 이상행동과 정신장애 분류의 필요성

이상행동과 정신장애를 분류하는 것은 첫째, 같은 분야의 종사자들 간에 일관되고 공유 가능한 용어를 제공하며 이는 효과적인 의사소통을 가능하게 한다. 사례 1의 진만이가 자살시도 후 경찰에서 연계한 병원에 입원하여 약물치료와 상담을 받고 있다고 가정했을 때, 퇴원 후 가까운 병원으로 통원치료 할 경우 입원했던 병원의 의사가 진만이를 진단하고 평가한 자료를 가까운 병원으로 보내 줄 수 있고, 이는 두 의사간의 의사소통을 원활히 하여 통원치료에서도 진만이를 잘 치료할 수 있다. 둘째, 또한 이러한 이상행동과 정신장애 분류를 통한 평가 자료는 치료자에게 중요한 정보를 제공하고, 셋째, 각 장애에 대한 축적된 정보와 임상지식을 제공하여 원인발견과 치료에 대한 이해를 증진시키는데 유용하다.

그러나 이러한 이상행동과 정신장애 분류는 다음과 같은 한계가 있을 수 있는데, 먼저 분류체계에 따라 개인을 맞춰 넣다 보면 개인이 갖고 있는 고유한 특성이 유실될 수 있고, 개인에 대해 낙인효과가 적용될 수 있다. 나의 어떠한 행동들에 대해 진단명이 붙게 되면(예: 우울증, 강박증, 편집증 등), 자신도 모르게 그 진단명에 맞도록 자신을 맞춰 가는 일명 '자기 이행적 예언(self-fulfilling)'에 빠질 수 있다. 모든 사람을 정확하게 진단하기란 쉽지 않은 일이며, 한계가 있을 수밖에 없다.

(2) 이상행동과 정신장애 분류방식

분류방식은 크게 범주적 분류(categorical classification)와 차원적 분류(dimensional classification)로 구분할 수 있다. 분류기준은 이상행동과 정신장애를 양적 또는 질적으로 분류할 것인가에 따라 나뉜다.

〈표 12-1〉 **이상행동과 정신장애 분류방식**

구분기준	범주적 분류	차원적 분류
	질적 분류	양적 분류
내 용	우울장애, 불안장애, 정신분열증은 정상적 행동과 질적으로 다르다고 구분하고, 각 장애에 해당하는 특정 이상행동 목록을 통해 '우울장애냐? 아니냐?', '불안장애냐? 아니냐?'에 대한 정보를 제공	이상행동과 정상행동은 질적으로 다른 게 아니라, 부적응의 정도의 차이로 보고, 개인을 한 가지 장애가 아닌 부적응을 평가하는 몇 가지 차원의 위치에 분류할 수 있음(예: 우울과 불안의 심각도에 따라 개인을 분류)
진단체계	DSM-IV	DSM-5

(3) 정신장애 진단 및 통계편람 DSM-5

미국정신의학회에서 발간하는 정신장애 진단 및 통계편람은 전 세계적으로 가장 많이 사용되고 있는 이상행동 및 정신장애 진단 기준이다. 심리적 증상과 기술적 특징, 진행과정과 치료에 대한 효과, 예후 등의 정보를 제공하며,

2013년 5월에 개정판 DSM-5가 발행되었다. DSM-5는 기존의 DSM-Ⅳ의 범주적 분류의 한계를 보완하기 위해 차원적 분류체계를 도입하였고, 개인의 주된 특징과 함께 다른 차원과 함께 고려해 봐야 하는 공병 특징들을 심각도 차원에서 평가하도록 되어 있다(권석만, 2013). DSM-5는 주요 정신장애의 범주를 20개로 분류하였다.

〈표 12-2〉 DSM-5 정신장애 범주

DSM-5의 정신장애 범주
1. 신경발달장애(Neurodevelopmental disorder)
2. 정신분열 스펙트럼 및 기타 정신증적 장애(Schizophrenia spectrum and other psychotic disorders)
3. 양극성 및 관련 장애(Bipolar and related disorders)
4. 우울장애(Depressive disorders)
5. 불안장애(Anxiety disorders)
6. 강박 및 관련 장애(Obsessive-compulsive and related disorders)
7. 외상, 그리고 스트레스 사건 관련 장애(Trauma-and stressor-related disorders)
8. 해리장애(Dissociative disorders)
9. 신체증상 및 관련 장애(Somatic symptom and related disorders)
10. 식이 및 섭식장애(Feeding and eating disorders)
11. 배설장애(Elimination disorders)
12. 수면-각성 장애(Sleep-wake disorders)
13. 성기능 장애(Sexual dysfunctions)
14. 성 불편증(Gender dysphoria)
15. 파괴적, 충동통제, 그리고 품행장애(Disruptive, impulse-control, and conduct disorders)
16. 물질-관련 중독장애(Substance-related and addictive disorders)
17. 신경인지장애(Neurocognitive disorders)
18. 성격장애(Personality disorders)
19. 성도착장애(Paraphillic disorders)
20. 기타 정신장애(Other mental disorders)

4) 이상행동과 정신장애의 진단평가

(1) 심리평가와 검사

개인의 다양한 심리적 속성(지능, 성격, 행동, 정신병리 등)에 대한 지식과 경험을 토대로 면접, 행동관찰, 심리검사 등의 방법을 통해 단기간에 평가하는 작업을 심리평가(psychological assessment)라 한다(권석만, 2013). 또 개인의 이상행동과 증상에 대한 심리평가 자료를 통합하여 특정 정신장애로 분류하는 과정을 심리진단(psycho diagnosis)이라 한다.

심리검사는 심리평가의 도구이며, 개인의 성격, 행동 등을 이해하기 위한 심리학적 측정과정이다. 또한 개인 내 차이, 개인 간 차이를 평가하여 보다 명확한 심리평가를 통해 진단을 가능하도록 한다.

(2) 심리평가의 목적

심리평가의 목적은 첫째, 진단을 목적으로 실시하고, 둘째 이상행동의 원인에 대한 이해와 치료를 위해 실시하며, 셋째, 구체적 목적을 위한 평가(예: 군 입대시 군복무를 할 수 있는 정상적 상태인가를 감별하기 위한 MMPI검사, 장애진단을 위한 지능평가 등)가 있다.

(3) 심리검사(psychological test)

심리검사는 심리평가의 핵심도구로 개인의 성격과 행동을 이해하기 위한 심리학적 측정과정을 말한다. 심리검사는 심리적 특성을 평가하기 위한 구체적인 검사문항과 채점체계를 갖추고 있고, 표준화를 통해 개인 내와 개인 간 양적 비교를 할 수 있으며, 신뢰도와 타당도를 갖추어야 한다.

심리검사는 이상행동과 정신장애의 원인과 개인의 지능이나 인지기능, 정서적 상태, 사회적 측면에 대한 평가를 하는 역할을 한다. 즉, 이상행동의 원인이 기능적인 문제인지, 자아강도, 지각이나 문제해결방식, 현실 검증력의 문제가 있는지, 정서상태가 우울한지, 불안한지, 사회규범이나 대인관계적 측면의 문제가 있는지 검사를 통해 평가하는 것이다.

심리검사는 개인이 지각할 수 있고 언어보고가 가능한 자기보고식 검사(예:

MMPI, MBTI, SCT 등)가 있고, 자기보고가 어렵고 무의식적이며 심층적 특성을 평가하는 투사검사(예: Rorschach, TAT, HTP, KFD 등)와 본인이 지각하기 어렵지만 타인의 관찰에 의해 보고되는 행동관찰이나 타인평정검사(예: CBCL), 개인이 갖고 있는 지적능력을 평가하는 지능검사가 있다. 지능검사는 개인에게 해결과제를 제시하고 수행능력을 객관적으로 평가하는 방법이다(권석만, 2013).

02 주요 정신장애 진단별 특징

1) 정신분열 스펙트럼장애(Schizophrenia spectrum and other psychotic disorder)

정신분열 스펙트럼장애는 정신분열증과 유사한 증상 및 원인을 갖고 있다고 판단되는 다양한 정신장애를 의미하며, 이들은 기괴한 사고와 현실왜곡 등이 특징이다. 하위 유형에는 심각도가 높은 정신분열증과 분열정동장애, 심각도가 낮은 분열형 성격장애, 약화된 정신증 증후군, 중간정도는 정신분열형 장애, 단기 정신증적 장애, 망상장애가 있다. 여기서는 정신분열증(Schizophrenia, 조현병)에 대해 자세히 살펴보기로 하자.

(1) 정의

정신분열증은 비현실적 지각과 손상된 인지기능, 감정, 행동에 있어 현실 검증력이 떨어져 심각한 장애와 다양한 정신 병리를 유발하며, 대체로 남성은 20대 초,중반, 여성은 20대 후반에 처음 발병한다.

(2) 진단 기준

DSM-5의 진단 기준은 ① 망상, ② 환각, ③ 혼란스러운 언어(빈번한 주제이탈, 뒤죽박죽 표현), ④ 심히 혼란스러운 행동과 긴장증적 행동, ⑤ 음성증상들(예: 감소된 감정표현과 무의욕증)이며, 이 중 두 개 이상의 증상이 각각 한 달 동안 상당부분의 시간에 나타나야 한다. 두 가지 증상 중 하나는 반드시 ①~③중 하나여야 한다.

(3) 핵심증상

정신분열증의 가장 대표적인 증상은 망상(delusion)인데, 아래 <표 12-3>과 같이 다섯 가지로 구분된다.

〈표 12-3〉 망상의 종류

구 분	내 용
피해망상 (persecutory delusion)	국가단체나 개인이 자신의 감시하거나 미행, 도청하면서 피해를 주고 있다고 믿는 믿음
과대망상 (grandiose delusion)	나는 매우 중요한 사람(메시야, 천재 등) 이고 그에 따른 중차대한 능력과 임무를 지니고 있다고 믿음
관계망상 (delusion of reference)	주위 모든 일을 자신과 관계 지어 왜곡하는 현상으로 TV에 나오는 사람과 자신이 관련 있다고 믿음
애정망상 (erotic delusion)	애정망상은 유명한 사람, 공인과 사랑하는 관계라고 생각하는 망상
신체망상 (somatic delusion)	자신의 몸에 암과 같은 심각한 질병이 있다고 믿는 믿음

두 번째 핵심증상은 환각(hallucination)으로, 왜곡된 비현실적 지각을 의미한다. 실제 자극과는 상관없이 어떤 소리를 듣거나 형상을 지각하는 것으로 감

각의 종류에 따라 환청, 환시, 환후, 환촉, 환미로 구분된다. 환청은 어떤 사람의 목소리나 사물의 소리를 듣거나, 자신에게 간섭하고 말을 걸어 대화하거나 두 명 이상의 사람이 서로 대화하는 목소리를 듣기도 한다. 환촉은 마치 내 피부에 벌레가 기어 다니는 것을 느낌을 계속 보고하거나 환미는 음식에서 특정 냄새를 맡게 되는 현상이다.

세 번째 핵심증상은 비논리적이고 지리멸렬한 언어로 정신분열증 환자들은 대화할 때 말의 내용이 서로 연결되지 않고 횡설수설하거나 맥락에 맞지 않는 내용의 이야기를 하고 상대로 하여금 이해하지 못하게 하는 특징을 갖는다.

네 번째 핵심증상은 긴장증적 행동으로 몸이 근육이 굳은 것처럼 특정 행동이나 자세를 오래 유지하는 것을 말하는데, 이상한 자세로 몇 시간씩 움직이지 않고 있는 현상을 말한다.

2) 양극성 관련 장애(Bipolar and related disorders)

양극성 장애는 우울한 기분과 고양된 기분이 교차로 나타나는 것을 말하며, DSM-Ⅳ에서는 기분장애의 하위요인으로 구분되었으나, DSM-5에서는 독립되어 양극성장애, 순환감정 장애로 분류하고 있다. 여기서는 양극성 장애(조울증)에 대해 자세히 살펴보기로 하자.

(1) 진단 기준

양극성 장애는 제1형과 제2형으로 나뉜다. 먼저 제1형 양극성 장애는 기분이 비정상적으로 고양되는 조증상태를 특징적으로 나타낸다(권석만, 2013). 과도한 자존감과 에너지 수준이 비정상적으로 증가된 상태가 1주일 이상 지속적으로 나타나는 조증삽화(manic episode)가 있어야 하고, 아래 <표 12-4>의 진단 기준 일곱 개 중에서 세 가지 이상이 적어도 1주일 이상 지속되어야 한다.

〈표 12-4〉 조증 진단 기준

① 자존감의 확장과 과대망상
② 수면욕구 감소
③ 평소보다 말이 많고 계속 말을 하고자 함
④ 사고의 비약이나 끝없이 생각이 꼬리를 무는 경험
⑤ 주의산만
⑥ 목적지향적 활동 증가, 정신운동성 초조
⑦ 고통을 유발할 가능성이 있는 쾌락활동(예: 생각 없이 물건사기, 무분별한 성행위 등)

제2형 양극성 장애는 1형과 유사하지만 조증삽화의 증상보다 경조증 삽화가 더 두드러지게 나타난다. 경조증은 직업적, 사회적인 기능에 장애가 올 정도의 심각성을 보이지 않고, 과거에 한번 이상의 경조증 삽화와 한번 이상의 주요 우울 삽화를 경험한 적이 있어야 한다.

양극성장애는 보통 우울삽화가 먼저 시작되고, 90%이상이 2회 이상 재발하며, 주요우울 장애보다 예후가 안 좋다.

3) 우울장애(Depressive disorders)

우울은 누구나 경험하며 삶에서 실패와 좌절 등이 반복되면 기분이 가라앉고 불행감에 휩싸이며 심한 기분의 변화를 경험한다. 이러한 기분의 변화는 개인의 심적 고통뿐만 아니라 생활의 적응, 식욕부진, 무기력을 가져와 삶을 위협한다. 그러나 이러한 기분은 일정 시간이 지나면 자연적으로 회복되기도 한다. DSM-Ⅳ에서는 기분장애의 하위요인으로 우울장애가 있었으나 DSM-5에서는 독립적인 장애로 분류되었고, 하위 장애로는 주요우울장애, 지속성 우울장애, 월경전기 불쾌장애, 파괴적 기분조절곤란 장애가 있다. 월경 전 여러 증상으로 기분을 가라앉게 하는 월경전기 불쾌장애가 새롭게 추가되었다. 여기서는 가장 대표적인 주요 우울장애에 대해 살펴보기로 한다.

(1) 정의 및 진단 기준

주요우울장애는 가장 심한 증상을 보이는 우울장애로 <표 12-5>의 아홉 가지 진단 기준에서 다섯 개 이상이 거의 매일 연속적으로 2주 이상 나타나야 주요 우울장애로 진단할 수 있다. 다섯 개 이상의 진단 기준 중에서 ① 우울한 기분, ② 일상생활에서의 현저한 흥미저하, 즐거움 감소 중 하나는 꼭 포함되어야 한다.

〈표 12-5〉 **주요우울장애 진단 기준**

① 우울한 기분
② 일상생활의 현저한 흥미저하, 즐거움 감소
③ 급격한 체중변화, 거의 매일 나타나는 식욕 감소나 증가
④ 불면 또는 과다수면
⑤ 정신운동의 초조나 지체(좌불안석이거나 처져 있는 느낌)
⑥ 피로감과 활력상실
⑦ 무가치감, 과도한 죄책감
⑧ 사고 및 집중력 감소, 우유부단함
⑨ 반복되는 자살사고, 자살기도 및 계획

그리고 이러한 우울증상으로 인한 심각한 고통과 더불어 직장, 사회에서 대인관계 및 적응 등의 기능적 손상이 있어야 한다. 그러나 이러한 우울증상이 치료약물 등의 물질이나 의학적 상태로 인한 생리적 효과(예: 갑상선 기능저하증)가 아니어야 한다.

(2) 핵심증상

첫째, 핵심증상은 우울감으로 아침에 가장 증상이 심하고 저녁으로 갈수록 완화되며, 기분을 전혀 못 느끼는 사람도 있을 수 있다. 둘째, 이들의 사고는 과거를 향해 있고, 후회되거나 타인을 원망한다. 또한 잔걱정이 많고 늘 비관

적이며 자신이 가치 없고 쓸모없다고 여겨 자살에 대한 생각을 한다. 셋째, 인지과정에서는 생각하는 속도가 느리고 잦은 건망증, 집중을 못하는 현상이 나타나며, 넷째, 온몸에 기운이 없고 피곤하며 몸이 말을 듣지 않고 두통, 소화불량, 관절통의 신체증상을 호소하기도 한다.

4) 불안장애(Anxiety disorders)

우리를 위협하고 위험하다고 생각되는 상황에서 경험하게 되는 정서반응이 바로 불안이다. 이처럼 위험하고 불안을 느낄 만한 상황에서 느끼는 것은 적절하고 정상적인 반응으로 볼 수 있으며, 자신을 위험으로부터 인지하고 보호할 수 있도록 돕는 신호와 같은 역할을 하기에 도움이 되는 기능을 한다고 볼 수 있다. 그러나 이러한 위험한 상황을 알아차리는 신호기능이 너무 민감하고 예민하여 과도한 불안을 느끼거나, 현실적으로 위협적이지 않는데 불안을 느끼고, 위협적인 요소가 사라졌음에도 계속 불안을 느끼는 것은 심리적 고통을 유발하기 때문에 이를 불안장애(anxiety disorders)라고 한다. DSM-5에서 불안장애의 하위요인은 범불안장애, 특정공포증, 광장공포증, 사회불안장애, 공황장애, 분리불안장애, 선택적 무언증으로 구분한다. 구체적으로 살펴보면, 다양한 상황에서 늘 불안하고 과도한 걱정을 하는 범불안장애, 특정 동물 또는 상황에 대한 특정공포증, 특정한 장소에서 경험할 공포에 대한 두려움을 느끼는 광장공포증, 타인과의 상호작용 상황을 두려워하는 사회공포증, 갑작스럽게 죽을 것 같은 불안과 불안을 느껴 발작을 일으키는 공황장애, 애착대상과 떨어지는 것에 대한 극심한 불안을 느끼는 분리불안장애, 말을 할 수 있지만 특정 상황에서 지속적으로 말을 하지 않는 선택적 무언증이 있다. 최근 사회적으로 알려진 공황장애에 대해 살펴보고자 한다.

(1) 증상 및 진단 기준

갑작스럽게 죽을 것 같은 강렬한 불안이 엄습하는 공황발작(panic attack)을 반복적으로 경험하는 장애로 진단 기준은 <표 12-6>의 열세 개 증상 중 네 개 이상의 증상이 나타난다.

〈표 12-6〉 공황장애 진단 기준

① 가슴 두근거림과 심박 수 증가	② 진땀을 흘림
③ 몸과 손발이 떨림	④ 숨이 가쁘고 답답한 느낌
⑤ 질식할 것 같은 느낌	⑥ 가슴의 통증이나 답답함
⑦ 메스꺼움과 복부 불편감	⑧ 어지럽거나 멍한 느낌, 쓰러질 것 같음
⑨ 한기나 열감을 느낌	⑩ 감각이상
⑪ 비현실감, 이인증(나에게서 분리된 느낌)	⑫ 자기 통제감 상실, 미칠 것 같은 두려움
⑬ 죽을 것 같은 두려움	

적어도 한 번 이상의 공황발작 이후에 한 달 이상 발작이 또 있지 않을까 하는 지속적인 걱정과 발작과 관련한 행동에 있어 부적응적 행동의 변화가 나타날 때 공황장애라고 진단할 수 있다. 단, 다른 약물, 질환, 정신장애의 증상에 의한 반응이 아니어야 한다.

5) 강박 및 관련 장애(Obsessive-compulsive and related disorders)

강박관련 장애는 개인의 의지와는 상관없이 어떤 생각이나 충동이 의식에 자꾸 떠올라 그것에 집착하며 그와 관련된 행동을 반복하여 나타나는 다양한 부적응 문제를 의미한다(권석만, 2013). 여기에는 강박사고와 행동이 반복적으로 나타나는 강박장애, 자신의 신체일부가 이상하다고 생각하며 집착하는 장애인 신체변형장애, 쓸모없는 물건들을 집안에 쌓아 두는 저장장애, 머리를 반복적으로 뽑는 모발 뽑기 장애, 피부를 반복적으로 뜯거나 손상시키는 피부

벗기기 장애가 있다. 이 중에서 강박장애에 대해 자세히 살펴보기로 하자.

(1) 증상 및 진단 기준

강박장애는 원치 않는 생각이나 행동을 반복하는 것으로, 특징적인 증상은 강박사고와 강박행동이 있다. 강박사고(obsessions)는 반복적이고 지속적인 생각과 충동, 심상이 침투적으로 떠올라 불안과 고통을 야기하며, 이를 무시하거나 억압하기 위해 다른 생각 또는 행동(예: 강박행동)을 통해 중화하고자 한다. 강박행동(compulsions)은 반복적인 행동(예: 손 씻기, 정리하기, 확인하기, 숫자세기, 속으로 단어 반복하기 등)을 강박사고에 대한 반응으로 수행하게 되고 엄격한 규칙에 의해 적용한다. 이러한 강박행동은 개인의 심리내적 불안이나 괴로움을 감소시키기 위한 목적으로 수행하지만, 실제 행위와 대상간의 연결이 부적합하고 과도한 행동을 하는 것이 특징이다.

이러한 강박사고나 행위는 하루 한 시간 이상의 긴 시간을 소모하게 하고 개인의 사회적, 혹은 일상생활에 현저한 지장을 초래한다. 그러나 이러한 강박증상이 약물이나 다른 의학적 상태의 생리적 효과로 인한 것은 아니어야 한다.

(2) 임상적 특징

강박장애는 자신의 의지와 상관없이 특정한 생각과 행동을 반복하는 상태로 개인의 내재된 불안을 일시적으로 강박행동을 통해 감소시킬 수 있지만 강박행동을 중지하면 다시 불안이 높아져 고통스럽고 힘들다. 하지만 반복할 수밖에 없다. 보통 오염에 의한 두려움(강박행동 : 손 씻기), 병적 의심(확인하기), 대칭 또는 완벽성(정리하기)이 가장 흔한 증상이다. 주로 20세 전후로 발병하며 남녀 간 발생비율의 현저한 차이를 보이지 않지만 청소년기에 남자가 여자보다 더 많은 편이다. 갑작스러운 스트레스 상황으로 발병하기도 한다. 동반장애는 주요우울증이 가장 많고 자살위험이 높다.

6) 외상 및 스트레스사건 관련 장애(Trauma-and stressor-related disorders)

우리가 살아가면서 경험하는 다양한 사건사고들은 적응의 원동력이 되기도 하지만 심각한 심리적 손상으로 남기도 한다. 이처럼 외부로부터의 충격에 의한 심리적 상처를 심리적 외상(trauma)이라고 하며, 이러한 외상의 충격과 후유증으로 인해 심각한 부적응을 나타내는 것을 외상 및 스트레스 사건 관련 장애라고 한다. 여기에는 외상 후 스트레스장애, 급성 스트레스장애, 반응성 애착장애, 탈 억제 사회관여 장애, 적응장애가 포함된다. 여기서는 외상 후 스트레스 장애(Post traumatic stress disorders; PTSD)를 살펴보자.

(1) 증상 및 진단 기준

PTSD는 외상을 경험한 후 네 가지 유형의 심리적 증상을 보이는데, 첫째는 침투증상으로 외상과 관련된 기억이나 감정이 의식에 침투하여 재경험 되는 것을 의미한다. 둘째, 자극에 대한 회피로, 외상의 재경험이 고통스러워 관련된 기억, 생각, 감정을 회피하며 자극의 단서(사람, 장소, 활동, 상황 등)를 회피한다. 셋째는 외상사건과 관련된 사고와 감정은 부정적이다. 넷째, 반응에 상당히 예민하고 각성상태가 지속된다. 조그만 자극에도 소스라치게 놀라거나 크게 짜증과 분노를 폭발하는 등의 반응을 보인다. DSM-5의 진단 기준은 <표 12-7>과 같다.

〈표 12-7〉 PTSD 진단 기준

A. 실제 혹은 위협적인 것이든 죽음, 심각한 상해, 성적 폭력을 다음 중 하나의 방법으로 경험
1. 외상사건을 직접 경험
2. 타인에게 일어나는 것을 직접 목격
3. 가까운 가족이나 친구에게 일어난 것을 알게 된 것
4. 외상의 혐오스러운 세부내용에 반복적이고 극단적으로 노출(전자매체, TV, 영화, 사진을 통한 것이 아님)

B. 다음 중 한 가지 이상의 반응이 외상사건 이후 발생
1. 외상사건에 대한 고통스러운 기억이 반복적으로 침투적으로 경험됨
2. 외상과 관련된 고통스러운 꿈의 반복
3. 외상사건이 실제 일어난 것처럼 느끼고 행동하는 해리반응이나 flashback
4. 외상사건과 유사한 단서에도 강렬한 심리적 고통
5. 외상사건을 떠올리는 단서에 극심한 생리적 반응

C. 외상과 관련한 자극에 대한 지속적인 회피
1. 외상과 관련된 고통스러운 기억, 생각, 느낌에 대한 회피
2. 외상에 대한 기억, 생각, 느낌을 떠올리게 하는 사람, 장소, 활동 등을 회피

D. 외상과 관련된 사고나 기분의 부정적 변화(다음 중 두 가지 이상)
1. 외상에 대한 중요한 기억을 하지 못함
2. 자신과 타인, 세상에 대해 과장된 부정적 신념과 기대
3. 외상의 원인과 결과를 왜곡되게 인지하고 이로 자신과 타인을 책망
4. 지속적인 부정적 감정상태(화, 공포, 죄책감, 수치심)
5. 중요한 활동에 대한 흥미나 참여의 저하
6. 타인에 대한 거리감, 소외감을 느낌
7. 긍정적 정서를 지속적으로 느끼지 못함

E. 외상사건과 관련된 각성, 반응의 현저한 변화(다음 중 두 가지 이상)
1. 자극이 없거나 사소한 자극에도 분노폭발, 짜증스러운 행동
2. 무모하고 자기 파괴적 행동
3. 과잉각성
4. 과도한 놀람
5. 집중의 곤란
6. 수면장애

F. BCDE의 증상이 한 달 이상 지속
G. 이러한 증상들로 심각한 고통유발과 사회적·직업적 적응에 손상이 나타나야 함
H. 단, 약물이나 신체적 질병이나 증상에 의한 것이 아니어야 함

PTSD는 남성보다 여성에게 장애의 유병률이 높고, 여성은 강간이나 성폭행, 남성은 전쟁경험 등에 의한 유발이 높으며, 천재지변이나 교통사고, 화재 등의 경험 또한 PTSD의 유발요인이다. 대구 지하철 참사, 삼풍백화점 붕괴, 성수대교 붕괴, 미국의 9·11테러, 일본과 태국의 쓰나미 등 사건사고 후 생존자나 목격자 모두 PTSD 장애를 나타낼 수 있으며, 이들의 가족까지 치료가 필요하다.

7) 신체증상 관련 장애(Somatic symptom and related disorders)

우리의 몸과 마음은 밀접한 관련이 있으며, 마음이 아픈데 적절한 표출, 해소가 되지 못해 몸이 아픈 것으로 나타나는 경우가 있다. 몸의 통증이 심해 병원에 갔으나 신체적 원인은 없고, 심인성 또는 신경성이라고 말하는 경우들을 흔히 볼 수 있다. 이와 같이 심리적 원인에 의해 다양한 신체적 증상과 건강의 염려를 나타내는 경우를 신체증상 관련 장애라 한다(권석만, 2013).

신체증상관련 장애는 신체증상장애, 질병불안장애, 전환장애, 허위성 장애로 구분된다. 신체증상장애는 한 개 이상의 신체적 증상을 호소하고 그로 인해 일상생활의 지장을 초래하며 신체증상에 대해 과도한 사고, 감정, 행동을 나타낸다. 질병불안장애는 자신이 심각한 병에 걸렸다고 생각하는 집착과 공포를 갖는 장애이다. 전환장애는 신체마비나 감각이상과 같이 신경학적 손상을 보이는 장애를 말하고, 허위성장애는 현실적 이득이 없음에도 환자역할을 통해 신체 또는 심리증상을 의도적으로 가장하는 경우를 말한다.

8) 식이 및 섭식장애(Feeding and eating disorders)

우리는 다이어트를 평생의 반려자로 생각해야 할 만큼 외모와 몸매에 대해 상당한 관심이 있다. 사회적으로 날씬한 몸매를 매력적으로 여기는 분위기에 따라 음식섭취에 상당한 스트레스를 경험한다. 날씬함 몸매 유지를 위해 유명

모델이나 연예인은 채식주의를 선언하기도 하고, 음식을 먹지 않아 뼈만 앙상하게 남은 모델이 뉴스에 등장하기도 한다. 식이 및 섭식행동이 개인의 심리적 건강과 사회적 기능을 방해할 때 식이 및 섭식장애라고 하며, 여기에는 신경성 식욕부진증, 신경성 폭식증, 폭식장애, 이식증, 반추장애, 회피적-제한적 음식섭취 장애가 있다.

신경성 식욕부진증은 비만에 대한 두려움으로 음식섭취를 거부하여 비정상적 체중을 갖는 경우를 말하며, 신경성 폭식증은 단시간에 많은 양의 음식을 먹고 체중증가를 막기 위해 구토의 행동을 반복하는 경우를 말한다.

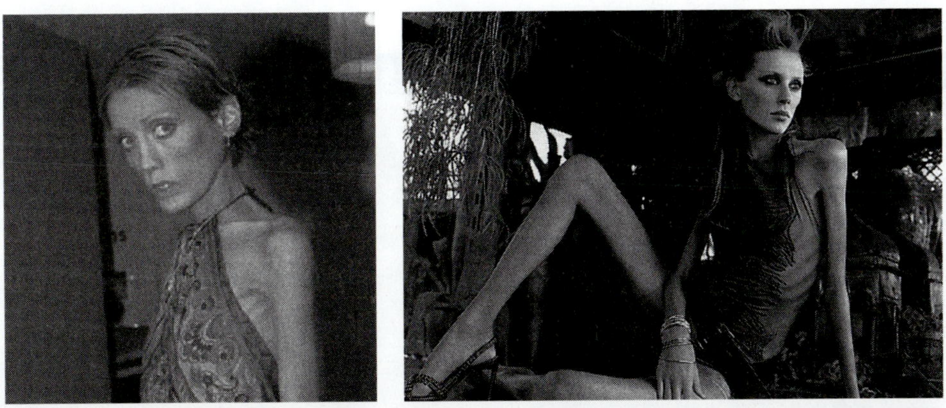

[그림 12-1] 거식증 모델

폭식장애는 폭식을 하지만 구토하는 보상행동을 하지 않는 경우를 말하며 이식증은 먹지 못하는 것(예: 흙, 종이, 머리카락 등)을 1개월 이상 먹는 경우를 말하고, 반추장애는 음식물을 반복적으로 토하거나 되씹는 행동을 1개월 이상할 때 진단된다. 회피적-제한적 음식섭취장애는 6세 이하의 아동이 지속적으로 먹지 않아 1개월 이상 심각한 체중감소를 보이는 경우 진단된다.

9) 성격장애(Personality disorders)

성격(personality)은 개인의 일상생활에서 나타나는 정서적, 행동적 특징을 총칭하는 의미로 부적응적 성격특성으로 인해 사회적 기대에 어긋한 이상행동을 지속적으로 나타내는 것을 성격장애라 한다(권석만, 2013). 주로 인지방식, 감정표출 방식, 대인관계상 기능, 충동조절의 네 가지 영역에서 지속적으로 비정상적인 내적 경험과 행동양식을 경험한다(DSM-5). 성격장애는 세 군집 A군, B군, C군으로 구분되며, 특징은 <표 12-8>과 같다.

〈표 12-8〉 성격장애 종류와 특징

구 분	특 성
A 군	사회적으로 고립되고 기괴한 행동특징을 보이는 성격장애
편집성 성격장애	타인에 대해 의심과 불신을 갖고, 부당한 취급, 혹은 이용당할 것이라고 집착하고 불편한 상황에서 감정조절이 어려우며, 자신의 권익을 보호하는 데 지나친 집착
분열성 성격장애	감정표현이 거의 없고, 대인관계를 기피하며, 고립된 생활을 하는 성격장애
분열형 성격장애	인지, 지각의 왜곡과 기괴한 행동을 나타내며 대인관계를 불편해 하는 성격장애
B 군	극적이고 감정적 변화가 많은 행동 특징을 보이는 성격장애
반사회성 성격장애	타인의 권리를 무시, 침해하며 사회적 규범을 따르지 못하고 범죄를 저지르며 죄책감을 전혀 못 느끼는 성격장애
연극성 성격장애	타인의 관심을 끌기위해 끊임없이 과장된 감정표현을 하고, 타인을 자신의 뜻대로 조정, 통제하려 하는 성격장애
자기애성 성격장애	과대한 자기상을 갖고 관심과 인정의 욕구가 강하며 공감능력이 결여된 성격장애
경계선 성격장애	극심한 감정기복과 변덕스럽고 충동적이며 극단적인 대인관계 양상을 보이고 타인으로부터 버림받는 것에 대한 두려움을 강하게 지녀 강렬한 관심과 증오를 반복하는 불안정한 대인관계 양상을 보이는 성격장애
C 군	불안과 두려움을 지속적으로 경험하는 특징을 보이는 성격장애
강박성 성격장애	질서정연하고 완벽함을 추구하며 과도한 자기통제에 집착하는 부적응적 성격장애
의존성 성격장애	자신의 욕구와 삶의 중요한 부분을 타인에게 책임지우고 자기 확신이 없어 항상 타인의 도움을 필요로 하는 성격장애
회피성 성격장애	타인의 평가에 민감하고 특히 부정적 평가에 대해 예민하여 사회적 상황에서 지나친 감정억제와 부적절감을 느끼는 성격장애

03 아동 청소년 정신장애 진단별 특징

1) 신경발달장애(Neuro developmental disorder)

신경발달장애는 뇌의 발달지연 및 뇌손상의 문제와 관련된 정신장애로 보통 생의 초기부터 나타나는 아동 청소년기의 정신장애가 포함되어 있다. 신경발달장애에는 지적 장애, 의사소통장애, 자폐스펙트럼 장애, 주의력결핍-과잉행동장애, 특정 학습장애, 운동장애로 구분된다.

(1) 지적 장애

지적 장애는 문제해결능력, 추상적 사고와 판단, 계획 및 학습가능의 지적기능(intellectual functions)과 개인이 속한 가정, 학교, 사회에서 소통과 참여, 독립적 생활을 영위할 수 있는 적응능력(adaptive functions)의 손상을 말한다. 지적 장애는 심각도에 따라 4등급(경도, 중등도, 중증도, 고중증도)으로 구분되며, 유병률은 일반인구의 약1%, 여성보다 남성에게 더 흔하다.

(2) 의사소통장애

의사소통장애는 정상의 지능수준에도 말이나 언어사용에 장애가 있는 것으로, 언어의 발달과 사용에 곤란을 겪는 언어장애, 발음의 어려움으로 의사소통의 어려움을 겪는 발화음장애, 말더듬, 사회적 의사소통장애가 있다. 사회적 의사소통장애는 DSM-5에 새롭게 추가되었는데, 사회적 목적(예: 인사하기, 정보교환 등), 맥락에 맞게 듣는 사람과 서로 맞추어 의사소통하는 능력, 대화 속에서 규칙을 따르는 능력, 함축적 또는 이중적 의미나 불명확하게 표현된 의미를 이해하는 능력의 어려움이 있어 사회적 의사소통에 장애가 있는 경우를 말한다.

(3) 자폐스펙트럼 장애

자폐는 제한된 관심과 흥미를 보이고 반복적인 상동행동을 나타내며 사회적 상호작용과 의사소통에서 장애를 보이는 일련의 장애를 포함한다. 자폐스펙트럼 장애는 대인관계에서 눈 맞추기, 표정, 몸짓 등이 부적절하거나 상호작용이 어렵고 특정 반복행동(예: 몸 흔들기, 박수치기, 특정놀이 등)에 집착하는 특징을 보인다. 말을 할 때도 앵무새처럼 똑같이 말을 따라 하는 '반향 언어증'을 나타내기도 한다. 주로 3세 이전에 발병하며, 신생아나 유아기 부모와 상호작용이 없는 아이들에게 의심해 봐야 한다.

(4) 주의력결핍/과잉행동 장애

최근 주의력결핍/과잉행동장애(ADHD)에 대한 보고와 관심이 높아지고 있는데, 핵심증상은 바로 부주의와 과잉행동/충동성이다. ADHD 아동은 또래 아동에 비해 현저히 부산스럽고 안절부절 못하며, 충동적인 행동으로 인해 학교나 소속집단에서 지속적인 지적과 주의를 받아 천덕꾸러기가 되기 쉽다. DSM-5에서 제시하는 ADHD의 진단 기준은 다음과 같다.

〈표 12-9〉 ADHD의 진단 기준

A. 부주의 및 과잉행동/충동성의 지속적 패턴이 나타나며 이러한 패턴은 개인의 기능과 발달을 저해하고 아래의 1항과 2항 중 한 가지 이상에 해당되어야 한다.
1. 부주의 : 다음 아홉 개 중 여섯 개 이상의 증상이 6개월 이상 지속적으로 나타남. 이러한 증상은 발달수준에 맞지 않으며, 사회적·학업적·직업적 활동에 직접적인 부정적 영향을 미침. ① 흔히 세부적인 면에 대해 면밀한 주의를 기울이지 못하거나 학업, 직업 또는 다른 활동에서 부주의한 실수를 저지른다. ② 흔히 일을 하거나 놀이를 할 때 지속적으로 주의를 집중할 수 없다. ③ 흔히 다른 사람이 직접 말을 할 때 경청하지 않는 것으로 보인다. ④ 흔히 지시를 완수하지 못하고, 학업이나 잡일, 작업장에서의 임무를 수행하지 못한다(반항적 행동이나 지시를 이해하지 못해서가 아님). ⑤ 흔히 과업과 활동을 체계화 하지 못한다. ⑥ 흔히 지속적인 정신적 노력을 요구하는 과업(학업 또는 숙제 같은)에 참여하기를 피하고, 싫어하며 저항한다.

⑦ 흔히 활동하거나 숙제하는 데 필요한 물건들(예: 장난감, 학습과제, 연필, 책, 도구)을 잃어버린다.
⑧ 흔히 외부의 자극에 의해 쉽게 산만해진다.
⑨ 흔히 일상적인 활동을 잊어버린다.

2. 과잉행동과 충동성 : 다음 아홉 개 중 여섯 개 이상의 증상이 6개월 이상 지속적으로 나타나며 이러한 증상은 발달수준에 맞지 않으며, 사회적·학업적·직업적 활동에 직접적인 부정적 영향을 미침.
① 흔히 손발을 가만히 두지 못하거나 의자에 앉아서도 몸을 옴지락거린다.
② 흔히 앉아 있도록 요구되는 교실이나 다른 상황에서 자리를 떠난다.
③ 흔히 부적절한 상황에서 지나치게 뛰어다니거나 기어오른다(청소년 또는 성인에서는 주관적인 좌불안석으로 제한될 수 있다).
④ 흔히 조용히 여가활동에 참여하거나 놀지 못한다.
⑤ 흔히 '끊임없이 활동하거나', 마치 '자동차(무엇인가)에 쫓기는 것'처럼 행동한다.
⑥ 흔히 지나치게 수다스럽게 말을 한다.
⑦ 흔히 질문이 채 끝나기 전에 성급하게 대답한다.
⑧ 흔히 차례를 기다리지 못한다.
⑨ 흔히 다른 사람의 활동을 방해하고 간섭한다(예: 대화나 게임에 참견).

B. 심각한 부주의나 과잉행동/충동성의 증상이 12세 이전에 나타났다.

C. 심각한 부주의나 과잉행동/충동성의 증상이 두 가지 이상의 장면(학교, 가정, 작업장)에서 나타났다.

D. 이러한 증상들이 사회적·학업적 또는 직업적 기능을 방해하거나 그 질을 저하시킨다는 명백한 증거라 존재한다.

E. 이러한 증상들은 정신분열증이나 다른 정신증적 장애의 경과 중에서만 나타나는 것이 아니며 다른 정신장애에 의해 더 잘 설명되지 않는다.

ADHD 아동은 집중력, 충동성, 과잉행동의 특성들 때문에 지능의 수준에 비해 학업성취가 낮고 또래관계, 교사와의 관계, 부모와의 관계에서 모두 어려움을 겪게 된다. 이 아동들은 특별한 치료와 상담 없이 청소년이 되면 40~50%가 품행장애(conduct disorders)의 진단을 받고, 성인이 되면 반사회적 성격장애를 나타낸다는 보고가 있다(권석만, 2013).

ADHD 아동은 평소에는 '성격특성'이라고 생각하거나 '애들은 모두 그렇다'라는 인식으로 그냥 넘길 수 있지만, 학교에 들어가면 비슷한 또래 연령의 아동들과 비교해 산만함과 과잉행동의 수위가 눈에 띄어 교사에 의해 발견이 되기 쉽다. 이 장애는 여아에 비해 남아가 6~9배 정도 높은 빈도로 나타난다. 치료는 정도에 따라 약물치료, 놀이치료, 부모상담 및 교육 등으로 이루어진다.

(5) 운동장애(motor disorders)

운동장애는 지능과 나이에 비해 운동능력이 현저히 떨어지거나 부적응적 움직임을 반복적으로 보이는 경우로 하위유형은 틱장애, 정형적 동작장애, 발달성 운동조정 장애가 있다.

틱장애(tic disorders)는 얼굴 및 신체근육 일부가 갑작스럽게 움직이거나 특정 소리를 반복적으로 내는 경우를 말한다. 몸동작으로 나타나는 운동틱과 소리로 반응하는 음성틱이 있다. 운동틱은 가장 흔하게 눈을 깜빡거리는 동작, 머리를 돌리거나 어깨 들썩이고, 입을 벌리거나, 손 부위를 반복적으로 움직이기도 한다. 이러한 틱 현상은 스트레스를 받는 동안 악화되고 편안한 상태에서 집중할 때는 줄어드는 경향이 있다.

발달성 운동조정장애(developmental coordination disorders)는 운동발달이 늦어 앉거나 걷는 동작 등이 미숙하고, 근육운동의 조정능력에 문제가 있어 서툴러 물건을 자주 떨어뜨리고 깨뜨리는 등의 문제를 보인다. 정형적 동작장애(stereotype movement disorders)는 특정 패턴의 행동을 목적 없이 반복하는 것으로 몸을 흔들거나 머리를 벽에 부딪치거나 손가락을 깨무는 동작들로 자해적인 요소가 있어 신체손상을 초래할 수 있다.

2) 배설장애(Elimination disorders)

배설장애는 대소변을 충분히 가릴 수 있는 아동 및 청소년기이 이를 가리지 못하고 옷 또는 적절하지 않은 곳에 배설하는 것을 의미한다. 배설장애에는 유뇨증, 유분증이 있는데, 유뇨증(enuresis)은 5세 이상의 아동이 신체적 이상이 없는 상황에서 옷이나 이불에 반복적으로 소변을 보는 것을 말하며, 유분증(encopresis)은 4세 이상의 아동이 대변을 부적절한 곳에 반복적으로 배설하는 것을 말한다.

3) 파괴적, 충동통제 및 품행장애(Disruptive, impulse-control, and conduct disorders)

파괴적, 충동통제 및 품행장애는 정서와 행동에 있어 자기통제와 조절의 문제를 갖는 다양한 장애를 말하는데, 여기에 적대적 반행장애, 간헐적 폭발성장애, 품행장애, 방화증, 도벽증이 포함된다.

DSM-5에 의하면 적대적 반항장애(oppositional defiant disorders)는 세 가지 핵심증상을 보이는데, 첫째, 불같이 화를 내고 툭하면 짜증을 내며 자주 분개하는 증상, 둘째, 권위대상과 논쟁을 하고 따지며, 규칙에 순응하는 것을 거부하고, 타인의 화를 돋우거나 자신의 실수도 모두 타인에게 돌리는 증상, 셋째, 복수심이다. 적대적 반항장애는 사춘기 이전에 남자에게 많이 나타난다.

간헐적 폭발성장애(intermittent explosive disorders)는 공격적인 충동이 조절되지 않아 심각한 파괴적 행동을 하며 타인에게 언어적 공격과 신체적 공격을 지난 2개월간 주 2회 이상, 폭발적 행동으로 기물이 손상되고 폭행으로 동물이나 사람이 상해를 당한 경험이 지난 12개월 내에 있을 경우, 또한 공격성의 정도가 유발요인에 비해 너무 지나치고 특별한 목적 없이 일어나는 경우 간헐적 폭발성 장애로 진단한다.

품행장애(conduct disorders)는 흔히 비행행동이라고 불리는 폭력, 방화, 도둑질, 거짓말, 가출 등 무책임한 행동을 통해 타인을 고통스럽게 하는 장애를 말한다. 핵심증상은 사람이나 동물에 대한 공격, 재산파괴, 사기 및 절도, 규칙위반이 포함된다.

방화(pyromania)는 불 지르고 싶은 충동을 조절하지 못해 방화하는 경우이며 사전에 미리 계획을 세워 목적이 있는 방화를 한번 이상 하는 것이 특징이다. 도벽(kleptomania)은 물건을 훔치고 싶은 충동을 조절하지 못해 반복적인 절도를 하는 것을 말한다. 물건을 훔치기 전의 긴장감과 훔친 뒤의 기쁨, 짜릿함, 만족감을 느낀다. 도벽은 돈이 없거나 물건이 꼭 필요해서가 아니라 훔치는 행위에서 느끼는 스릴과 만족감의 유혹을 통제하지 못해서 발생한다.

응용문제

1 이상행동과 정신장애를 구분하는 기준에 대해 기술하시오.

2 아동, 청소년기에 나타나는 정신장애의 유형과 특징을 간략히 기술하시오.

3 이상행동과 정신장애 진단평가의 방법에 대해 설명하시오.

참고문헌

강갑산(2007). **사랑은 연기하지 말라**. 서울: 은혜출판사.

강문희 외(2001). **인간관계의 이해**. 서울: 학지사.

강영계 외(2000). **알고 싶은 성, 알아야 할 성**. 서울: 건국대학교 출판부.

강인한(1998). 그리스도인의 긍정적 자아상 확립을 위한 신학적 기초. 고신대학교 대학원 신학석사학위논문.

고진경(2013). DSM-5의 변화와 문제에 대한 개관. **한국심리치료학회지**, 5(2). 1-11.

권대훈(2006). **교육심리학의 이론과 실제**. 서울: 학지사.

권석만(2008). **긍정심리학 : 행복의 과학적 탐구**. 서울: 학지사.

권석만(2013). **현대이상심리학 제2판**. 서울: 학지사.

김계현(1996). **카운슬링의 실제**. 서울: 학지사.

김계현 외(2008). **학교상담과 생활지도**. 서울: 학지사.

김남윤(2010). 정보제공에 따른 소비자 기대와 태도변화에 관한 연구. 강원대학교 박사학위논문.

김성순(1990). **고령화사회와 복지행정**. 서울: 홍익제.

김성태(1982). **성숙 인격론**. 서울: 정민사.

김수민(2004). 설득주장과 설득집단이 명품에 대한 태도변화에 미치는 영향. 성균관대학교 심리학과.

김옥진 외(2011). **현대인의 행동과 심리 제2판**. 서울: 민지사.

김요셉(2008). 사회심리학 측면에서 제품구매 동조효과를 위한 디자인 요소 연구. 국민대학교 석사학위논문.

김유진(2002). **일상생활과 심리학**. 서울: 시그마프레스.

김은영 외(2010). **교육학 이해**. 서울: 동문사.

김정우 외(1993). **심리학 개론**. 서울: 한국방송통신대학교 출판부.

김정희, 이장호 역(1992). **현대심리치료**. 서울: 중앙적성출판사.

김제한 외(2013). **교육심리학 제2판**. 서울: 양서원.

김중술(2003). **사랑의 의미**. 서울대학교출판부

김중태 외(2012). **청소년 상담**. 서울: 학지사.

김지정 외(2005). 성격유사성과 대인매력. 한국심리학회 연차학술대회 포스터발표. 188-189.

김청자 외(2004). **심리학의 이해**. 서울: 동문사.

김청자 외(2005). **교육심리학**. 서울: 동문사.

김춘경 외(2012). **상담의 이론과 실제**. 서울: 학지사.

김춘경, 이수연, 이윤주, 정종진, 최웅용(2012). **상담의 이론과 실제**. 서울: 학지사.

김태련(1998). **오늘의 청소년 文化와 学校 教育, 教育研究**. 韓国教育生産性研究所教育研究社.

김태련 외(2004). **발달심리학**. 서울: 학지사.

김태현(1994). **젊게 사는 건강 365일 : 다양한 임상 실험으로 입증된 젊음 유지 건강법**. 서울: 동풍.

김형태(2003). **21세기를 위한 상담심리학**. 서울: 동문사.

김희경(2013). 새로운 진단체계 DSM-5 : 양극성장애, 우울장애, 불안장애, 강박장애, 외상 및 스트레스 관련 장애. 한국심리학회 연차대회 학술발표논문집. 121.

나경은 외(2013). DSM-5에서의 학습장애 진단 준거의 변화가 한국 학습장애 진단·판별에 주는 시사점. 한국학습장애학회. 69-78.

네이버 지식백과. 발달 원리(発達 原理). developmental principles(특수교육학 용어사전, 2009, 국립특수교육원).

노안영 외(2011). **성격심리학**. 서울: 학지사.

류애리 외(2013). 마른 이상적 체형의 내면화 및 신체비교가 이상섭식행동에 미치는 영향에 있어서 신체 수치심의 매개효과 검증. **한국심리학회지 건강**, 18(2). 345-365.

박문호(2013). **뇌과학의 모든 것**. 서울: 휴머니스트.

박선영(1993). 스트레스 상황에서 인지적 평가와 대처행동이 적응에 미치는 영향. 이화여자대학교 대학원 석사학위논문.

박선영(2005). 상담에 영향을 미치는 상담자의 개인생활에 관한 연구. 덕성여자대학교 교육대학원 석사학위논문.

박성수 외(2010). **상담심리학**. 한국방송대학교출판부.

반신환 외(2011). **결혼과 가족**. 서울: 동문사.

사토 도미오(Tomio Sato) 저, 박치원 역(2006). TSUKI WO YOBU KUCHI-GUSE, SHIKOU-GUSE. **성공을 부르는 긍정의 힘**. 서울: 솔과학.

서응교(2008). 컴퓨터 매개 커뮤니케이션에서 커뮤니케이션 큐와 익명성이 집단극화에 미치는 영향. 연세대학교 대학원 박사학위논문.

설기문(2000). **인간관계와 정신건강**. 서울: 학지사.

소노 아야코(曾野綾子) 저, 오유리 역(2007). SHIPPI TOIU JINSEI WA NAI. **긍정으로 사는 즐거움**. 서울: 리수.

소원근(2011). 집단구성원의 기분이 집단의사결정에 미치는 영향력에 대한 이론적 고찰과 실증적 분석. **중국학**, 39, 149-180.

송명자(1992). 도덕판단발달의 문화적 보편성: 영역구분 모형의 가능성과 한계. **한국심리학회지 : 일반**, 11(1).

송명자(1994). 한국 중·고·대학생의 심리·사회적 성숙성 진단 및 평가 Ⅰ : 사회적 규범 및 책임판단 분석. **한국심리학회지 : 발달**, 7. 2.

송성자(2002). 한국문화와 가족문제성향에 관한 연구. 여성논총 제5집(2002). 경기대학교 여성학연구실·여학생문화원.

신명희 외(1999). **교육심리학의 이해**. 서울: 학지사.

신명희 외(2010). **교육심리학**. 서울: 학지사.

신종우 외(2008). **인간행동과 사회환경**. 서울: 동문사.

심지홍(2013). SNS이용이 집단극화에 미치는 영향에 관한 연구. 한국외국어대학교 석사학위논문.

안지수 외(2011). 사회적 동조와 개인의 정보처리 성향이 루머 메시지의 신뢰에 미치는 영향. **언론과학연구**, 11(4), 296-320.

에리히프롬 저, 박희진 역(1977). **사랑의 본질**. 서울: 박영사.

연문희, 이영희, 이장호(2007). 인간중심상담-이론과 사례 실제. 서울: 학지사.

오세진 외(2005). **인간행동과 심리학**. 서울: 학지사.

오수민(2012). 소셜미디어 이용, 사회적 동조, 그리고 위험루머 유형이 수용자 인식에 미치는 영향. 이화여자대학교 석사학위논문.

오영희 외(2007). **성 심리학**. 서울: 센게이지 런닝 코리아.

원호택(1991). 스트레스와 대처방안. **정신건강연구**, 10. 37-50.

위키백과, www.ko.wikipedia.org/wiki/, 2014/2/5.

유성희(2002). 부모의 양육태도와 청소년의 자아상태 및 생활 자세와의 관계. 인제대학교 대학원 석사학위논문.

유승구(2012). **교사를 위한 교육심리학 제2판**. 서울: 공동체.

유 옥(2007). 긍정주의 상담의 이론적 고찰. **한영논총**, 제11집.

유 옥(2012). **가족상담 및 치료의 이론과 실제**. 서울: 동문사.

유 옥(2013). 긍정주의 상담자 입장에서 본 목회자와 돈의 관계 고찰. 목회와 상담 20호. 서울: 한국목회상담학회.

윤가현 외(2010). **심리학의 이해**. 서울: 학지사

윤가현 외(2012). **심리학의 이해**. 서울: 학지사.

윤가현 외(2013). **심리학의 이해 4판**. 서울: 학지사.

윤영화(2001). **뇌과학에서 본 기억과 학습**. 서울: 학지사.

윤운성 외(2003). **생활지도와 상담**. 서울: 양서원.

윤초희(2011). **사고와 언어**. 교육과학사.

이경성 외(2003). 젊은 남성들은 어떤 얼굴모습의 여성에게 매력을 느끼는가?. **한국심리학회: 사회 및 성격**, 17(2), 73-83.

이경숙(2009). **이경숙과 함께하는 전문상담**. 동문사.

이규태(1997). **정신건강을 위한 심리치료**. 서울: 하나의학사.

이무석(1999). **이무석 박사의 정신건강 칼럼**. 서울: 순출판사.

이민규(2007). **긍정의 심리학**. 서울: 원앤원북스.

이병훈(2007). **긍정으로 사고하고 행동하라**. 서울: 경향미디어.

이수원 외(2002). **심리학**. 서울: 정민사.

이영돈(2006). **KBS특별 기획 다큐멘터리 마음**. 서울: 예담.

이와츠키 겐지(岩月謙司) 저, 오근영 역(2006). KODOMO WO AISURU CHIKAR. **부모의 긍정지수를 1% 높여라**. 서울: 랜덤하우스코리아(주).

이인정(2004). 한국 가족복지의 현황에 관한 연구. **사회과학연구**, 제10권. 덕성여자대학교사회과학연구소.

이인혜(2000). **현대인의 정신건강**. 대왕사.

이장선(2006). **긍정적 포기**. 서울: 영상네트워크.

이장호(1986). **상담심리학**. 서울: 박영사.

이장호(2001). **상담심리학**. 서울: 박영사.

이재승(2004). 청소년이 지각한 부모와의 의사소통 유형과 인생태도에 대한 연구. 한남대학교 사회과학대학원 석사학위논문.

이재창 외(2008). **성격심리학**. 서울: 태영출판사.

이재호 외(2007). **언어와 사고**. 서울: 학지사

이정모 외(1999). **인지심리학**. 서울: 학지사.

이주희 외(2012). **심리학의 이해**. 경기도: 공동체.

이형득(2003). **본성실현 상담**. 서울: 학지사.

임규혁 외(2007). **교육심리학**. 서울: 학지사.

임규혁 외(2007). **학교학습 효과를 위한 교육심리학**. 서울: 학지사.

임정훈 외(2012). **교육심리학 1판 4쇄**. 서울: 양서원

장성화 외(2010). **생활 속의 심리학**. 서울: 동문사.

장성화 외(2013). **상담의 이론과 실제 제2판**. 서울: 정민사.

장인자(1996). 긍정적 자아개념 형성을 위한 집단상담 프로그램이 진로의식 성향에 미치는 효과. 우석대학교 교육대학원 석사학위 논문.

장향숙(2006). **깊은 긍정**. 서울: 지식의 숲.

장현갑 외(1999). **스트레스와 정신건강**. 서울: 학지사.

장휘숙(1998). 애착에 대한 어머니의 내적 작동 모델, 남편에 대한 애착 및 자녀의생활만족. **한국심리학회지 : 발달**, 11, 2, 한국심리학회.

전광(2007). **백악관을 기도실로 만든 대통령 링컨**. 서울: 생명의 말씀사.

전광(2007). **성경이 만든 사람 백화점 왕 워너메이커**. 서울: 생명의 말씀사.

전광(2007). **평생 감사**. 서울: 생명의 말씀사.

전병재(1974). Self-Esteem ; A Test of it's Measurability, **연세논총**, 11. 107-129.

전상희(2003). 발달장애 청소년의 스트레스와 사회적 기대지각 및 문제행동의 관계. 홍익대학교대학원 박사학위 논문.

정선녀(2006). 정서지능, 낙관주의와 정신건강과의 관계. 성신여자대학교 대학원 석사학위논문.

정선욱(2002). 시설보호 청소년의 심리사회적 적응에 영향을 미치는 요인. 서울대학교 대학원 박사학위논문.

정성훈(2013). 새로운 진단체계 DSM-5 : 신경발달학적 장애, 파괴적 충동통제 및 품행장애, 신경인지 장애. 한국심리학회 연차대회 학술발표논문집. 122-124.

정옥분(2004). **발달심리학 : 전생애 인간발달**. 서울: 학지사.

정옥분(2007). **발달심리학**. 서울: 학지사.

정옥분(2008). **발달심리학**. 서울: 학지사.

정지숙 외(1992). 확실/불확실 과제 수행에서 다수와 소수의 영향. **한국심리학회지 : 사회, 6**(2). 24-58.

정진경(2006). **미래를 심는 사람들**. 서울: 기독교리더십연구원.

조수환(2008). **건전한 삶을 위한 정신건강**. 서울: 동문사.

조혜은(1993). 만남을 위한 기독교교육에 있어서 상담자로서의 교사에 관한 연구. 서울신학대학교 대학원 석사학위논문.

주은선 역(2009). 진정한 사람되기-칼 로저스 상담의 원리와 실제. 서울: 학지사.

중앙일보(2012. 2. 28). 문제는 학습능력이다. L06면.

중앙일보(2013. 5. 13). 좌·우뇌 균형 발달, 정서적 안정돼야 집중력 좋아진다. L06면.

중앙일보(2013. 5. 7). 학습 때 아이에 바른 자세 강요하면 집중력 떨어져. L06면.

최미례(2000). 스트레스와 우울의 관계에 대한 자아 존중감의 중재효과와 매개효과. 중앙대학교 박사학위논문.

최성진(2013). 새로운 진단체계 DSM-5 : DSM-5의 개관. 한국심리학회 연차대회 학술발표대회 논문집. 119.

플러스명상센터(2006). **자녀에게 읽어 주는 긍정적 메시지**. 서울: 오리진.

플러스명상센터(2007). **나 자신에게 읽어 주는 긍정적 메시지**. 서울: 오리진.

한덕웅 외(2005). **사회심리학**. 서울: 학지사.

한덕웅(1992). 성격특성 용어의 사용빈도, 호오도 및 사회적 바람직성. **한국심리학회지 : 일반, 11**(1). 147-171.

한송이(2009). 미혼남녀의 사랑유형과 자아 존중감, 관계만족도 신뢰도와의 관계 : Lee의 사랑유형이론을 중심으로. 명지대학교 석사학위논문.

한애희(2009). 유아의 기질, 언어능력 및 대인관계유형이 유아의 사회적 힘에 미치는 영향. 대구대학교 박사학위논문.

한영훈(2005). 꿈은 이루어진다. 서울: 한영신학대학교 출판부.

현성용 외(2008). **현대 심리학 입문**. 서울: 학지사.

현성용 외(2010). **현대 심리학 입문**. 서울: 학지사.

현성용 외(2013). **현대 심리학 입문 2판**. 서울: 학지사.

홍경자(2007). **의사소통의 심리학**. 서울: 이너북스.

홍대식(2006). **현대심리학개론**. 서울: 박영사.

황숙기 외(1992). **젊은이의 정신건강**. 서울: 박영사.

황윤한(2007). 초등학생 학습력 제고방안. 한국교육학회 2007년 춘계학술대회 자료집. 61-70.

Appliied Psychology ; *An International Review*, 44, 143-153.

Arnoid, M. B. (1970). *Feeling and Emotion*. New York: Academic Press.

Atkinson, R. L., & Shiffirin, R. (1968). Human memory : A proposed system and its control process. In k. Spence & J. Spence (Eds.), *The psychology of learning and motivation: Advances in research and theory*, Vol.2. San Diego, CA: Academic Press.

B. F. 스키너, 마거릿 E. 저, 이시형 역(2013). 당신의 두 번째 50년을 즐겨라!. 서울: 더퀘스트길벗.

Baltes, P. B., Reese, H. W., & Lipsitt, L. P. (1980). Lifespan Developmental Psychology. *Annual Review of Psychology*, 31.

Bandura, A. (1997). *Self-efficacy: The exercise of control*. New York: W. H. Freeman

Barger, C. R. (1985). Social power and interpersonal communication. In M. L. Knapp & G. R. Miller (Eds.), *Handbook of interpersonal communication*. Sage.

Barling, J., & Boswell, R. (1995). Work performance and the achievement striving and impatience irritability dimensions of type A behavior.

Barry Bernard. (1970). *Organizational development: case studies in the printing industry*. Philip Sadler, Longman.

Bar-Tal, D., & Darom, E. (1976). Pupil's attributions of success and failure. *Child Development*, 50, 264-279.

Bee(1992). *The developing child* (5th ed.). New York: Harper & Row.

Berk, L. E. (1994). Vygotsky's theory: The importance of make-believe play. *Young Children*, 50(1), 30-39.

Bern, Karl, S. 저, 정찬영 역(1971). 관찰(주의와 인지). 경기교육 통권12호.

Bersheid, E., & Walter, E. (1978). *Interpersonal Attraction. Reading*, Mass.: Addison-Wealey.

Cain, D. J. (1987). Carl R. Rogers: The man, his vision, his impact. *Person-Centered*

Review, 2(3), 283-288.

Cannon, W. B. (1932). *The wisdom of the body*. N.Y.: Norton.

Compton, William C. 저, 서은국 외 역(2007). *An Introduction to Positive Psychology*. 긍정심리학입문. 서울: 박학사.

Compton. (2005). *Development of a Reconstruction Algorithm for Material Determination using 90-degree Compton Scattering of Co-57 Gammarays*. Sang Hoon Lee; Tran Kim Tuan; Jong Kyung Kim, Journal of the Korean physical society. vol.47 no.3.

Coopersmith, S. (1967). *Antecedents of Self-Esteem*. San Francisco: H. Freeman.

Crain, W. (2000). *Theories of Development: Concepts and applications* (4th ed). Pearson Education, Inc.

Crane, Patricia J. 저, 박인희 역(2004). *Through Best Literary Rights Agency*. 자기긍정의 기술. 서울: 나들목.

Davision, G. C., & Neale, J. M. (2001). *Abnormal psychology* (6th ed). New York: John Wiley & Sons.

Deci, E. L. (1975). *Intrinsic motivation*. New York: Plenum Press.

Dennison, P. E., & Dennison, G. E. (2007). *Brain gym 101: Balance for daily life. Ventura*. CA: Edu-Kinesthetics, Inc.

Deutsch, M., & Gerard, H. B. (1955). A study of normative and informational social influences upon individual judgment. *Journal of Abnormal and Social Psychology*, 51(3), 629-636.

Dixon, J. (1986). *Economic valuation techniques for the environment: A case study workbook*. Maynard M. Hufschmidt Baltimore The Johns Hopkins Univ. Pr.

Dyk, P. H., & Adams, G. R. (1990). Identity and Intimacy: An Initial Investigation of Three Theoretical Models Using Cross-Lag Panel Correlations. *Journal of Youth and Adolescence*, 19(2). 91-110.

Eggan, P. D., & Kauchak, D. (2006). *Educational psychology: Windows on classrooms*. New York: Prentice-Hall.

Eggen, P. D., & Kauchak, D. 저, 신종호 외 역(2006). 교육심리학[Educational psychology : Windows on Classroom 6th edition]. 서울: 학지사(원전은 2004에 출판).

Eggen, P. D., & Kauchak, D. (1992). *Educational psychology : Classroom connections* New

York: Macmillan Publishing Company.

Eggen, P. D., & Kauchak, D. (2004). *Educational psychology : Windows on classroom* (6th ed.). Upper Saddle River, NJ: Merrill/Pretrice-Hall

EKman, P. (1992). Facial expressions of emotion: New findings, new questions. *Psychological Science*, 3, 34-38.

Ellis, Albert. Robert. A. 저, 이은희 역(2007). *A Guide to Rational Living*. 긍정의 심리학. 서울: 황금비늘.

Erickson, M. H., & E. M. (1958). Further Considerations of Time Destruction : Subjective Time Condensation as Distinct From Time Expansion. *The American Journal of Clinical Hypnosis*, October(1).

Flack, W. F. (2006). Peripheral feedback effects of facial expressions, bodily postures, and vocal expressions on emotional feelings. *Cognition and Emotion*, 20, 177-195.

Fordyce 박사의 행복도 검사(www.authentichappiness.org)

Gagnon, G. (1987). *Intellectuals in liberal democracies : political influence and social involvement*. New York Praeger.

Gillegan, C. (1977). In a Different Voice: Women's Conceptions of Self and Morality. *Havard Educational Review*, 47(4).

Ginzberg, Lori D. (1990). *Women and the work of benevolence: morality, politics, and class in the nineteenth century United States*. New Haven, Yale Univ. Pr.

Hannaford, C. (1997). *The Dominance factor*. Utah: Great River Books.

Hartup, W. W. (1983). Children and their friends. In McGuck, H. *Issues in Childhood Social Development*, 130.

Hatch, J. A. (1987). Peer interaction and the development of social competence. *Child Study Journal*, 17, 169-183.

Havighurst, R. J., *Developmental Tasks and Education*. New York: David McKay, 1972.

Hawkins Gordon, & Norval Morris 共著. (1980). 犯罪と現代社会: アメリカのディレンマ. 上, 下. 長島敦 訳, 東京: 東京大学出版会.

Hergenhahn, B. R., & Olsen M. H. 저, 김영채 역(2006). 학습심리학[An Introduction to Theories of Learning]. 서울: 박영사(원전은 2005에 출판).

Hill, C. T., Rubin, Z., & Peplau, L. A. (1976). Breakups before marriage: The end of 103 affairs. *Journal of Social Issues*, 32, 147-168.

Holland. (1985). *The Information business 1985: a guide to companies and individuals* Amsterdam.

Holmes, T. H., & Rahe, R. H. (1967). The secial readjustment rating scale. *Journal of Psychosomatic Research*, 11, 213-218.

Horn, Norbert. (1980). Legal problems of codes of conduct for multi national enterprises, Deventer Kluwer Academic Pub.

Hull, C. L. (1943). *Principles of bebauior*. New Your: Appleton-Century-Crofts.

Isabella, R., & Belsky, J. (1991). Interactional syncrony and the origin of infant-mother attachment: A replication study. *Child Development*, 62, 373-384.

Kahn, S., Zimmerman, G., Csikszentmihalyi, M., & Getzels, J. W. (1985). Relations between identity in young adulthood and intimacy at midlife. *Journal of Personality and Social Psychology*, 49, 1316-1322.

Kammi, C. (1985). Leading primary education toward exellence: Beyond worksheets and drill. *Young Children*, 40(6), 3-9.

KBS 다큐멘터리 마음 3편－무의식에 새겨진 마음을 깨우다, 4편－기억을 버려라.

Keller, Jeff. 저, 김혜경 역(2006). *Attitude is Everything*. 긍정의 힘을 믿어라. 서울: 북플래너.

Kinauer, Peter F. 저, 배인섭 역(2007). *Der Elefant im Kuhlschrank*. 긍정의 힘을 키우는 셀프 코칭 39. 서울: 미래의창.

Kohlberg, L. A. (1976). Moral Stages and Moralization: The Cognitive Development Approach. In T. Likona (Ed.), *Moral development and behavior : Theory, research, and social issues*. Mew York: Holt, Rinehart & Winston.

Ladd, Karol. 저, 양경원 역(2006). *The Power of a Positive Mom*. 긍정적인 엄마의 자녀는 잘됩니다. 서울: 나침출판사.

Lazarus, R. S., & Folkman, S. (1984). *Stress, appreaisal, and coping*. New York: Springer.

Lee, J. A. (1988). Love-styles. In R. Sternberg & M. Barnes (Eds.), *The Psychology of love*. New Haven CT: Yale University Press.

Marcia, J. (1980). Identity in adolescence. In J. Adelson (Ed.), *Handbook of adolescent psychology*. New York: Wiley.

Marcia, J. (1987). The identity status approach to the study of ego identity development. In

T. Honess & K. Yardley (Eds.), *Self and identity: Perspectives across the life span.* London: Routledge & Kegan Paul.

Maslow, A. H. (1971). *The Farther Research of Human Nature*. N.Y.: Viking Press.

Meier Robert, F. (1977). *White-collar crime : offenses in bussiness, politics,and the professions*. ed., with introd. and notes by Gilbert Geis and New York Free Press.

Miller, Douglas. 저, 이정아 외 역(2007). *Positive Thinking Positive Action.* 최고를 이끄는 긍정의 기술. 서울: 도서출판 비비컴.

Mischel, W. (1986). *Introduction to personality* (4th ed). New York: Holt, Renehart & winston.

Mitchell, J. (1980). *The Energy book: a look at the death throes of one energy era and the birth pangs of another*. drawings by Gordon Morrison Brattleboro, Vt. S. Greene Press.

N. Gregory Hamilton 저, 김창대 외 공역(2007). 대상관계 이론과 실제 : 자기와 타자. 서울: 학지사.

Nevid, J. S., Rathus, S. A., & Greene, B. (2000). *Abnormal psychology in a changing world.* New Jersey: Prentice Hall.

Newman, Jagdish, N. (1987). *A theory of political choice behavior*. NewYork: Praeger.

O'Neil, Robert. (1980). The Strategic Environment in the 1980's : An Australian Perspective. 국제정치논집, 20. 한국국제정치학회.

Pervin, L. A. (2003). 성격심리학[The science of personality] (2nd Ed). 서울: 박학사(원전은 2003에 출판)

Peterson. (2000). *Positive Behavior Intervention for Emotionally Disturbed Children* : The Counselor as Team Leader [microform]. Peterson Rosemary and Joyce La Vonne M. Springfield Educational Resources Information Center.

Polster, M. (1987). Gestalt therapy: evolution and application. In J. K. Zeig(Ed.), The evolution of psychotherapy(pp. 312-325). New York: Brunner/Mazel.

Premack, D. (1965). Reinforcement theory. In D. Levine (Ed.), *Nebraska symposium on motivation* (Vol. 13, pp.123-180). Lincoln, NE: University of Nebraska Press.

Prier, Karuen. 저, 이원식 역(2006). *Don't Shoot the Dog!, The New Art of Teaching and Training*. 긍정의 교육학. 서울: 리엔북스.

Riegel, K. F. (1973). Dialectic Operations: The Final Period of Cognitive Development. *Human Development*, 16.

Rogers, C. R. (1959). A theory of therapy, personality, and interpersonal relationship, as developed in the client centered frame work. In S. Koch (Ed.), *Psychology, the study of a science. Vol.3: Formulations of the person and the social context* (pp.184-256). New York: McGraw-Hill.

Rogers, C. R. (1959). A theory of therapy, personality, and interpersonal relationship, as developed in the client-centered framework. In S. Koch(Ed.), *Psychology, the study of a science. Vol. 3: Formulations of the person and the social context*(pp.184-256). New York: McGraw-Hill.

Rogoff, B. (1990). *Apprenticeship in thinking: Cognitive development in social context*. New York: Oxford University Press.

Scanzoni Letha, & Nancy Hardesty 공저, 김이봉 역(1982). 男女 존재로서의 意味. 서울: 기독교문사.

Schaie, K. W., & Willis, S. L. (1993). Age Difference Patterns of Psychometric Intelligence in Adulthood: Generalizability Within and Across Ability Domain. *Psychology and Aging*, 8.

Seilgman, M. E. P. (1975). *Helplessness: On depression, development and death*. San Francisco: W. H. Feeman.

Seligman, Dan. (2002). Good Breeding. *National Review*, vol.54 no.1.

Seligman, Martin E. P. 저, 김인자 역(2007). *Authentic Happiness*. 긍정심리학. 서울: 물푸레.

Sheldon, Danziger. H. (2000). *Economic Conditions and Welfare Reform*, Springfield Educational Resources Information Center.

Skinner, B. F. (1953). *Science and Human Behavior*. Mew York: MacMillan.

Slavin, R. E. (2004). *Educational psychology*. New York: Allyn & Bacon.

Specht, H. (1986). *Dimensions of social welfare policy*. New Jersey Prentice-Hall.

Speicher, B. (1994). Family Patterns of moral Judgment during Adolescence and Early Adulthood. *Developmental Psychology*, 30.

Sternberg, R. J. (1986). A Triangular Theory of Love. *Psychological Review*, 93. 119-135.

Sternberg, R. J. (2002). **사랑의 기술**. 류소 역. 서울: 사군자.

Stoner, J. A. F. (1961). A Comparison of individual and group decisions involving risk. Unpublished master's thesis. MIT, Cambridge, MA.

Sunstein, C. R. (2000). *Republic.com.* Princeton University Press.

Super, D. E. (1990). A Life-Span, Life-space Approach to Career Development. In D. Brown, L., Brooks & Associates (Eds.), *Career Choice and Development* (2nd ed.). San Francisco: Jossy-Bass.

Terry, W. S. 저, 김기중 외 역(2012). 학습과 기억[Learning and Memory]. 서울: 시그마프레스(원전은 2009에 출판).

Trawick-Smith, J. (2000). *Early childhood development: A multicultural perspective* (2nd ed). Upper Saddle River, NJ: Merrill/Prentice Hall.

Troll, L. E. (1985). *Early and middle adulthood* (2nd ed.). Montery, CA: Brooks/Cole.

Tulving, E. (1985). How many memory system are there? *American Psychology*, 40, 385-398.

Udry, J. R. (1993). ADOLESCENT HEALTH-Health and Behavior Risks of Adolescents with Mixed-Race Identity. *American Journal of Public Health*, vol.93 no.11.

Vester, F. 저, 박시룡 역(1975). 기억혁명 학습혁명[Denken, Lemen, Veressen]. 파주: 해나무(원전은 1975에 출판).

Watson, J. B. (1930). *Behaviorism.* New York: W. W. Norton.

Weiner, B. (1972). Theories of motivation: From mechanism to cognicago: Markham.

Weiten, W., & Lioyd, M. A. 저, 김정희 외 역(2005). 생활과 심리학[Psychology Applied to modern life: Adjustment in the 21st century]. 서울: 시그마프레스(원전은 2004에 출판).

Wentzel, K. (1999). Social influences on school adjustment: Commentary. *Educational Psychologist*, 34(1), 59-69.

White Robert 저, 고영성 역(1986). 매스 커뮤니케이션과 문화 : 새로운 파라다임으로의 이행. 크로노스. 17, 한양대학교 인문사회대학 신문방송학과.

Woolfork, A. E. (1997). E*ducational Psychology. Needham Heights*, MA: Allyn & Bac.

Wortmann, C. B., & Loftus, E. F. (1981). *Psychology*. N. Y.: Alfred A. Knopf Inc.

Zinker, J. (1997). Creative process in Gestalt therapy. New York: Vintage Books. Random House.

저자소개

이억범

- **최종학력**: 건국대학교 대학원(Ph. D. 교육심리 전공)
- **경력**: 한국상담학회 전문상담사, 정신보건상담사 1급, 한국복음주의신학회 회계 역임
- **현 소속**: 한영신학대학교 총장, 신학대학교회 담임목사
- **주요저서**: 모든 것이 주께로부터 왔으니(영성출판사) 외 다수

김미경

- **최종학력**: 연세대학교 대학원(Ph. D. 기독교상담 전공)
- **경력**: 상담심리전문가(한국상담심리학회), 한국복음주의 기독교상담학회 감독상담사·임원(회계), 한국상담대학원협의회 학술연구위원장
- **현 소속**: 한영신학대학교 상담심리학과 부교수, 한영신대 상담심리연구소장
- **주요저서**: 상담수퍼비전의 이론과 실제(학지사)

김순자

- **최종학력** :건국대학교 대학원(Ph. D. 교육심리 전공)
- **경력**: 건국대, 교통대, 세종대, 혜전대, 한세대등 강의 및 루터대 겸임교수
- **현 소속**: 한영신학대학교 상담심리학과 조교수, 진로상담협회 수석부회장
- **주요저서**: 생활 속의 심리학, 진로상담의 이론과 실제, 상담의 이론과 실제 외 다수

김옥희

- **최종학력**: 건국대학교 대학원(Ph. D. 교육심리 전공)
- **경력**: 국민대학교 교육대학원 겸임교수, 상담심리전문가(한국상담심리학회), 수련감독급 전문상담사(한국상담학회), 한국청소년상담학회 이사, 한국상담학회 군상담학회 회장 역임, 한국브레인짐교육센터 이사
- **현 소속**: 한영신학대학교 상담심리학과 부교수, 한영신대 종합상담센터장 및 품성코칭연구소장
- **주요저서**: 진로상담의 이해, 인간관계론, 군상담의 기본 연습 외 다수

김은혜

- **최종학력:** 한영신학대학교 대학원(Ph.D. 실천신학 상담 전공)
- **경력:** 미술심리상담전문가-임상감독(한국정신보건미술치료학회), 감독상담사(한국복음주의기독교상담학회), 청소년상담전문가(한국청소년상담학회), 관계놀이상담전문강사/이사(한국관계상담학회)
- **현 소속:** 한영신학대학교 상담심리학과 조교수, 한영신학대학교 부설 가정폭력상담소 소장
- **주요저서:** 노인발달이해와 상담, 미술치료이론과 적용 외 다수

유 옥

- **최종학력**: 한남대학교 대학원 졸업(Ph. D. 교육학 전공)
- **경력**: 한국목회상담협회 감독 및 가족상담분과 회장, 한국기독교상담·심리치료학회 전문가, 한국복음주의 상담협회 가족상담 감독, (사) 한국청소년바로세우기운동협회 구로지회장(여성가족부)
- **현 소속**: 한영신학대학교 상담심리학과 학과장, 한영신학대학교 상담심리학과 부교수
- **주요저서**: 결혼과 가족, 가족상담 및 치료의 이론과 실제, 학생 생활지도 이론 외 다수

정민선

- **최종학력**: 홍익대학교 대학원(Ed. D. 상담심리 전공)
- **경력**: 청소년상담사 1급(보건복지부), 상담심리전문가 1급(한국상담심리학회), 한국청소년상담학회 이사, 한국상담심리학회 상담심리사수련위원회 부위원장(현재)
- **현 소속**: 한영신학대학교 상담심리학과 조교수, 한영신학대학교 교수학습센터장
- **주요저서**: 진로상담의 이론과 실제

심리학개론

초판 1쇄 발행 / 2014년 8월 30일
초판 2쇄 발행 / 2017년 2월 10일
초판 3쇄 발행 / 2020년 2월 25일

•

공저자 / 이억범 · 김미경 · 김순자 · 김옥희
김은혜 · 유 옥 · 정민선
발행인 / 이 중 수
발행처 / **동 문 사**

•

서울특별시 서대문구 홍제원 1길 12
(홍제동 137-8)
Tel : 02)736-3718(대), 736-3710, 3720
Fax : 02)736-3719
등록번호 : 1974.04.27 제9-17호
가격 : 18,000원

•

ISBN : 978-89-8251-669-6(93180)
E-mail : dong736@naver.com
www.dongmunsa.com